如松与您一起见证货币和经济生活的剧烈变革。

人类将迈向良币淘汰劣币的伟大时代

如松看
人权货币

HUMAN RIGHTS
MONEY

如 松 ◎ 著

国防工业出版社
National Defense Industry Press

·北京·

图书在版编目(CIP)数据

如松看人权货币/如松著.—北京:国防工业出版社,
2016.3
 ISBN 978-7-118-10715-9

Ⅰ.①如... Ⅱ.①如... Ⅲ.①货币—研究 Ⅳ.①F82

中国版本图书馆 CIP 数据核字(2016)第 056914 号

※

国防工业出版社出版发行

(北京市海淀区紫竹院南路 23 号 邮政编码 100048)
北京嘉恒彩色印刷有限责任公司
新华书店经售

*

开本 710×1000 1/16 印张 16¾ 字数 226 千字
2016 年 3 月第 1 版第 1 次印刷 印数 1—30000 册 定价 48.00 元

(本书如有印装错误,我社负责调换)

国防书店:(010)88540777　　　发行邮购:(010)88540776
发行传真:(010)88540755　　　发行业务:(010)88540717

自序

世上每个人最熟悉的是货币,但不熟悉的也是货币。

有的货币,可以永远守护人们的财富,那就是金银;有的货币,可以将人们的劳动果实储藏上千年,不仅远远超过人的一生,甚至发行人灭亡之后,它依旧保护人们的财产不受损失,比如中国唐朝的开元通宝;有的货币,数年或十数年之后的价值就归零,将人们的劳动和财富化为乌有,它只是掠夺的工具。

当一种货币,可以恒久地保护每一个人的财产权,不分地域地、平等地对待不同民族的每一个人,进而保证所有人的生存权和追求幸福生活的权利,本人就称这种货币为人权货币。可以保持恒久的信用(信用属性)是人权货币的核心要素之一。

人权货币伴随了人类文明的不断进步与繁荣;而那些不断贬值、接受范围越来越狭窄的货币,伴随的都是人类文明的退步和社会的衰落。

当代社会,创造出很多与红利有关的名词,比如人口红利、制度红利等。从货币角度看,人类史上最大的红利是什么?是人权货币或阶段性展现人权货币特征的货币所带来的信用红利。

1000多年前,中国唐朝的开元通宝不仅被中国人所信赖,也被亚洲许多地区的人们所信任,在遥远的古代就开始流通在他国的国土上,奠定了盛世大唐,成就了伟大的唐人;宋朝的铜钱在海外甚至可以升值10倍以上,那是异域的人们发自内心的信任,奠定了宋朝经济的高度发达和领先的文明水平。从18世纪初开始,英镑保持了200多年的恒定信用,以恒定信用为纽带建立了幅员辽阔的海外市场,英国的综合国力快速增长,得到的红利是成为当时最发达的国家。美元保持了100多年的恒定信用,建立起以陆地和科技为主体的陆地大市场,奠定了美国超级大国的地位。金银是典型的人权货币,而中国唐朝的开元通宝、金本位时期的英镑和美元等均是阶段性展现了人权货币特征的货币。如果一个国家的货币能够成为国际储备货币，在更大的舞台上展现自己的价值，让世界上更多的人所接受，就是走在成为人权货币的道路上。

信用红利绝不仅仅属于大国，土地狭窄、仅有数百万人口的瑞士，在20世纪中后期和21世纪初期，通过建立和保持瑞士法郎的信用，推动自身的科技水平和综合竞争力不断进步，使瑞士法郎成为国际储备货币中重要的一分子，一样享受了巨大的信用红利。

今天，是信用货币的时代，一些国家不断进行量化宽松和货币战争，实际是在不断地透支货币的内在信用。因为借的是高值货币，未来归还的是低值货币，最终必然形成债务"堰塞湖"。当"堰塞湖"决口的时候，这些货币就会完成价值归零的游戏，同时这些国家就会面临社会的剧烈动荡。

近年来，全球经济一体化是全世界最热门的词汇之一，可世界上从没有免费的午餐。因为美元到今天依旧是最主要的国际储备货币，美国占据了全球科技的制高点，也是全球最大的消费市场，所以全球经济一体化意味着全球经济美元化，它让世界各国经济普遍发展的同时，也给世界各国的本币（本国的法定货币）的身边带来一位"客人"和"并行者"，那就是美元，各国都出现了事实上的双货币制。当美元开启升值周期以后，如果本币不能不断完善自身的人权属性，就很可能遭到抛售，而美元受到抢购，这就使各国传统的金融防火墙形同虚设，形成货币危机。

互联网将世界各国的经济紧密地联系在一起，也将世界各国的法定货币和美元紧密地联系在一起，美元已经侵入全世界经济肌体，这需要许多国家认真对待。

互联网让信息跨越了时空，互联网和全新能源时代的到来也很可能让物质和人类自身摆脱时空的桎梏，最终，货币也会摆脱"时空"的桎梏。

过去数十年，主权确立的信用货币大行其道，未来，随着互联网不断深入人们的生活，拥有更加完善的人权属性的超主权货币将不断发展，人类将进入良币淘汰劣币的伟大时代。

人权货币代表了人类文明的未来。

目录

第一章 货币的权属性 / 1
  货币的人权属性 / 2
  货币的主权属性 / 8
  制海权称霸的时代 / 13

第二章 货币的信用红利 / 23
  中国历史上的信用元素 / 24
  近代主权货币的先锋 / 29
  陆权货币的崛起 / 41
  人类史上最大的红利 / 51

第三章 主权货币的信用陷阱 / 57
  主权货币的困境 / 58
  信用的战争 / 69

第四章 危机之源 / 81
  美元危机 / 82
  群雄逐鹿 / 87
  黄金——不会说再见 / 90
  数字货币——冷血剑客 / 98
  惩罚之鞭与死亡之吻 / 102
  黄金的结局 / 106

第五章　攀登经济的战略制高点 / 113
　　经济的战略制高点是什么 / 114
　　新兴经济体国家的货币泡沫 / 123
　　经济增长的轮回 / 130
　　能避免战争吗 / 132
　　债务何处去 / 136

第六章　世界货币体系两极化 / 155
　　政府与中央银行的关系 / 156
　　社会结构决定货币的职能 / 164
　　信息时代的资本流动 / 183
　　全球经济一体化背后的"大谋略" / 191

第七章　信用归来 / 197
　　信用革命的黎明 / 198
　　信用革命改变什么 / 208
　　信用永存 / 217
　　信用无需担保 / 229
　　财富保值 / 230

第八章　创新引领未来 / 237
　　思维革命 / 238
　　互联网的创造性破坏刚刚开始 / 240
　　自由能源时代有多远 / 246
　　互联网、自由能源与信用 / 251

附录　如松法则 / 257

后记 / 259

第一章
货币的权属性

货币的权属性可分为人权属性和主权属性。人权属性是货币的根本属性，这一点从货币诞生之日起就确立了。人权货币可以保护每个人的财产权和追求幸福的权利，保证商品交易市场中买卖双方的平等，是一种全世界的人们共同接受的价值尺度，它公正地对待全世界的每个民族和每个人。

古希腊城邦所发行的铸币是最早的主权货币，展现主权属性，这些铸币也成为最早的国际货币。

在制海权称霸的年代，使用人权货币是进行海外经济扩张的基础之一。

货币的人权属性

人类自从产生了商品交换的需求以后,伴随着以物易物的出现就逐渐产生了货币。这些货币的产生,无疑都体现了群体普遍接受性原则,都代表着货币的人权属性,标志就是在货币执行交换的过程中,严格保护每一位商品交换参与者的权益,买卖双方是平等的。

这时的货币就像"法官"一样,严格保护每一个自然人和法人的财产权,进而保护了每个人的生存权和追求幸福生活的权利,不会因为持有货币遭受损失,这就是人权货币。

人权货币的基本特征是具备恒久的信用。

金银等贵金属货币就是人权货币的典型代表,称重时代的贵金属货币无疑具备充分的人权属性。

虽然这些人权货币在历史上的某些特定时期一样会贬值,比如自然灾害非常严重的时期就会形成通货膨胀、货币贬值,但是自然灾害减轻之后,它们的价值会立即进行自我修复,所以,如果放在更长的周期来看,它们的价值依旧是恒定的。有些货币虽然不能恒久地展现人权货币的属性,但它们在历史上可以很长时间保持自己的信用,阶段性展现人权货币的特征,比如中国唐朝铸造、发行的开元通宝,在约290年的历史时期内信用稳定,严格地保护了每一位货币持有者的财产权,是比较典型的阶段性展现人权货币特征的货币,在人民的心目中建立了坚固的信用。即便唐朝灭亡之后,依旧在执行着守护人民财产的职责,在五代十国以及后来的时代继续流通,一直持续到清朝末期和民国初期,前后流通了约1300年,这是世界历史上最成功的主权货币，没有之一。

最典型的人权货币就是贵金属货币，它具有非常悠久的历史，陪伴着人类社会的不断发展，长期保护着每个人的权益。

在公元前 3000 年前后，古代美索不达米亚（现伊拉克境内）和古代埃及就使用白银作为交易货币并用于支付罚金。根据古代美索不达米亚北部在公元前 2000 年前后的埃什努那国王法典，对于扇别人耳光的惩罚是缴交 10 谢克尔白银（谢克尔为重量单位，1 谢克尔约等于 8.3 克，说明扇别人耳光的代价很大）作为罚金。该法典还规定了商品的理想价格，理想价格的公布是为了表明国王的公平带来了繁荣[①]。这些事实说明，当时的白银已经成为支付手段并且普遍流通。这一时期的货币以重量为单位，国家和寺庙制定了重量标准。古代美索不达米亚使用的重量单位塔兰特、迈纳和谢克尔（古代美索不达米亚的重量单位使用 60 进位制，1 塔兰特等于 60 迈纳，1 迈纳等于 60 谢克尔，1 迈纳约等于 500 克）在地中海地区被广泛采用。公元前 1000 年前后，希腊也开始采用这些重量单位[②]。

大约在公元前 8 世纪开始产生硬币，这标志着世界货币体系取得了重要进展，铸币行为出现了。古希腊硬币对后来的世界货币体系的影响最为深远，从公元前 8 世纪诞生起，一直使用到公元 3 世纪中期为止，持续了 1000 多年。古希腊硬币主要分为三类：第一类是用琥珀金、纯金和纯银打制的硬币；第二类是用琥珀金、金、银和青铜打制的硬币；第三类让人感到很意外，几乎所有的硬币都是用青铜打制而成，这或许和当时的金银匮乏有关。古希腊在公元前 5 世纪就产生了银行，经营货币储蓄和贷款业务，这是古希腊文明的主要标志之一。其中，家喻户晓的银行家佩森原先是一位银行家的奴隶，后来不但控制了银行，还取得了雅典公民权。到公元前 370 年佩森去世时，拥有 60 塔兰特贵金属货币。而公元 5 世纪东罗马帝国（395—1453 年，也

[①②] 钱的历史．[英国] 凯瑟琳·伊格尔顿，乔纳森·威廉姆斯著．徐剑译．北京：中央编译出版社，2011．

称拜占庭帝国）最富有的城市每年交给雅典的贡赋才仅仅是 16 塔兰特贵金属货币，可见佩森富可敌国①。古雅典发行的 4 德拉克马（德拉克马为古希腊货币单位，1 迈纳等于 100 德拉克马）硬币在公元前 5 世纪至公元前 4 世纪上半叶一直作为国际货币在周边地区流通，这应该属于最早的国际货币。

不仅古希腊文明建立在贵金属货币之上，伴随古罗马文明的货币也是贵金属。古罗马（公元前 753 年—公元 1453 年）人在公元前 6 世纪开始使用铜币，最早的铜币叫粗铜，后来形状更规则并加上印记，叫印记铜。古罗马在公元前 211 年发行第一枚第纳尔银币，早期的 1 第纳尔银币等于 10 个铜币。到凯撒（公元前 100 年—公元前 44 年）时期，开始常规发行金币，称为奥雷金币，重量为 5.4 克。古罗马金币的成色与重量相当稳定，300 多年基本不变，直到君士坦丁大帝（东罗马帝国皇帝，306—337 年在位）在位的公元 310 年，奥雷金币才被轻 1 克左右的索利多金币所取代。

古希腊和古罗马时期的金银比价约为 1∶13～1∶15。

到查士丁尼一世（东罗马帝国皇帝，527—565 年在位）时期，因为不断的战争，索利多金币开始减重。到公元 960 年，福鲁斯二世（东罗马帝国皇帝，963—969 在位）期间，金币减重得更加厉害，此后 100 多年，重量足够的索利多金币基本消失了。

古罗马的历史深刻地影响了世界，从金币的历史就可见一斑。虽然索利多金币相比奥雷金币减重 1 克左右，但在漫长的历史中依旧是难得的，大约 800 多年中基本保持稳定，创造了一项世界奇迹。换一个角度观察，古罗马辉煌的历史就是捍卫货币人权属性的历史。

古希腊和古罗马的金银币体系深刻地影响了欧洲并进一步影响了美洲的货币，在这些地区后来的发展中，金银币都成为主要的流通货

---

① 钱的历史. [英国] 凯瑟琳·伊格尔顿, 乔纳森·威廉姆斯著. 徐剑 译. 北京：中央编译出版社，2011.

币，这也是欧洲绝大多数国家后来建立金银复本位制的历史基础。

虽然古代美索不达米亚的重量单位影响到古希腊，但古埃及和古罗马文明又反过来深刻地影响了后来的中东地区。东罗马帝国是由古罗马帝国于公元395年分裂后所形成的，建都于君士坦丁堡（即现在的土耳其最大城市伊斯坦布尔），公元9世纪、10世纪和11世纪初达到鼎盛时期。当奥斯曼帝国（即奥斯曼土耳其帝国，是西突厥乌古斯人建立的帝国，1299—1922年）建立后，除一些港口城市外，东罗马帝国几乎所有的其他地方都被奥斯曼帝国占领。1453年5月29日，经过两年的包围，穆罕默德二世（1444—1446年和1451—1481年在位）攻克君士坦丁堡，东罗马帝国皇帝君士坦丁十一世战死，历时1000多年的东罗马帝国就此灭亡。

在东罗马帝国剧烈变迁的同时，来自西亚地区的阿拉伯人建立的伊斯兰哈里发王朝（又称阿拉伯帝国）（632—1258年）开始崛起。中国史书称之为大食，西方史书称之为萨拉森帝国。阿拉伯帝国最强盛的时候，疆域东起印度河和中国边境，西至大西洋沿岸，北达里海，南接阿拉伯海，是一个地跨亚、欧、非三洲的大帝国，也是人类历史上东西方跨度最长的帝国之一。

奥斯曼帝国以及阿拉伯帝国的建立，基本上确立了现代欧亚的版图。早期的伊斯兰硬币仿制了东罗马帝国的第纳尔银币和铜币，流通于被阿拉伯人征服的土地上。

倭马亚王朝，中文又译作伍麦叶王朝或奥玛雅王朝，是阿拉伯帝国的第一个世袭制王朝。在伊斯兰教最初四位哈里发执政结束后，前叙利亚总督穆阿维叶（即后来的哈里发穆阿维叶一世）建立了倭马亚王朝，统治时间是661—750年。倭马亚王朝的哈里发阿布杜勒·麦利克（646—705年），在大马士革首次打造了伊斯兰地区自己铸造的金币，称为第纳尔金币，从此，阿拉伯地区在东罗马帝国货币体系的影响下也建立了自己的金银复本位制度。即便到今天，中东的很多国家的货币体系依旧留有历史的痕迹，比如科威特、约旦、伊拉克等国依旧使用第纳尔作为本国的货币单位，伊朗的货币单位是里亚尔，而辅币是第纳尔。

欧洲、北非、亚洲西部以及后来的美洲，起始的货币都建立在金、银、铜之上，起源于古代埃及和古代美索不达米亚、古希腊和古罗马。13—14世纪，蒙古人虽然在中国以及周边地区发行纸币取得成功，但是，他们在西部汗国发行纸币的尝试并未成功。这或许缘于中国自宋朝开始，北宋、南宋、辽、金甚至朝鲜都开始逐渐接受纸币，为元朝全面推行纸币建立了基础；而西亚等国继承的主要是古罗马的货币体系，没有形成纸币流通的基础。

中国自夏朝、商朝时期开始产生货币之后，到周代（约公元前1046年—公元前256年），金属铸币取得快速发展，铸币的起始年代基本与古希腊同步，也是贵金属为主的货币体系。这些货币体系影响了东亚、东南亚的大部分国家。

在公元前5世纪，古希腊开始产生银行，这是经济发展的需要，中国产生与银行相近的货币经营机构的时间晚于古希腊，在唐朝，中国产生了货币经营机构——飞钱和柜坊。

虽然印度受到古希腊、古罗马与伊斯兰世界的影响很大，但依旧保留了独立的货币体系。印度货币史可以追溯到3000多年前，铸币的大概年代起始于公元前4世纪—公元前8世纪，基本与中国和古希腊同步。印度卢比一词本身就是用英语表达的印度单词，意思就是银币，因此，印度货币的基础一样是白银。印度的货币体系深刻地影响了巴基斯坦、尼泊尔、斯里兰卡、马尔代夫、孟加拉、不丹等国家，也影响了东南亚的某些国家。

古代美索不达米亚和古代埃及、古希腊、古罗马以及中国和印度，所使用的贵金属货币，都是人权货币，这些地区共同创造了举世瞩目的古代文明。在现代，一些人认为黄金是"野蛮的遗迹"，这是非常值得商榷的。

贵金属货币蕴含的内在含义是什么？古希腊哲学家柏拉图（约公

元前427年—公元前347年，见图1.1）已经认识到货币的核心是信用——贵金属可以客观地、不受时间和人为影响地、恒久地承载这种信用。

图1.1　拉斐尔·圣齐所画的柏拉图画像

（图片来源：维基百科）

柏拉图是古希腊伟大的哲学家，也是西方最伟大的哲学家和思想家之一，他和老师苏格拉底、学生亚里士多德并称为希腊三大哲学家。

柏拉图在他的理想国中使用基底金属（相当于铸币）作为货币，其价值由法律确定，并不依赖于材料本身的价值，这表明了货币的核心是信用，也就是人权属性。最初，人类使用贵金属来承载货币内在的信用；今天采用的信用货币，是用法律规定货币的内在信用；在互联网时代，人们又发明了数字货币，这些都是表达信用的不同方式。

柏拉图的思想一直影响着货币的发展，一直持续到今天。现代社会使用的信用货币，是用与货币发行相关的法律取代金银支撑着货币所要求的信用。但是，法律更容易受到人为因素的影响，何况少数国家没有完善的法律，因此这些国家所使用的信用货币自然会不断贬值，货币的人权属性就会逐步丧失。

货币的主权属性

人类开启铸币之后，每种货币都有相对标准的重量，有些金银币印有本国（或本城邦）的特定标志，货币开始产生主权属性。

当货币的铸造与发行过程中开始出现盈利（盈利性货币），说明有第三者开始抽取利益（铸币税），这时，货币的主权属性更加突出，最基本的特征是面值开始高于实际价值。所以，这些货币需要行政权力强制推广，而且需要限制其他足值货币的流通。

在贵金属货币时期，当这些铸币进入流通领域之后，价值依旧是恒定的。所以，此时的货币既反映了主权属性，也具有人权属性。

公元前5世纪，希腊城邦开始大量铸造贵金属硬币，硬币在发行地区的价格高于白银的价格，很可能说明城邦在硬币铸造和发行过程中实现了盈利（当然也有铸造成本）。

帕加马王国的货币主权

帕加马王国（公元前238年—公元前133年）是希腊化时期（公元前4世纪末—公元前1世纪初）的古国，位于小亚细亚的西北部，首都帕加马城（今位于土耳其境内）。伊普苏斯战役（公元前301年）后，帕加马归吕辛马库斯统治。塞琉古帝国在中国古代又称之为"条支"，是由亚历山大大帝（曾师从古希腊著名哲学家亚里士多德，亚历山大帝国皇帝，公元前356年—公元前323年）的部将塞琉古一世（约公元前358年—公元前281年）所创建，统治区域包括今天的叙利亚、伊朗、伊拉克和印度的一部分。公元前281年，吕辛马库斯在与塞琉古帝国的战争中兵败身亡，其派驻帕加马城的部下菲勒泰洛斯自立为王，归顺塞琉古帝国。公元前3世纪中期，塞琉古帝国发生内乱，帕加马的阿塔罗斯一世乘乱独立，正式称王。在阿塔罗斯王朝统治下，帕加马一度成为一个相当强盛的国家。

帕加马王国在第一次马其顿战争（公元前214年—公元前205年，是古罗马共和国和其希腊盟友与马其顿王国腓力五世之间的第一场战争，他们之间的战争共进行了4次）和第二次马其顿战争（公元前200年—公元前196年）中都与罗马人结盟，共同反对马其顿国王腓力五世。在欧迈尼斯二世统治时代，帕加马王国又在第三次马其顿战争（公元前171年—公元前168年）中站在罗马的一边，反对马其顿国王珀尔修斯。作为一个相对弱小的国家，阿塔罗斯王朝诸王选择与罗马结盟无疑是正确的。在古罗马人打垮了塞琉古帝国后，帕加马王国获得了前塞琉古帝国在安纳托利亚（大致是今天土耳其在亚洲的领土）的全部领土作为长期支持罗马的回报。在阿塔罗斯三世于公元前133年去世时，没有留下任何男性子嗣，他在遗嘱中要求将帕加马王国"赠予古罗马"，以避免帕加马王国内部发生内战，更为了防止古罗马以军事手段吞并帕加马。

帕加马王国流通4德拉克马银币，含银量更低，但和周边地区货币的面值一样，在铸币过程中实现了更大幅度的盈利，也即抽取了更多的铸币税。因为含银量低，就难以被本国民众接受，所以，帕加马国王规定，在其国境内，王国发行的硬币是唯一合法的[①]。在境外自然不被接受，商人们不得不在进出帕加马王国国境的时候进行兑换。这很可能属于古代最典型的主权货币，货币的价值由国家机器强制确立，并限制其他更加足值的货币流通。

虽然古罗马有自身的货币体系，古罗马的货币也基本属于国际货币，在包括地中海等行省的大多数地区流通，但古罗马向地中海地区扩张势力范围时，通常准许原来的货币继续流通。公元前133年，帕加马王国并入古罗马帝国之后，低含银量、面值4德拉克马的帕加马银币继续流通。

无独有偶，屋大维（公元前63年—公元14年）在亚克兴角战役

---

① 钱的历史．［英国］凯瑟琳·伊格尔顿，乔纳森·威廉姆斯著．徐剑译．北京：中央编译出版社，2011．

（公元前31年）中打败了马克·安东尼（公元前83年—公元前30年）和托勒密王朝的克利奥帕特拉七世（公元前69年—约公元前30年）之后，古代埃及成了古罗马帝国的一个行省。当时，古代埃及流通的也是含银量低的4德拉克马银币，国王强制规定在古代埃及境内只有这种货币才是合法的，即便古代埃及成为古罗马帝国的一个行省后依旧得以保留，继续流通使用。

这些最早的主权货币，用国家机器强制推广，禁止其他足值货币在自己的疆域之内流通，通过铸币权的垄断实现国家的铸币税收入。

后来，货币的主权属性在世界各地表现得愈发明显。在欧洲、中东和北非，主要是通过降低银币的纯度增加发行者的铸币税；在中国，不同时期都曾经出现铸小钱（面值不变，降低钱币的重量）或虚钱（重量不变但放大钱币的面值）的行为。从此，抽取铸币税成为实现特定利益的一种固定方式。但是，有一个有趣的现象，当这些主权货币的盈利比例不断加大时，这些国家或城邦往往都开始衰落或走向灭亡。

无论是降低银币的含银量，还是铸造虚钱或小钱，均属于货币人权属性的逐渐丧失，这类货币将逐渐被商品市场所抛弃。比如，中国东汉末期不断铸造小钱，很多地方回归以物易物的交易形式。

国际货币的诞生

18世纪以后，英镑成为主要的世界货币，今天，美元是主要的世界货币，它们成为全球商品交易过程的主要结算货币，拥有商品定价权，也进入各个国家的外汇储备系统用于国际支付，这类货币向世界抽取铸币税，征收铸币税的范围跨出了国界。英国和美国的做法是效仿古希腊雅典、埃伊纳岛等城邦在公元前5世纪前后的行为。由于这些城邦发行的硬币可以长期保持稳定的信用，逐渐建立起市场信誉，不仅仅在本城邦的内部流通，而且随着贸易的发展自动扩大流通范围，深入到地中海的很多地区。这些城邦的银币都成为了具有国际化特征的硬币。货币发行者抽取铸币税的范围不仅仅局限于本城邦以内，已经扩大到周边地区。

图1.2所示为古希腊政治家、军事家伯利克里（约公元前495—公元前429年）在浦里克斯山所召开的公民大会上演说时的情形。

图1.2　古希腊政治家、军事家伯利克里在浦里克斯山进行演说

（图片来源：维基百科）

公元前3000多年，希腊就有人类居住。在古希腊黑暗年代（公元前1200年—公元前800年），古希腊人大多聚居在被山岭分隔的小村落里。至公元前800年，各个村落逐渐发展为拥有各自政府和军队的城市，就像一个独立的邦国，所以历史学家称它们为"城邦"。城邦的兴起，标志着古希腊文明（公元前800年—公元前146年）的开始。在希腊本土和爱琴海上的岛屿，建立了近百个城邦，著名的有雅典、底比斯、墨伽拉、斯巴达与科林斯。希腊城邦规模都很小，面积与人口相差很大，如斯巴达面积有3000余平方英里（1英里＝1.6093公里），雅典面积有1060平方英里，它们是古希腊城邦中最大的两个城邦。斯巴达与雅典在鼎盛时期人口达到40万，人口数量远远超过其他城邦。

随着经济的不断繁荣，这些城邦开始铸造自己的银币。雅典、埃伊纳岛等城邦因为经济繁荣，银币信用稳定，不断流通到地中海的其他地区，成为最早的国际货币。

通过国际化的手段实现货币铸造过程中的盈利，如果完全称为铸币税是不恰当的，缘于不能强迫周边地区使用这些货币（使用军事手段进行征服的情况除外），所以，这些盈利更应该称为货币信用红利。

当一个国家或地区经济繁荣、货币的内在信用长期稳定的时候,这些货币就会自动流出国外,被别的国家或地区自愿接受或者作为储备货币,体现了货币的群体普遍接受性原则。

因此,无论英镑还是美元,都是在英国和美国的经济持续繁荣、货币信用长期稳定以后才成为世界货币。

货币主权与国家主权

自古代帕加马王国和古埃及建立起比较完整的主权货币以来,货币主权化在世界各地不断推进,很多政权意识到货币铸造过程中隐含着巨大的利益,并不断实现这些利益。

古罗马第纳尔银币的铸币系统几乎400多年一成不变,但是,从公元约60年开始到公元260年,硬币中的白银含量不断下降,取代第纳尔的雷第阿特硬币,含银量仅为2%～3%,皇帝泰特里库斯(271—274年)统治时期,雷第阿特硬币的含银量降到最低点,不足0.5%,这表明古罗马帝国开始衰落(也可能有白银供应枯竭的原因)。这一时期,银币含银量的下降无论是因为白银供应短缺造成还是古罗马帝国政府有意而为之,最终的结果都是造成通货膨胀,比如士兵的工资从公元前46年至公元238年前后上涨了7倍左右。同时,铸造低值的铜币越来越不经济,到公元200年前后,大规模的铜币铸造行为中止了[①]。

古罗马帝国终于在公元395年分裂,持续的通货膨胀和货币贬值与古罗马帝国的衰落与分裂相伴而行。

同样的一幕也发生在东方。

中国西汉的汉文帝、汉景帝时期使用四铢半两钱创造了文景之治的繁荣。汉武帝于建元元年(公元前140年)春二月进行第一次货币改革,行三铢钱。《汉书·武帝本纪》师古注曰:"新坏四铢钱造此钱

---

① 钱的历史.[英国]凯瑟琳·伊格尔顿,乔纳森·威廉姆斯著.徐剑译.北京:中央编译出版社,2011.

也，重如其文。"第一次改革后，因为那时三铢钱与四铢重的半两钱等价流通，盗铸盛行，故三铢钱未能坚持流通。因此，汉武帝于建元五年春"罢三铢钱，行半两钱"。元狩四年（公元前119年），汉武帝又下令重新铸造三铢钱。这些都是通过掌控铸币权实现铸币过程中的盈利的行为，显示主权货币的典型特征，因为如果不掌握铸币权，就无法实现这种盈利。继汉武帝之后的汉昭帝、汉宣帝时期（公元前87年—公元前48年）使用价值稳定的五铢钱，带来昭宣中兴。汉成帝、哀帝（公元前33年—公元前1年）时期，开始使用剪郭五铢，这是明显的货币减重行为。王莽时期（8—23年称帝）发行大量的虚钱。西汉王朝终于在货币不断贬值的过程中灭亡了。

这意味着货币主权往往代表着国家主权，降低硬币中的白银含量或者削减货币重量，相当于削弱了货币主权（货币的价值不断下降），也就相当于削弱了国家主权；而国家主权的衰落，最终导致古罗马和西汉王朝走向灭亡。在中外历史上，这样的事例数不胜数。

无论东方还是西方，有一点是一致的，主权货币价值的坚挺往往都是国家强盛的标志。有为的统治者会不断地通过捍卫货币的内在信用来捍卫自己的国家主权。

信用坚固的货币主权昭示了国家主权的兴盛，而信用稳定就是货币的人权属性，因此主权货币必须体现货币的人权属性，才能宣誓国家的主权。

制海权称霸的时代

人类文明的发展依托的是生产力的进步，而文明水平的进步进一步推动生产力的提高。生产力的进步，离不开生产要素的合理流动，在今天，经济学家因此建立起统一大市场和最优货币区等经济理论，阐述相关的理论内容。可是，生产要素如果要实现合理、有序的流动，就离不开交通运输工具的进步，交通运输的发展水平是决定经济效率的核心因素之一，也就决定了生产要素流动的合理性和效率。

在铁路业于 19 世纪、航空业于 20 世纪前期取得大发展之前，公路设施非常简陋，陆路的交通运输主要靠马来完成，这是一种非常低效的交通运输方式。沿陆路进行扩张的战争，因为占领的土地上有大量的城镇、乡村和人口，需要驻军，依托战争进行经济扩张的成本就很高，经济效率低。在这样的时期，海运更快捷、成本低，通过海洋进行扩张的效率远远超过陆路，所以，从古罗马时期开始，人类社会就进入制海权称霸的时代。

即便在今天，征服海洋的能力依旧是一个国家综合实力的主要组成部分，很大程度上决定了一国的军事能力和经济扩张能力。

古罗马帝国

古罗马帝国崛起的首要原因就是认识到了制海权的重要性，在那个时代，谁掌握了制海权就具备了战略的优势；再有，古罗马充分发挥了制度的优势。

古罗马经历了 3 个时期。传说公元前 754—公元前 753 年，罗穆卢斯在台伯河畔建罗马城，古罗马开启王政时期，共经历了 7 个国王。王政时代的罗马实行的是"军事民主制"：

（1）勒克斯（代表国王）是军事首领、最高审判官和最高祭司。要注意的是，国王没有行政方面的权力。对于这一点很多人会非常眼熟，是的，在中国蒙古帝国建立的初期也是一样的模式，成吉思汗主要是军事首领，各部落是自治的，拥有各自的行政权力。

（2）库里亚大会（民众大会）。由全体氏族成年男子参加，有权决定本氏族的一切重大问题。

（3）元老院（长老议事会），相当于库里亚大会的预决机构。

王政时期的罗马政体非常简单。

公元前 509 年，罗马废除了"王政"，改行共和制度，开始了近 500 年的共和时期，这一时期的制度优势无需解释。

奥古斯都（原名盖乌斯·屋大维·图里努斯，公元前 27 年—公元 14 年在位）创建了元首制（就是共和名义的帝制），从此古罗马帝国开启了帝国时代。奥古斯都死后，其养子提比略继位，从此开创了皇位继承制。

古罗马兴起于共和的制度优势，在当时遥遥领先于世界，世界的其他地方大部分是奴隶制度、部落制度或封建制度，古罗马亡于独裁的帝制，这就是古罗马帝国的轨迹。

古罗马的兴起过程中，充分发挥了制海权的优势，无论军事扩张还是经济扩张都主要依靠制海权。古罗马刚建国时，还是一个小国家。自公元前 5 世纪初开始，先后战胜了拉丁同盟中的一些城市和伊特拉斯坎人等近邻，又征服了亚平宁半岛南部的原居民，完成了意大利的统一，成为地中海西部的大国。之后，古罗马发动了 3 次布匿战争（图 1.3 为第一次布匿战争海战图），在公元前 146 年征服了古迦太基（今位于非洲北海岸的突尼斯境内，存在于公元前 7 世纪—公元前 146 年，是一个城邦国家，建立了古迦太基文明）并使之成为古罗马的一个行省。公元前 215 年—公元前 16 年发动 3 次马其顿战争，征服了伊比利亚半岛、马其顿王国并控制了整个古希腊，又通过罗马—叙利亚战争和外交手段，占领了西亚的小亚细亚半岛和累范特地区（累范特地区大致包括现在的叙利亚、黎巴嫩、以色列、巴基斯坦和约旦五国），建成一个横跨欧洲、亚洲、非洲的大帝国，使地中海成为古罗马帝国的内海。

图 1.3　第一次布匿战争海战图

（图片来源：维基百科）

古罗马在称雄地中海的伊始，即通过三次布匿战争消灭了古迦太基。布匿战争的名字来自当时罗马对古迦太基的称呼布匿库斯（Punici）。从公元前3世纪开始，两国为争夺地中海沿岸霸权发生了三次战争：第一次布匿战争发生在公元前264年—公元前241年间，主要是在地中海上的海战；第二次布匿战争发生在公元前218年—公元前201年，古迦太基主帅汉尼拔率6万大军穿过阿尔卑斯山，入侵罗马，罗马则出兵古迦太基本土，汉尼拔回军驰援，结果古迦太基战败，丧失全部海外领地，交出舰船，并向罗马赔款；第三次布匿战争发生在公元前149年—公元前146年，罗马主动进攻，长期围困迦太基城，最后古迦太基战败并惨遭屠城，成为古罗马的一个行省。

布匿战争的结果是古迦太基被消灭，迦太基城被夷为平地，罗马争得了地中海西部的霸权。

可以看到，古罗马在完成意大利的统一之后，不断通过海上扩张的方式进行征服的战争，而对陆路国家的征服是在沿海大部分国家被征服、实力非常强大之后进行的。这种制海权的优势，在古罗马之后继续发挥作用。

伴随着古罗马发动一系列征服战争，古罗马的货币体系深刻地影响了现今欧洲大多数国家、北非、西亚等地，为后代货币的发展进程奠定了基础，贵金属毫无疑问都成为这些地区的基础货币，也有了这些地区后来的金银复本位制。

逐鹿海洋

古罗马称霸的历史，对世界产生了深刻的影响，使得之后的一千多年进入了制海权争霸的时代。

西罗马帝国（395—476年）在北意大利的势力崩溃以后，潟湖区的居民为了抵抗伦巴第人和匈奴人的入侵结成了同盟，这是威尼斯的起源。8世纪，潟湖区的人们首次选出自己的领袖乌尔索斯，并得到东罗马帝国的承认，取得了执政官和总督的封号，标志着威尼斯共和国的建立。

威尼斯声称是一个"古典的共和国"，因为联合政府是由三个基本体制混合而成：公爵的王权、参议院的贵族政治和大议会的民主政治。政治民主使得财富分配相对合理，社会阶层之间的流动机会较为平等，虽然商业贵族占据了政府的重要职务，但贵族与平民之间并没有不可逾越的鸿沟，平民经商成功可以荣升贵族，贵族也可能会因经商失败而沦落为平民，社会各阶层之间的流动是自然的，不是通过政治权力来巩固和强化的。贵族不能通过占据政府职位而盘剥平民，从而导致社会不公，破坏社会稳定。与同时代的其他国家相比，这是鼎盛时期威尼斯共和国非常明显的制度优越性。因此，威尼斯共和国长时期保持社会稳定和强大的竞争力。

争夺制海权就是其发展战略的重要组成部分。小渔港基奥贾（位于威尼斯以南25公里处）是威尼斯通往亚得里亚海的门户，具有重要的战略地位，威尼斯与意大利的另一个实力强大的城邦热那亚一直争夺这个港口的控制权。通过1380年的一场战争，威尼斯终于夺取了基奥贾，并消灭了热那亚舰队，确立了海上霸主的地位。

在中世纪盛期，威尼斯由于控制了欧洲与累范特地区的贸易而变得非常富裕，并开始往亚得里亚海方向扩张。由恩里科·丹多洛统帅的威尼斯海军在1204年4月13日的第四次十字军东征中，对攻陷君士坦丁堡起到了决定性的作用。在瓜分东罗马帝国的土地时，威尼斯获得爱琴海内的很多岛屿，包括克里特岛和优卑亚岛。而曾经是十字军据点的塞浦路斯岛则于1489年被威尼斯吞并。

15世纪初，威尼斯控制了东西方的贸易通道，每年从东方进口价值约1000万杜卡特（金币，重量约3.5克）的货物，利润可达200万杜卡特。在14—15世纪的鼎盛时期，威尼斯的经济、文化非常繁荣，是西方世界的商业中心，其地位相当于今天纽约、伦敦加起来之和，威尼斯的货币杜卡特就像今天的美元一样，是那时西方世界最通行的货币，也属于国际货币。

图1.4所示为威尼斯画家乔凡尼·贝利尼（1430—1516年）的画作《诸神的宴会》。

图 1.4 威尼斯画家乔凡尼·贝利尼的画作《诸神的宴会》

（图片来源：维基百科）

人们因为偏爱英雄而熟知很多大帝国的历史，比如成吉思汗之于元朝，凯撒之于古罗马。可是，威尼斯共和国几乎没有英雄，但它的历史地位却高于很多大帝国，它的独特之处在于这是个无法产生古代英雄的城市国家，而它的伟大之处正在这里。历史上，鲜有千年帝国，但国土面积很小、人口很少的威尼斯共和国却独立存在了一千多年。它始建于公元 453 年，697 年成为东罗马帝国的一个城邦，于公元 8 世纪获得自治权，一直延续到 1797 年。在全盛时期，威尼斯共和国曾经控制整个地中海，在沿海拥有大量的殖民地，国家非常繁荣，它使用的货币——杜卡特金币——是当时的国际货币，而威尼斯在当时属于世界的金融中心。

1517 年，因为国际贸易航线逐渐从地中海沿岸向大西洋沿岸转移，威尼斯共和国开始衰落。1797 年，拿破仑率领法军入侵威尼斯，威尼斯共和国灭亡。

欧洲的海洋冒险精神由葡萄牙继承了下来。1415 年，葡萄牙士兵占领了北非港口城市休达，并在 1418 年击败了企图夺回休达的摩尔人。一年后,葡萄牙王子、航海家恩里克手下的两名船长在风暴中驶进马德拉(位于非洲西海岸外),而其他葡萄牙航海家更在1427年发现了亚速尔群岛,葡萄牙帝国因而开始发迹。葡萄牙的船队相继于1434年和1445年到达非洲的博哈多尔角、塞内加尔和佛得角。1446年,葡萄牙航海家安东尼奥·费尔南德斯发现了塞拉利昂。这些地理上的大发现都为葡萄牙帝国的崛起提供了有利条件。葡萄牙在这些地区建立了很多沿海商站。1487年,葡萄牙人又在内陆货物集散地沃丹设立了一个商行驻外代理处,同年,葡萄牙国王派出身为语言学家、军人、间谍、外交家的佩罗·达·威克利亚从陆路出发出使印度。1497年7月8日,达·迦马率领4艘帆船从葡萄牙启程,在向南航行的过程中停靠了葡萄牙在西部非洲的各个贸易站,通过各种来源知道了东非沿海的很多阿拉伯城市,1498年5月抵达印度的卡利库特港口。这个航海功绩虽然比不上哥伦布发现美洲,但是,对葡萄牙后来统治全球航海贸易具有决定性的意义。从此开始,东西方文明实现了对接,葡萄牙人开辟了葡萄牙—印度—中国—日本之间的欧亚航线,使欧洲和非洲、亚洲的商贸联系在一起。

从此之后,葡萄牙人成功建立了范围遍及世界大多数地区、在数十年中使葡萄牙不断繁荣的世界航运帝国。葡萄牙帝国是世界历史上第一个全球性帝国,也是建立最早、持续最长久的殖民帝国。葡萄牙在西非沿海地区建立了黄金海岸、象牙海岸、花椒海岸、奴隶海岸等。在非洲建立了葡萄牙的"非洲帝国"(包括葡属佛得角、葡属圣多美普林西比、葡属几内亚比绍、葡属安哥拉和葡属莫桑比克)。在美洲建立了"巴西帝国"。在亚洲,葡萄牙霸权的缔造者是1509—1515年担任印度殖民地总督的阿方索·德·亚伯奎。1513年,第一艘抵达中国口岸的葡萄牙船只驶进广州港,这是自马可·波罗之后,第一次有文字记载的欧洲人对中国的访问。亚洲的葡萄牙帝国就其陆地范围来说其实是很小的，仅仅包括少数岛屿和沿海据点，但是，这些岛屿和据点都具有重要的战略地位，依托这些战略要地，葡萄牙人控制了跨越半个地球的商船路线。每年，葡萄牙的船队沿着西非海岸（那里有向船只提供粮食和修整的贸易站）南下，绕过好望角之后驶入葡萄牙的另一个属地——东非的莫桑比克港，然后乘季风越洋抵达科钦（现属印度）和锡兰（现属斯里兰卡），再往东去是马六甲。控制了马六甲海峡使葡萄牙人得以进入东亚进行贸易。在亚洲贸易中他们拥有两种角色，既从印度、中国、日本和菲律宾之间的贸易中牟利，同时，也将中国的丝绸、印度和斯里兰卡的香料等大宗商品运往欧洲实现利润。

意大利人哥伦布发现美洲可以算作西班牙向外扩张的第一步。1492年，哥伦布西行，发现了加勒比海的不少岛屿和南美洲的委内瑞拉等地。后来，哥伦布在古巴登陆，误以为到达了中国。尽管没有发现遍地黄金，哥伦布还是有所收获，他宣布这些地盘归西班牙所有，并带回几十个印第安奴隶，哥伦布发现美洲为西班牙的海外扩张奠定了基础。

麦哲伦环球航行是西班牙海外扩张的第二步。麦哲伦是葡萄牙人，他认为从南美洲一直向西，就能找到东方的香料群岛（即东印度群岛）。在西班牙国王的支持下，他率领船队，经过几个月的艰苦航行，发现了关岛，到达了菲律宾。麦哲伦在那里被当地人杀死，其他人则最终到达了香料群岛，他们满载香料，经印度洋、非洲回国。从此，关岛和菲律宾都成为西班牙的殖民地。

麦哲伦的航行对中国经济史具有很大的意义，从此，中国明朝的商品以菲律宾为中转站进入了美洲的商品市场。

西班牙依靠在美洲开采的大量金银以及美洲对亚洲、亚洲对欧洲的贸易，不断强大。1516年，西班牙国王查理五世加冕为神圣罗马帝国皇帝，拥有奥地利、尼德兰等领土，使得西班牙成为欧洲的政治中心和经济中心。

紧随葡萄牙和西班牙的是荷兰和英国建立海上霸权。东西方航线的开辟，使得中国经济和美洲、欧洲联系到一起，中国通过商品经济的优势使得白银持续流入中国，从此，中国告别以铜钱为主要货币的历史，依托外来白银建立了银本位制度，也使得世界的货币本位制度紧密地联系在一起。

历史上，殖民主义者也曾利用人权货币实现自己的殖民扩张。

古罗马、威尼斯共和国、葡萄牙、西班牙等国通过海洋争霸确立了霸权地位。相应的发展战略、海洋冒险精神和人权属性的货币，是这些国家称霸海洋的基础。

威尼斯共和国的杜卡特金币、葡萄牙帝国的十字架花样金币与多布拉金币都在这一时期大规模流通；西班牙从1497年开始推行硬币系统，铸造达克特金币和艾诗兰克金币；荷兰铸造列文泰勒银币；等等。金银铸币在这些国家的对外扩张过程中执行货币职责。

任何国家的海外扩张过程都主要包括两种方式：一种是野蛮的军事征服；一种是通过和平的手段推广自身先进的文明，包括文化、价值观、科学技术和经济发展成果。无论何种方式，只有掌握着价值恒定、被世界各族人们普遍接受的展现人权属性的货币，拥有公认的价值尺度，才能补充给养，才能通过国际贸易发展壮大，海外扩张过程才能顺利进行。人权货币在对外的经济交往中尤其重要，它是世界人民共同接受的价值标尺，是衡量任何人的劳动的价值尺度，只有使用人权货币，才能更有效地推动生产要素的合理流动，提升经济效率，达到发展自身的目的；而仅仅依靠军事掠夺是无法长久的，必定遭到对方的强烈反抗，特别是一些人口很少的国家，仅仅依靠野蛮掠夺的方式来发展更是无法长久的。

过去的两个世纪，经历了大规模的民族解放运动，各族人民都已经觉醒。在未来，殖民主义很难再有生存的空间，注定了任何国家的海外扩张必须具备更强大的软实力，其中，先进的文化和价值观占有最重要的地位，同时，尊重人的劳动和展现知识的价值，建立更加公平与公正的环境，等等。

拥有和使用人权货币将是推动世界进步的基石。

第二章

货币的信用红利

历史上的货币有很多种,但本质上可划分为两种:第一种是人权货币(或阶段性展现人权货币特征的货币),以信用为纽带,逐渐扩大流通范围,享受信用红利;另外一种就是信用不断下降、非人权属性的货币,走向灭亡是唯一的归宿。

人权货币所带来的信用红利是人类历史上最大的红利之一。

中国历史上的信用元素

虽然公元前的雅典城邦、帕加马王国和古埃及较早地建立了比较完整的、具有盈利功能的主权货币,但世界不同地区的不同时代,如何对待主权货币有很大的不同。主权货币主要分为两类。一类主权货币是通过不断维护本身的信用来体现主权的强盛,比如古罗马帝国的金币、中世纪英格兰的金银币、唐朝的开元通宝,等等,它们的主权属性更主要体现在使用国家机器维护货币的信用,以此作为国家主权强盛、自身统治地位稳固的标志。这一点以中国唐朝最为明显,即便唐朝灭亡以后,唐朝的开元通宝依旧在五代十国时期大规模流通,成为商品交易市场的中流砥柱。另一类主权货币完全相反,在铸造与发行过程中,盈利幅度不断加大,统治者认为只有财富才是显示自身地位的标志,用更多的财富维持更强大的国家机器才能使自身的地位更加稳固,一般情况下,这类主权货币衰落的速度比较快,贬值的速度也很快,在历史上的存续周期就比较短。

现在,我们知道用信用(主要体现在法律上和货币上)治理国家,国家往往可以长治久安,国家在稳定的信用基础上可以持续发展数百年,经济不断发展,经济边界不断扩张,财富不断积累,国家不断繁荣昌盛,这就是信用红利。中国的唐宋时期是最典型的代表。而不断加大铸币税的征收力度占有更多的财富,以此强化国家机器来维护统治是无法长久的,所以,历史上才不断有以暴抑暴行为的出现。

中国史的信用曲线

中国创造了灿烂的古代文明,春秋战国时代的文化并不落后于西方,甚至某些方面领先于西方,无论哲学思想还是科技进步都是如此,这是很显然的事实。但是，春秋战国之后，中国依旧具有春秋战国时期形成的思想基础，但发展速度变慢了。除了思想和制度的差异之外，我们还可以看到另外一个事实：西周开始，中国进入铸币的时代，春秋战国时期，金属铸币取得蓬勃发展，在现有的记载中，那时并没有通过铸币求取利润的行为。秦朝开始，中国进入记重货币的时代。西汉吕雉时期（公元前195年—公元前180年），通过国家收回货币铸造权，铸造与八铢重的半两钱等面值的三铢钱（榆荚钱）共同流通，实现利润，开了通过货币铸造求取利润的先河。从此之后，中国历史上不断出现用铸币求取更大幅度利润的实例，比如王莽的虚钱、董卓的小钱、三国时期孙吴和蜀国的虚钱，大分裂南北朝时期更是虚钱当道，货币完全偏离了信用的职责，不断制造通货膨胀。这些时期，在思想、经济和科学技术水平的进步程度方面均逊色于春秋战国时期。

这些时期的虚钱并不是信用货币，因为信用货币的标志在于通过法律维护货币的价值。而铸造虚钱的目的是为了在铸币过程中实现更高的利润，用于自身的财政支出，是损害货币的信用。

从隋朝开始，中国社会的货币信用开始不断强化，隋朝的置样五铢是中国历史上著名的货币；唐朝的开元通宝是中国铸币史上最成功的钱币；宋朝的铜钱更是超值货币，在国外（日本、东南亚和印度等一些国家），将宋朝的铜钱带到本国使用甚至可以升值10倍以上，一些国家更主动使用宋朝的货币作为自己的本位币。也因此，我们可以看到部分现代史学家的观点，隋唐时期，中国的文明水平和经济水平开始突飞猛进，而到了宋朝，中国的文明水平和科技、经济发展领先于全世界！

有关古代经济总量的统计，由于资料的欠缺和数据的不完整，具体统计起来势必有极大的困难，而且年代愈久远，难度就愈大。西方著名经济史学家安格斯·麦迪森在《中国经济的长期表现》一书中认为：以1990年的美元购买力来衡量，西汉末年中国的GDP相当于人均450美元；可是，经过隋唐时期的经济大发展，到了北宋初年依旧是人均450美元。由此可以看到，隋唐之前的漫长年代，中国经济总体上是倒退的。

宋朝以后的元朝和明朝初期，中国开始使用信用极不完善的纸币，也就难以再造隋唐和宋朝在世界史上的巅峰地位；而明朝最辉煌的年代发生在万历时期，是中国民族资本主义的起步阶段，此时是中国开始采用银本位的时期，也是信用完善的时期。

在清朝以前，中国古代史的鲜明特色就是无论使用主权货币还是准许私人铸币（主要是西汉文景之治时期），当货币展现代表信用的人权属性时，国家往往蓬勃发展，民族兴盛；当货币偏重以盈利为目的时，国家往往衰落，民族落入灾难之中。

货币的信用变化浓缩了中国的兴衰。

中国元朝的"银行券"

虽然英镑和美元被称为货币，但本质上是银行券，它们继承的是中国北宋的发明。纸币交子就是最原始的银行券，铜钱和铁钱是货币，交子代行货币的流通职能。虽然宋朝发明了纸币交子，但一直作为辅币存在。元朝为世界的货币历史做出了杰出的贡献，以纸币作为主权货币，而且境内基本完全流通纸币。

元朝的纸币本质上是银行券（发钞行就是元朝政府管理的货币发行机构），所以，元朝开启了一个全新的主权货币的时代，奠定了现代货币体系的基础。本书为了叙述方便，后面的内容中，所有的银行券依旧使用货币来表述（需要区分时会特别说明）。这一进步被后来的英国和其他欧美国家继承了下来，依旧以金银作为准备金支撑货币的信用。但金本位时期的英镑更进一步，使得货币的内在价值中具有了法律的内涵，标志就是用法律的形式固定英镑的内在信用，规定每英镑中含有固定数量的黄金，固定数量的黄金代表固定的信用。当英镑脱离了金本位之后，也就产生了现代的信用货币，内在的信用完全依托于与货币发行相关的法律。

可是，元朝的主权货币并不是一次完全成功的尝试，从地域上来说，仅仅在中原文化圈普遍流通，在元朝的中亚、西亚等汗国并不成功；从时间上来看，仅仅流通了大约100年，后期加剧了通货膨胀，更成为元朝灭亡的主要因素之一。根本原因还是在于文化差距。元朝并没有认识到：即便是主权属性的货币，可以长期生存与发展的基础依旧在于是否具有充分的人权属性。而元朝的货币从中统钞、至元钞、至大钞再到至正钞，人权属性不断丧失，信用不断破产。

无论任何形式的扩张，比如军事上的和文化上的，都离不开经济的扩张，这些都是相辅相成的。而经济的扩张本质上是自身信用的延伸，货币信用就是核心内容。由此，可以看到一个奇怪的现象，元朝在成吉思汗（1206—1227年在位，见图2.1）和窝阔台（1229—1241年在位）时期，主要使用金银作为货币，这些货币的信用是完善的，实现了军事上、文化上、经济上的不断扩张，建立了庞大的蒙古汗国；到忽必烈在位的中后期，基本上完全使用信用不完善的纸币，海外扩张过程并不顺利，两次出兵日本和多次出兵越南等国都以失败告终。这样的纸币不仅在国际上不会被接受，也逐渐被国内的人民所抛弃，最终，只能遭到失败。

图2.1　一代天骄成吉思汗

（图片来源：维基百科）

孛儿只斤·铁木真（1162—1227年），蒙古帝国可汗，尊号成吉思汗，意为"拥有海洋四方的大酋长"。世界史上杰出的政治家、军事家，在统一蒙古高原之后，多次发动对外征服战争，征服地域西达中亚、东欧的黑海海滨，建立了横跨欧亚大陆的蒙古帝国。在此前的中国历史上，虽然亦使用金银作为货币，但主要的流通货币一直是以铜作为基础材料（秦半两、汉半两、五铢钱、开元通宝等）。成吉思汗早期，蒙古高原还处于以物易物的时代，成吉思汗在蒙古帝国建立了银本位制度，金银成为主要的流通货币。成吉思汗的另一大功绩是颁布了《成吉思汗法典》，这是世界上第一套应用范围最广泛的成文法典，建立了一套以贵族民主为基础的蒙古贵族共和政体制度。

元朝虽然首先建立了保证金制度的纸币体系作为本位货币，但将这一体系发扬光大的却是遥远的英国。造成这种差异的原因是两个社会的法律基础具有根本性的差异。英国建立了君主立宪制以后，已经成为法律至上的国家，信用完善的英镑成为英国建立"日不落帝国"的基础之一。

包括信用货币在内的所有纸币均是银行券，它们的价值不取决于所标注的面值，而是取决于发钞行和货币发行机制。

朱元璋的尝试

虽然元朝使用纸币作为主权货币难说成功，但明朝建立以后，朱元璋（1368—1398年在位）基于当时贵金属的短缺，再一次进行了纸币作为主权货币的进一步尝试。

宋朝的钱引本身就是没有准备金的货币，但钱引处于辅币的地位，主币是铜钱和金银。朱元璋在1375年发行大明通行宝钞，是明朝的本位货币，继承了宋朝钱引的货币发行方式。在1395年以后，明廷收缴了铜钱，大明通行宝钞成为经济生活中唯一的本位货币，这是标准的主权货币，货币的价值完全依托国家的财政所赋予的价值，没有贵金属保证金来支撑货币内在的信用。

大明通行宝钞既没有保证金，也没有建立严格的货币发行机制，结果大明通行宝钞不断贬值，虽然政府强制使用，但民间商品交易市场逐渐使用金银、布帛或者以物易物进行交易，到明宣宗时期

（1425—1435年在位）大明通行宝钞基本被抛弃，最终以失败告终。

无论元朝的纸钞还是大明通行宝钞，由于当时的社会都是封建君主制度，皇权独大，货币发行具有随意性，注定了快速灭亡的结局。

近代主权货币的先锋

欧美纸币中信用元素的建立过程

古希腊哲学将货币作为信用的体现，深刻地影响了后来欧美货币体系的发展。既然货币执行的是信用的职责，欧洲的很多国家准许私人银行发行货币，因为在这样的思想体系之下，谁发行货币并不重要，重要的是如何保持信用，所以政府主要处于监管的地位。

欧洲最早自由流通的纸币诞生于瑞典的斯德哥尔摩。1656年，约翰·帕默斯楚迟建立了斯德哥尔摩银行，斯德哥尔摩银行虽然是私营企业，但得到政府的特许发行纸币，半数净盈利要交给皇家，国库大臣担当银行总监，管理和经营模式有些类似于今天的美联储。几年后，因为银行发行了过多无法赎回的纸币，货币贬值，购买力下降。1667年，政府认为约翰·帕默斯楚迟有罪，按现在的法律含义，纸币不能保持原来的价值属于欺诈，责令他归还赊欠皇家的货币，并判处死刑，后来改判为有期徒刑。大约50年后，与瑞典斯德哥尔摩银行几乎一样的一幕重现在法国，苏格兰人约翰·罗于1716年建立了通用银行，1719年，通用银行被收归国有，发行由皇家担保的纸币，但是，因为约翰·罗的过渡投资，通用银行与投资公司于1720年12月破产，这相当于纸币的信用破产，约翰·罗本人最终被流放[1]。

由此可以看到，在欧洲的文化体系之下，货币发行人不能保证货币的信用是要吃官司的，要受到政府和法律的惩处，如果政府本

---

[1] [英国]凯瑟琳·伊格尔顿，乔纳森·威廉姆斯著. 徐剑译. 钱的历史. 北京：中央编译出版社，2011.

身从事货币发行，就会监管缺位，这是货币发行过程中的道德风险。

1690年，北美开始发行纸币。因为英国在北美洲的殖民地长期缺乏硬币，需要增加在当地的货币流通量，结果马萨诸塞湾的殖民地发行了第一批纸币，为前往加拿大进行远征的军队提供军费，这种纸币在第二年即出现明显的贬值。但发行纸币的做法很快辗转流传到其他殖民地。

当时，纸币的贬值是普遍现象，如果要求纸币不贬值，可以随时随地应纸币持有者的要求兑换金银是唯一的方式，对于这一点，连坚定的银行与纸币支持者亚当·斯密都表示认可。

在此历史时刻，英国做出了最完善的选择，英镑依托黄金，用法律规定1英镑中含有固定数量的黄金，并建立了独立的财政系统与金融体系，实现了发钞行的独立性，最终，英镑取得了成功。

金本位的英镑是"日不落帝国"的武器

从古罗马时期开始，金、银、铜都属于货币，后来因为通货膨胀，铜逐渐退出了货币序列，就形成了金银复本位制，这种货币制度一直延续了下来。中世纪时，英国的货币单位是磅，1磅的含义是1磅白银（453.59克）。在建立金本位之前，英国一样实行金银复本位制，此时，任何人只要将金、银块交给国家的铸币部门，缴纳一定的铸币税，就可以得到金银币，这就是自由铸币的时代。由于实行金银复本位制，两种金属是平行的货币，材料来源就相对充足，两种材料之间可以互相补充。但这也带来一个无法解决的问题，那就是劣币驱逐良币的现象。由于金币和银币间的比率是由政府通过法律形式确定的，一段时期内是一个固定的值，然而市场上的金银来自矿山，而矿山的金银产量是随时变化的，金银的市场比价也就经常波动。比如：假设法律规定金银币比价为1∶10，而此时市场上同等质量的金银价格之比为1∶15。那么，1块金币融化成黄金后，用这些黄金就能在市场上购买到相当于 15 个银币的白银，然后，再拿这些白银到铸币部门，就可以得到 15 个银币，当然也可以得到 1.5 个金币，中间就实现了 50% 的利润（以上均未考虑铸币税）。反之亦然，金价下跌银价上升的时候就是反向操作。当这种劣币驱逐良币的行为发生之后，市场中劣币充斥，良币被收藏并退出流通。

这带来两个问题，第一，金银复本位制下，社会的价值标尺并不恒定，价值体系不完善就会阻碍经济的发展；第二，货币是全社会所有人都使用和接触的，当劣币驱逐良币的行为发生时，所有的人都可以从事这种投机活动，带来经济混乱并压制了经济进步的动力。

1694 年，伦敦发生了一件影响近代金融史的重大事件。1694 年 4 月，以伦敦商人为主组成了"英格兰银行董事公司"，通过购买及包销国债、开具银行券等方式为政府提供资金支持。英格兰银行特许权文件的签署（图 2.2）标志着英格兰银行的诞生，磅开始向英镑转化。1717 年，在牛顿的推动下，规定了英镑的固定含金量（纯度为 90% 的 1 金衡盎司黄金等于 3 英镑 17 先令 10 便士，1 金衡盎司 = 31.1035 克），在财政与金融分立的条件下，英镑成为标准的信用单位，英镑的内在信用以固定的黄金数量来表示。

这具有划时代的意义，从此货币的价值是恒定的，社会的价值体系是完善的，全社会任何人的劳动成果和商品都在此恒定的基础上确定它的价值；任何人都没有了投机的空间，将包括人在内的生产要素集中于创造社会财富，推动了经济的发展和生产力水平的提高。

1689 年 10 月，英国议会通过了《权利法案》（全称《国民权利与自由和王位继承宣言》）。这是一整套保护私有财产的法律制度，与标准化的英镑一起，推动了英国的工业革命，生产效率得到飞速提高，英国从一个偏远潮湿的岛国一跃而成为世界上最发达的国家，号称"世界工厂"，并走向繁荣。

图 2.2 英格兰银行特许权文件签署

(图片来源：财新网，《李弘：话说金融史（12）》)

英格兰银行的成立具有划时代意义。自从英国建立君主立宪制以后，通过了《权利法案》，用法律的形式确立了私有财产的不可侵犯性。而英格兰银行的诞生，正式建立了依托金银（实行金本位制度后完全依托黄金）的货币体系，英镑成为标准的信用单位，进一步实现对私有财产的保护。这一系列的措施极大地解放了生产力，激发了人们的发明创造热情，奠定了第一次工业革命的基础。

英国的《权利法案》和代表标准信用单位的英镑，成为资本主义划时代的重大事件。

英国人继承了古罗马、威尼斯共和国、葡萄牙、西班牙的海上探险基因。15世纪末和16世纪初的地理大发现给西方世界带来全新的变化，开启了一个全新的时代，欧洲—美洲、欧洲—亚洲的贸易开始兴盛。这带动了欧洲权力中心从东部向西部的转移，地中海的地位开始下降，取而代之的是大西洋航线，传统的欧洲政治、经济格局开始改变。由于失去了对外贸易，奥斯曼帝国逐渐变得虚弱，意大利和德国的很多商业城市也逐步走向了衰落。欧洲和中东的内陆海——波罗的海、红海、地中海和波斯湾，逐渐失去了活力，而大西洋沿岸的欧洲国家——西班牙、葡萄牙、法国、荷兰和英国等——开始呈现蒸蒸日上的局面，在欧洲的政治、军事和经济版图上的地位显著提高，随着欧洲权力中心的转移，英国迎来了时代赋予的机遇。

在这场权力中心转移的过程中，英国为最典型的受益者。阿尔弗雷德·赛耶·马汉（1840—1914年）在提到英国极为有利的地理位置时说到："如果一个国家的地理位置，除了具有便于进攻的条件之外，大自然使它坐落在便于进入公海的通道上，同时还使它控制了一条世界主要贸易通道，显而易见，它的地理位置就具有重要的战略作用，很大程度上，英国占据了这样的地理位置。荷兰、瑞典、俄国、丹麦的贸易以及经各大河流进入德意志内地的贸易，都必须经过靠近英国门户的英吉利海峡，帆船还必须紧靠英国海岸航行。英国在所有大西洋沿岸国家中，地理位置是最优越的。"

在伊丽莎白一世（1558—1603年在位）时期，为了迎合新航线的开辟，英国内外政策逐渐转变以适应时代的要求，开始组织舰队与西班牙和葡萄牙争夺海上霸权。

在16世纪后期，英国海洋争霸取得巨大的进展。1588年，西班牙国王腓力二世派出了一支舰队企图征服英格兰，这只舰队称呼为最幸运的舰队或无敌舰队。在格瑞福兰海战中，西班牙舰队被法兰西斯·德雷克所领导的英国舰队击败，西班牙损失了百艘以上的大战舰及14000多名士兵，从此国势鼎盛的西班牙停滞不前。英国则从一个不入流的西欧国家，一跃成为海上强国，开启了伊丽莎白一世的盛世，雄心勃勃的英国开始走上了海外扩张的道路。

17世纪，随着海外扩张脚步的不断加速，英国不可避免地与当时控制着世界海上霸权的荷兰发生利益冲突，因此，爆发了三次英荷战争：

第一次英荷战争于1652—1654年发生在多佛海峡（英国与法国之间的海峡），双方主力舰队之间展开争夺制海权的决战，最终荷兰战败，承认英国的海上霸主地位。

第二次英荷战争发生在1664—1667年，英国与荷兰争夺海外殖民地。1664年英军攻占北美的新阿姆斯特丹，改名纽约。但荷兰反攻英国的西非据点和英国本土，并封锁了泰晤士河河口。1666 年发生的"四日之战"（图 2.3）是英国与荷兰之间爆发的最大规模的海战，也是英国皇家海军历史上少有的几次败仗之一，但却不是决定性的。1667 年 7 月，英国被迫签定《布雷达和约》，在贸易权上做出了让步，并重新划定了海外殖民地。

第三次英荷战争发生在 1672—1674 年，英法联合对荷兰宣战，1673 年 3 月荷兰海军击退英国舰队，1673 年 8 月法国退出战争。最后，英荷都无力将战争继续进行下去，于 1674 年 2 月签定《威斯敏斯特和约》，英荷战争结束。

图 2.3 第二次英荷战争期间"四日之战"场景

（图片来源：维基百科）

荷兰在 16 世纪前期还是西班牙的属地，1566 年爆发了资产阶级革命，到 1581 年才在尼德兰北部建立起独立的国家。但荷兰资本主义发展迅速，1637 年，荷兰拥有了制造排水量高达 1500 吨、装有 100 门大炮的三层甲板的战舰"海上君主"号的能力，此时，荷兰的船舶总吨位处于世界第一位。1595 年，荷兰到达印度的果阿、印度尼西亚的爪哇等地；1603 年在爪哇、1606 年在马六甲打败西班牙、葡萄牙海军；1605 年，荷兰抢占了盛产香料的帝汶岛；1619 年，荷兰兴建了巴达维亚城（今雅加达），后又到了苏门答腊、锡兰（今斯里兰卡）、苏拉威西（世界第 11 大岛）；1621年，荷兰势力扩张到美洲；1626年，荷兰西印度公司的主管彼得·米努伊特从当地人手中买下了曼哈顿岛并在其上开始建立新阿姆斯特丹（今纽约）；1624年，荷兰殖民者侵占中国台湾；1640年，荷兰从葡萄牙人手中夺取了马六甲；1648年，荷兰在南非建立了好望角殖民地。这时，欧洲与东方之间的贸易几乎全部掌握在荷兰人的手里，五大洲的各个角落遍及了他们的足迹，被称为"海上的马车夫"。

当时的新兴国家英国必定与控制着海洋霸权的荷兰发生剧烈的冲突，英国通过三次英荷战争夺取了海洋霸权。

英国通过三次战争耗尽了荷兰的海军实力，建立了海权—贸易—殖民地的帝国主义模式。

18世纪，新兴的殖民帝国法国严重威胁到英国海上霸权的地位，英法为争夺海上霸权，发动了多次战争，双方展开了旷日持久的拉锯战。最重要的是1756—1763年的"七年战争"，当时世界上的绝大多数强国均参与了这场战争，是一场覆盖欧洲、北美洲、中美洲、西非海岸、印度以及菲律宾的世界大战。1763年，法国、西班牙与英国签订《巴黎和约》，以及萨克森、奥地利与普鲁士签订《胡贝尔图斯堡和约》，共同标志着战争的结束。英国在战争中取得了巨大的成功，获得了原属法国殖民地的加拿大东部的新法兰西、原属西班牙殖民地的佛罗里达、一些位于西印度地区的加勒比岛屿、西非海岸的塞内加尔、印度次大陆的贸易站，等等。法国被剥夺了大量的海外殖民地并背负了沉重的战争赔偿债务。英国的海洋霸权发展到了顶峰，人称"日不落帝国"。

英国通过工业革命和海洋霸权的建立成为世界的霸主，这深刻地刺激了欧洲的法国、德国和俄国，海上霸权的角逐更加激烈。19世纪末，英国同法国、俄国在摩洛哥、伊朗、阿富汗、暹罗（泰国的旧称）和远东等地的殖民利益冲突均未解决。在海洋争霸问题上，俄国、法国两国对英国的战略航路构成严重威胁。法国当时依旧是仅次于英国的第二号海上强国。在1898年，俄国海军实力名列世界第三。地中海号称"大英帝国的中枢",在东地中海,俄国不仅把邻近黑海两海峡的小亚细亚划入自己的势力范围,还利用19世纪90年代初俄国、法国海军互访的机会,在法国尼斯附近驻有一支分舰队。在西地中海,法国通过阿尔及利亚向摩洛哥渗透,威胁着英国的战略要地直布罗陀。

直布罗陀海峡长90公里,宽12公里至43公里,是大西洋和地中海之间唯一的海上通道。直布罗陀处于欧洲伊比利亚半岛南端,在直布罗陀海峡东端的北岸,在天气晴好时,从直布罗陀可以望见对岸的非洲大陆,控制直布罗陀才能掌握直布罗陀海峡这一重要的海上通道。1704年,英国占领了直布罗陀,1869年苏伊士运河通航后,直布罗陀的战略地位更加重要,过直布罗陀海峡途经苏伊士运河可以直接进入亚洲。而毗邻直布罗陀的西班牙,被美国、西班牙战争中英国的亲美立场所激怒,于1901年初与法国、俄国谈判,准备加入法俄同盟。如果失去直布罗陀,英国通往亚洲的捷径将被切断,英国海军部不得不制定增加10000名士兵守卫直布罗陀的计划。

英国另一条海上航线是不经过直布罗陀海峡,直接沿大西洋航行经南非的好望角进入亚洲。一旦欧洲形势恶化,直布罗陀海峡的通行出现障碍,英国也可以不经过地中海而保持到达东方的航路,南非开普敦的海军基地也是关键性的。因此,直布罗陀和南非开普敦就是英国的咽喉,如果失去这两处战略要地,英国与东方广大的殖民地(印度、缅甸、澳洲等)的联系将被切断,英国就不能称之为帝国。

为了保持海上霸权,英国与法国、俄国进行造舰竞赛。19世纪末,英国海军军费增长非常迅猛,在1893年至1904年间,英国海军预算增加了1900万英镑,这个数字几乎相当于同期俄国、德国、法国三国海军预算增加的总数。同时,英国也努力寻找盟友,以便在其海军力量最薄弱的远东地区抵消法国、俄国的力量,并希望消灭俄国舰队。1902年1月,英国、日本两国签订了同盟协定。英日同盟使日本没有了后顾之忧,积极准备对俄战争。1904年2月,日本海军以突然袭击的方式在朝鲜仁川和中国旅顺攻击俄国舰队，打响了日俄战争，战争的结果是俄国庞大的海军主力被消灭，丧失了对英国海军的威胁。俄罗斯海军主力被消灭之后，法国独木难支，1904年4月，英国、法国签订了《英法协约》，规定了两国在摩洛哥、埃及和暹罗的地位，建立了同盟关系。从此，英国开始把主要注意力转向德国海军。

19世纪与20世纪之交，德国海军对英国并未构成威胁，在1904—1905年间，英国政府和海军当局才开始把德国作为其夺取海上霸权的敌手，从此，英国与德国之间再次开启海军军备竞赛。

1911年底，摩洛哥危机、波斯尼亚危机和意土战争（是一场于1911年爆发的意大利王国与奥斯曼帝国之间的战争）等，已经使欧洲上空战云密布。在战争的前夜，英国仍牢牢地掌握着海上霸权，在主力舰数量方面大体上以接近2∶1的优势领先于德国。在1914年，英国和德国所拥有的主力战舰数量对比为：无畏级战列舰21对15，战斗巡洋舰9对5，准无畏级战舰40对22。英国的优势十分明显。

英国在没有直接卷入战争的情况下，借日本之手打击了俄国，拉拢了法国，最后在军备竞赛中战胜了德国，从而保持了海上霸主的地位，直到第一次世界大战（以下简称一战），英国依旧是海上霸主[1]。

随着海上霸权的建立，英国开始进行工业产能的输出，这带来英国外贸的快速增长。英国的进出口贸易总额从1697年的229.5万镑上升到1797年的1609.3万镑，100年间增长了7倍，而海外贸易的繁荣，进一步推动了英国工业革命的进程。海运航线把英国本土和海外的殖民地有效地联系了起来，相当于建立了一个统一的大市场，使资金、技术、人力、原材料和产品进行合理的流动，在第一次工业革命

---

[1] 邱建群. 试论1898年至1914年英国对海上霸权的争夺[J]. 辽宁大学学报（哲学社会科学版），1996，(3)：73—76.

的基础上，经济效率进一步提高。英国本土工业化的不断推进、海外贸易的不断繁荣、英国商品市场的不断扩大和海军实力的不断增长就形成了一个良性的循环，这是英国称霸世界一个多世纪的主要原因。

从外在因素看起来，正确的军事战略、第一次工业革命带来经济效率的提升等因素都是英国称霸世界的基石，但价值恒定的标准化英镑是英国称霸世界的重要基础之一。

全盛时期的英国，殖民地遍布五大洲四大洋，而且其中的加拿大、美国、印度、澳洲都有广阔的国土，有些地区人口也很稠密，而1860年前后，英国的人口只占全世界人口的2%，占欧洲人口的10%，以如此的人口基数完全依靠武力统治如此广大的殖民地，显然是不现实的。所以，英国对殖民地的统治方式与法国、葡萄牙、西班牙、德国和比利时等国家不同。法国、葡萄牙、西班牙等国家采取直接统治的方式，尽力将殖民地在政治和经济上与宗主国结为一体，大力灌输宗主国的文化与生活方式，使被统治民族对统治民族产生密切的认同感，当地的社会制度和风俗习惯几乎得不到保存，当地语言在教育系统中很少应用。这些政策的主要目的就是要使殖民地国家的受教育阶层（通常是当地的上等富有阶层）感到自己的命运与宗主国休戚相关，并摈弃土著生活方式。英国在北美独立之后的殖民政策则与之出现了显著的变化，采取"间接统治"的方式，尽量使殖民地在政治上与经济上达到自立。在非洲和印度，英国仍保留了许多原有的土邦国（如印度的海得拉巴国、克什米尔国，非洲的布干达王国、巴苏陀王国、桑给巴尔苏丹国，中东及东南亚的一些酋长国和苏丹国）。在被划为英皇直辖的殖民地地区，也保留了原有的部落、乡村等行政机构，并任用当地人为次级地方官员，当地的语言和文化也得以保留和传授。这使得英国的殖民地社会可以保持相对稳定。英国本土与殖民地之间的联系主要是以经济作为纽带，经过两次工业革命，英国具有强大的工业生产能力并不断积累资本，不断将产品和资本输出到殖民地，而殖民地可以给英国本土提供原材料、劳动力和商品市场。同时，这些殖民地又是英国海军的补给站。这些都需要依托具有稳定信用的英镑,因为英镑价值稳定,殖民地国家普遍接受,英国舰队的补给不存在任何障碍,英国本土与殖民地之间、殖民地与殖民地之间的资本、产品、原材料往来非常顺畅,英镑就成为流通在英国本土和大量殖民地之间的"血液",将英国与殖民地之间、殖民地与殖民地之间的统一大市场有机地联系在一起,进一步提升了经济效率和综合国力。英国构建的是以自身发达的工业为基础、以英镑为核心的统一价值体系,进而建立以英镑为核心的经济殖民体系,使得遍布五大洲四大洋的国家在同一个框架内联系在一起。当建立了统一的价值体系之后,英镑就延伸到这些国家的方方面面,英国的商品和服务也就进入到这些国家生活的点点滴滴之中,这些国家的中央银行就必须储备英镑,以保持自身的购买力,英镑成为世界储备货币。从此,英镑站在了世界货币体系的顶峰,不仅仅是英国的英镑,也是世界的英镑。英镑对英国海外扩张过程的巨大支撑作用,英国海军拥有充分的发言权,英国皇家海军学院油画大厅上的一幅油画(图2.4)恰当地表现了这一点。

图2.4 一幅描绘英国皇家海军与英格兰银行关系的油画
(图片来源:财新网,《李弘:话说金融史(12)》,绍晶摄)

在伦敦格林尼治旧英国皇家海军学院的油画大厅墙上,有一幅描绘皇家海军与英格兰银行关系的油画,表达了英格兰银行对皇家海军发展壮大过程中的支撑作用。

在英国皇家海军征服五大洲四大洋的过程中,需要庞大的军费支出,英格兰银行具有很高的信用，可以实现筹资功能，满足英国皇家海军海外扩张的需要；同时，英国皇家海军需要与全世界各民族打交道，是不可能任何时候都靠枪炮说话的，船只需要修缮、后勤需要补给，甚至长期在海上漂泊的战士需要到岸上休息、娱乐，这些都需要价值稳定的英镑才能实现，也是保持海军战斗力的基础。

英国皇家海军最清楚英格兰银行具备的信用元素和价值稳定的英镑在英国皇家海军进行海外扩张过程中所起到的决定性作用。

相反，如果是不断贬值的英镑，原材料、产品、资本在英国本土和殖民地之间的流动必定遇到强大的阻力，英格兰银行也无法为英国皇家海军在海外的军事行动实现充分的筹资，英国海军在海外的补给、修缮行为也会遇到障碍。如果英国强行在殖民地推广这样的货币，以英国的人口劣势，显然是比较困难的，英国无法建立起"日不落帝国"。

类似的情形曾经发生在中国的明朝，明朝在当时亦是世界上非常强大的国家，如果可以用和平的方式实现经济边界的海外扩张，就会进一步发展壮大。永乐大帝（明成祖朱棣，1402—1422年在位）时期，郑和统帅着当时世界上最强大的船队，航程遍及亚非30多个国家。明朝的船队不是进行野蛮的抢掠，而是将中国的青花瓷、拔火罐、织造术、中国历法等工艺技术传播到亚非很多国家并带去和平、友谊，也带去中国文化以及中华民族的文明。至今，国外很多地方还在感念郑和这位伟大的和平使者，尊称郑和为"三宝"，很多地方也以三宝命名，比如马来西亚有三宝山、三宝井，印尼有三宝垄、三宝庙，菲律宾有三宝颜，泰国有三宝港等，这些都代表了东南亚人民对明朝和郑和的崇敬。在经济上，郑和下西洋建立并巩固了海上丝绸之路，使得明朝的海外贸易非常繁荣。法国学者弗郎索瓦·德勃雷在其著作《海外华人》序言中指出："皇帝的旗帜飘扬在南洋各处，从菲律宾到印度，从爪哇到阿拉伯甚至非洲的摩加迪沙，中国的商业获得巨大的发展。"日本学者山田宪太郎则特别指出："中国对于胡椒的大量需要导致了爪哇和苏门答腊胡椒种植的增长，这样必然会刺激经济的发展。"

很显然，明朝建立的是庞大的海外大市场，强大的海军将海外和明朝本土经济有机地联系在一起。如果就此发展下去，明朝就不仅仅是陆地强国，还会成为海洋大国、强国，和世界各族人民实现共同发展。但是，明朝的大明通行宝钞不断贬值，宣德四年（1429年），米一石、棉布一匹或丝一斤都值50贯钞，比洪武九年（1376）上涨了50倍。宣德八年（1433），绢一匹折钞400贯，比永乐五年（1407）又上涨了差不多10倍，比洪武九年上涨了将近330倍。大明通行宝钞不断对内贬值，实质上代表征收铸币税的幅度不断加大，货币数量加速膨胀，丧失了货币最基本的人权属性，于是民间拒不用钞，以金、银、铜钱及实物作交易，钞票形同废纸，名存实亡。这样的货币在对外贸易中被外国人拒收就是自然的，无法承担商品经济统一大市场的"血液"职能，最终，大明通行宝钞在国内商品交换过程中所占有的份额不断缩小，更无法流通到国外。到明英宗正统年间（1436—1449年），大明通行宝钞基本上已经名存实亡，曾经一度非常繁荣的对外贸易也不复存在。明朝给世界各族人民带去的是友谊、和平、先进的文化和工艺技术，也拥有领先的商品生产能力，具有先进的造船水平，也有当时最强大的舰队，但终不能成为海上强国。

经济边界的不断扩张是任何国家经济发展的必由之路，这种扩张过程必须拥有健康的"血液"，只有展现人权货币特征的货币才能承担这一职责。

陆权货币的崛起

虽然早期的威尼斯共和国、葡萄牙、西班牙和荷兰都曾称雄海上，但主要是贸易立国。而英国的崛起过程中，虽然外贸依然是一个主要因素，但开启了一个新的经济模式，那就是通过统一大市场的建设来推动经济效率的进一步提升，带动经济的进一步发展。现代经济学界以此为基础建立了最佳货币区理论。

第一次工业革命（18世纪60年代—19世纪40年代）是以蒸汽机的使用作为主要标志。第二次工业革命（1870—1914年）的基础性进步来自于1819年丹麦人奥斯特发现的电流磁效应和1831年英国科学家法拉第发现的电磁感应现象，最终以电力的广泛应用和自动化为主要标志。虽然英国、德国、美国都是第二次工业革命的推进者，但世界的力量平衡却发生了改变。

英国的困境

受第二次工业革命的推动，商品的生产效率更高，产量更大，成本更低，推动了国际贸易和国际服务的快速发展。以钢铁为例，贝塞麦转炉炼钢法是第一种大规模制钢技术，使得1英吨（1英吨约为1.016吨）的钢铁成本由40英镑下降到6~7英镑，生产效率急剧上升，产量急剧增加。钢铁业的发展直接带动了机械制造、军工制造、造船等行业的飞速发展，各行业的产能急剧扩张。

更复杂和更高效的机械被广泛运用，使得商品可以实现更大量的出口，而费用却明显降低。基于英国的人口只占欧洲人口的大约10%，国土也比较狭小，英国已经是海上霸主，建立了大量的海外殖民地，如果继续扩张海外市场，就需要向内陆国家扩张，以英国的人口基数，显然是更加困难的。鸦片战争和后来世界列强多次发动对中国的侵略战争，就是在此情形下发生的，希望打开中国处于封闭状态的市场。相似的一幕也发生在日本，在德川幕府（1603—1867年）时代，日本也是一个封闭的国家。19世纪中期，一艘美国军舰来到了江户湾，虽然只是请求上岸通商，但日本人还是以这艘铁甲战舰为诱因，爆发了推翻幕府统治的序幕。1868年1月3日，西南各诸侯率兵包围皇宫，解除德川幕府驻后宫警卫队的武装，从此开启了明治维新。日本和清朝最大的差别是日本主动接受当时世界的制度进步和技术革命。

随着欧美资本主义的大面积崛起，经济发展迅速，产品供给能力快速上升，仅仅依靠侵略打开的国际市场是有限的，成本也很高昂，无法满足英国、法国等工业品产能急剧扩张的要求。在市场无法有效扩大的情况下，作为欧洲工业革命先驱的英国生产出来的商品供过于求，长期受到1871—1896年间大萧条的严重影响，1873年以后，工业的产能利用率下降，商品价格出现紧缩。这意味着英国经济边界的延伸遇到了瓶颈，英镑的扩张受到制约，作为典型的海权货币，当自身商品市场无法有效扩大之后，产能过剩的不断持续就会在自身的工业体系和银行系统积累坏账。这对英镑的价值稳定开始形成严重的威胁，而一种价值不稳定的货币就难以长期继续承担世界货币的职责，英镑开始走到十字路口。事实上，到了一战之后，英镑相对黄金贬值的压力越来越大，最后退出了金本位，在国际上的地位也开始下降，开始与美元共治天下，原因也在于此。

虽然英国引领了第二次工业革命，但英国经济在世界上的相对优势并没有扩大，英镑作为世界货币的垄断地位并不是更加巩固，而是受到挑战，这些挑战不仅来自德国，也来自美国。

陆权货币

英国依靠制海权建立的海外大市场和工业革命使英镑成为世界货币。在第二次工业革命之后，英国依旧是海上霸主，德国、美国如果和英国进行海上争霸将处于劣势。

第二次工业革命之后，德国与英国一起成为欧洲主要的工业化国家。虽然英国发明蒸汽机带动了第一次工业革命，但内燃机、柴油机、发电机和电动机等发明都属于德国，这些发明使得德国走上工业化的道路。随着德国的工业化水平飞速提高，产能急剧扩张，这些产能主要集中在电机、化学、电力等方面，德国呈现蒸蒸日上的局面。统一之后的德国快速崛起，扩张经济边界的行动势在必行。

图2.5所示的彩色木刻画表现的是学生们在瓦尔特堡前进行抗议活动，支持民族统一的场景。

图 2.5　1817 年 10 月，近 500 名学生在瓦尔特堡前
进行抗议活动，支持民族统一

（图片来源：维基百科）

德国统一之前即开始了第二次工业革命，统一之后的德国，工业化水平更是全面跃进，呈现一片蒸蒸日上的局面。1880—1900 年期间，德国占世界贸易的比率从 8% 升至 12%，英国从 25% 下降到 21%，法国从 11% 下降到 8%；1913 年，德国钢产量是英国的 2.26 倍，发电量是英国的 3.2 倍，煤炭产量为英国的 95%，铁路里程是英国的 90%。同时，德国还拥有普法战争（1870—1871 年，普鲁士与法国之间的一场战争，法国战败，德国统一）赔款 50 亿法郎，约合 14 亿两白银。

一战之前，德国的海外市场比较狭窄，主要殖民地只有西萨摩亚、德属新几内亚和邻近海岛、德属东非（坦桑尼亚部分地区、卢旺达、布隆迪、肯尼亚部分地区）、德属西非（喀麦隆、多哥）和德属西南非洲（今纳米比亚）等，相对德国飞速发展的工业化，市场容量有限。

可是，德国的扩张是受限制的，德国虽然是欧洲的大国，但人口不多，国土面积也不大，当时的海上霸主依然是英国，德国商品的海外市场扩张过程受到限制，战争就成为必然的抉择，这就发生了一战。德国希望通过一战在欧洲大陆扩张自己的市场范围，延伸马克的流通边界，同时在亚非拉地区争夺更多的殖民地和市场。如果战胜，马克的国际地位就可以得到大幅提升，甚至可以取代英镑，自身的经济边界也就可以得到飞速扩张,提升自身的综合实力。但最终的结局是德国战败,战后的超级通货膨胀摧毁了德国的主权货币体系——金马克货币体系,德国丧失了所有的海外殖民地,经济边界被动收缩,综合实力被极大地削弱。

第二次工业革命的结果让德国与英国之间爆发严重的市场冲突,源于他们都需要输出过剩产能。美国也是第二次工业革命的主要推动者,但美国走向不一样的道路。

美国有广阔的国土,有丰富的自然资源,基于第二次工业革命出现了大量的技术进步,直接带来钢铁成本的下降,内燃机投入使用,电气化开始普及,美国不是与英国争夺海外市场,而是致力于建设内部的统一大市场,所以,美国的"镀金时代"(图2.6)是以重工业为基础的。1869年,第一条贯穿美国大陆的铁路的开通是一个标志性事件,1880年与1860年相比,铁路长度增长了3倍,到1920年,又增长了3倍。在这个时代,美国的制造业超过英国,领先于世界;美国在商业化农业开拓了新领域;实现煤炭开采业和钢铁业的繁荣;华尔街实现了金融市场的整合。到1900年,涌现出一大批巨型联合托拉斯式的企业,竞争力非常强大,主要集中于钢铁、石油、糖、肉类加工、农机制造等领域,第一家10亿美元公司由银行家约翰·皮尔庞特·摩根于1901建立,即美国钢铁公司。这是美国崛起的时代,也是美国空前繁荣的时代。

图2.6 描绘美国"镀金时代"的画作

(图片来源:维基百科)

在"镀金时代",美国吸引了欧洲和世界各地的移民,这些人乘船至美国后,对美国的第一印象来自矗立在纽约港前的自由女神像。

1865 年美国内战结束后,美国经济进入飞速发展的"镀金时代"。在相对短的时间内,美国经济迅速地实现了工业化,从农业经济转变成工业经济,生产效率得到大幅提高。在技术创新上,美国也取得令人惊叹的成就,与铁路、电话、汽车、农业机械等相关的新技术或装备迅速发展,改变了传统的工业体系并改变了人们的生活方式。同时,在支持自由市场的政治环境和技术进步的辅助下,市场体系以前所未有的速度在全美国扩展,不仅建立起了全国性的国内市场,而且与当时正在逐渐成型的世界经济体系的联系越来越紧密。

农业新技术的不断投入使用,极大地提高了农业的生产效率,加上交通工具的不断普及,农业的剩余人口大量涌入城市,为工业发展提供劳动力,推动了美国的工业化和城镇化。这是一种技术和市场共同推动的经济良性发展。

陆地统一大市场的建设,使得由 13 个殖民地组成的美国迅速崛起成为世界上经济实力最强大的国家,同时依托有效的货币管理,美元开始逐步奠定在世界上的地位,作为陆权性质的主权货币开始崛起。

陆地统一大市场的建设是美元崛起的主要条件,但不是唯一的条件。美元作为美国的主权货币,内在的支撑是发明创造!现代经济学理论中,供给学派占有重要的地位,中心思想即是不断地增加经济生活中的有效供给,这些供给不仅是原有产品的产量增长,更是基于不断的发明创造,这些发明创造所提供的新产品可以提高人们的生活水平和生产效率,推动经济的不断进步。这才是美元的真正内涵。陆地统一大市场的建设提升了美国大陆的经济效率,不断出现的发明创造进一步推动了经济的飞速发展,两者共同支撑了美元的崛起。

从某种含义上说,美国不是被发现的,而是被发明的。从本杰明·富兰克林(1706—1790 年)开始,尊重科学技术就成为美国社会一个经久不衰的特征,本杰明·富兰克林自身既是著名的政治家、外交家、慈善家和作家,也是科学家、发明家,他是美国革命时期重要的领导人之一。1787年，已经退休的本杰明·富兰克林出席了修改美国宪法的会议，成为唯一同时签署美国三项最重要法案文件的建国先贤，这三份文件分别是：《独立宣言》、《1783年巴黎条约》以及1787年的《美国宪法》。法国经济学家杜尔哥曾经这样赞美富兰克林："他从天上取得雷电，从暴君手里夺取权杖。"富兰克林在巴黎观看热气球第一次飞上天时，别人问他："这东西有什么用？"富兰克林反问道："你说新出生的婴儿又有什么用？"这就是哲学的意义。托克维尔在《论美国的民主》中说："美国人总是表现出一种自由的、原创性的和创造性的思想能力。"

虽然第二次工业革命最早发生在英国，但真正取得飞速发展的是美国。经过1775—1783年独立战争和1812—1814年第二次美英战争后的美国，建立了自己的信心。美国人的这种自信加上创新精神，使得自身可以脱离英国的阴影独自发展。到19世纪中期，不断展现活力的美国就已经超越英国，成为世界上工业发展最先进国家。在工业制造领域，美国比英国的生产效率更高，竞争力更强。

伊莱·惠特尼（1765—1825年）被誉为美国规模生产之父，甚至完全可以称为现代制造业之父，因为他首先发明了标准化的概念，没有这一概念，现代制造业将难以建立，这已经成为现代制造业的基石。伊莱·惠特尼是一位卓越的发明家，最为人所知的成就是于1793年发明了轧花机，将相关流程的生产效率提高了约50倍，从而使得美国南方山地短纤维棉花成为一种有利可图的作物。轧花机的发明促进了当地的经济繁荣（也有人认为，因为这项发明，提升了美国南方的经济实力并最终导致美国南北战争，可想而知，这项发明对美国经济社会的影响极其巨大）。然而，伊莱·惠特尼对美国社会最重大的贡献是"提出了大量生产替换零件的概念"，这就是今天各行各业都在使用的标准化概念，这一概念使全社会的生产效率得到飞速提升，这在伊莱·惠特尼制造滑膛枪的过程中得到生动体现。

1798年，美国正笼罩在可能要与法国开战的阴影之下，伊莱·惠特尼为了摆脱债务危机，接受了美国政府的委托，在1800年前为美军供应10000~15000支滑膛枪。当时的枪支制造是全手工制作，依靠熟练的工匠对每一个部件进行加工、修整、定型，最后装配成一支完整的火枪，很多时候零件需要反复加工，生产效率很低。伊莱·惠特尼完全突破了传统工艺，先制造生产零部件的机器，用这些机器加工完全相同的零件，最后，用很少的人工进行装配。这使得生产效率得到飞速地提高，实现了制造过程的机器化和标准化，也提高了枪支的精度，同时，零件毁坏时可以随时替换，部队的战斗力得到提升。

1801年的一天，伊莱·惠特尼带着10支滑膛枪来到华盛顿，要将自己的发明成果演示给美国总统。当着杰斐逊总统和一众官员的面，惠特尼将枪一一拆解，然后蒙上眼睛，将混杂在一起的部件重新装配成10支枪。杰斐逊总统赞叹道："惠特尼发明的不仅是机器，而是新方法所采用的工序。"这标志着标准化概念的诞生，现代制造业的基础奠定了。

伊莱·惠特尼的标准化概念首先推动的是美国，使各行各业的生产效率在标准化的推动下飞速提高。美国内战前夕，伊莱·惠特尼的伟大发明已经结出丰硕的果实。英国人惊讶地发现，美国工人一天内能装配50支枪，而英国工人只能装配2枝，相差25倍。这标志着美国支持战争的军工生产能力超越了英国。伊莱·惠特尼的标准化概念，对工业生产的推动作用具有划时代的意义，工业产品产量和质量快速提升，产品成本快速下降，售后服务水平也出现了质的改变。

一个世纪后，亨利·福特发明了流水线：将汽车零件运送到装配工人所需要的地点——环形传送带，这是现代工业大量生产产品的主要方法之一。伊莱·惠特尼面对的只是一支结构简单的滑膛枪，而亨利·福特面对的却是极其复杂的汽车，这代表着标准化概念继续深入到更复杂的工业生产领域，对社会进步的推动进一步深入。从此，福特开启了美国的汽车时代。

流水线生产方式使生产效率提升、成本降低、供给大量增加，更使汽车得以普及并对美国的发展产生了更大的推动力。那就是将美国的统一大市场建设扩展到美国城市与乡村的每一个角落，提高了美国劳动力、资本、产品、原材料等的流动水平，带动了美国经济的进一步发展。

福特汽车完全改变了人类的传统生活方式，拓展了每个人的活动半径。汽车将农民与城市连为一体，城市化加速推进，经济加速发展。同时，也极大地提高了人们的生活水平，人们可以在室外和野外从事很多娱乐活动，各行各业特别是服务业全面加速发展。

火车的大发展和福特汽车的大量生产使陆地的不同城市之间、城市与乡村之间联系在一起，建立的陆地大市场和依靠制海权建立的大市场拥有一样甚至更高的效率。1903年，美国的莱特兄弟制造出第一架依靠自身动力进行载人飞行的飞机——"飞行者一号"，并且获得试飞成功。交通运输业的发展使得美国大陆上人、财、物流的流动提升到更高的水平，标志着美国陆地大市场建设再上一个新台阶。

美国在工业大生产和陆地大市场建设突飞猛进的同时，农业生产也发生了革命性的进步。在世界刚刚进入19世纪的时候，无论美国还是世界各地，从事农业生产的都是从事体力劳动的农民，工具或劳作方式就是原始的锄头、铁锹、马拉犁或者牛拉犁，还有手推车。麦考密特的父亲是一位农场主，种植小麦。小麦的收割时间很短暂，在完全手工的条件下，一个人一天用镰刀只能收割1英亩（约4047平方米），经常因为天气等原因不能及时收割而造成损失。麦考密特把小麦收割的过程分成几个步骤，进而发明了联合收割机，收割效率超过30个人工，这是农业生产的重大突破，标志着小麦种植面积不再受收割速度和收割能力的限制。在1851年的世界博览会上，《泰晤士报》称赞道："美国收割机是国外对我们突破先前知识最有价值的贡献。"

农业机械化突破了劳动力因素的制约，美国大片的荒地都得到了开垦，从此，美国成为世界的粮仓。1855年发明的脱粒机比一个人手工脱粒的速度快120倍。1889年，美国人贝斯特制造出第一台由蒸汽机驱动的自走式联合收割机，一天最多可收割120多英亩小麦，其效率是人工收割的100多倍。在19世纪最后20年，美国新垦殖的土地面积就超过了英国、法国、德国3国土地面积的总和。

1860—1900年，美国小麦产量增加了3倍，占世界小麦总产量的23%，而当时美国人口不到全球人口的5%。1912年拖拉机问世，拖拉机从事收割、耕耘、喷药、施肥等许多工作，这使美国许多荒废的土地都得到了开垦。谷物在历史上第一次出现了过剩[1]。

农业生产效率的提升，不仅使农业产量增加，还使得农业人口快速下降，大量的农民进入城市成为产业工人，推动了工业的进步，带动了城镇化的快速发展。

美国的"镀金时代"，实际上就是发明创造的时代，从工业到农业、从铁路到航空，无处不体现出美国的创新精神和发明创造基因。1860—1890年，美国有50万件发明，是过去70年的10倍，铁路空气制动、交流电远距离传输、电报电话、电灯、农业机械等，不仅改变了美国，也改变了世界。

美元的崛起主要得益于以下方面的原因：其一，美国是英国文化的继承者，美元被注入了金本位时期的英镑的信用内涵，这是任何一种货币可以长盛不衰的基础，也即货币的人权属性；其二，美国有广阔的大陆可以建立高效的统一大市场；其三，美国文化中的发明创造基因给美国经济和美元注入了源源不断的动力。

在此后的历史中，美元从没有改变自己内在的本质。二战以后，美元执行金本位制度，被称为美金，这是对美元价值的赞誉。1971年之后，美元与黄金的联系中断，但依旧是世界上管理最完善的货币之一，依旧占据着最主要世界储备货币的地位。这是因为美元具有很高的价值管理水平，而价值管理是货币可以长盛不衰的核心。二战之后，美国开始主导世界，拥有强大的海空军实力，各大洋都航行着美国的

---

[1] 杜君立. 杜君立：美国之梦——一个理想国的崛起[EB/OL]. [2013-07-04][2015-01-28]. http://www.aisixiang.com/data/65400.html.

舰队，美元流通在世界各地，但美国并不热衷于拓展海外殖民地，主要致力于完善自身的内部大市场，不断提升大市场的经济效率和发展水平，用自己的文化和体制等因素推动科技进步，用这些内部基因支撑美元在世界上的地位。美国和美元对世界的影响主要是依靠产品输出、科技输出和资本输出来完成。美元一直未改变自己陆权货币的本质。

今天，美国有沃尔玛、麦当劳这样的大型零售和服务公司，推动美国的服务业不断发展，这是统一大市场不断完善之后的必然产物；也有波音、通用、福特这样的公司将大市场的人、财、物高效地联系在一起；还有苹果、谷歌、洛克希德·马丁这样的公司传承着科技创新的精神。这些公司的存在与发展，就代表了美元的精髓。

人类史上最大的红利

信用红利

英国和美国都依靠自身国家经济的发展战略、市场建设、人文文化基因称霸世界，但内在的信用基因是最重要的，那就是货币的信用基础异常牢固。

英镑由成立于 1694 年的英格兰银行发行，辅币单位原先为先令和便士，1 英镑等于 20 先令，1 先令等于 12 便士。1971 年 2 月 15 日，英格兰银行实行新的货币进位制，辅币单位改为新便士，1 英镑等于 100 新便士。虽然从 1717 年开始，英镑就是事实上的金本位制，但直到 1821 年，英国才正式从法律上确立金本位制度，英镑成为英国的标准货币单位，每 1 英镑含 7.32238 克纯金，这种情形一直持续到一战爆发。而固定的含金量则代表货币内在的信用是固定的，而从外在的表现来看，就意味着物价基本稳定，任何人持有这样的英镑，从购买力来说，不会随着时间遭受损失。如图 2.7 所示，从 1844 年开始到一战爆发的 70 年中，虽然短期受气候等因素影响使得黄金的购买力有所波动，但长期来看，黄金购买力是稳定的，这意味着含有定量黄金的英镑购买力稳定。一战以后，黄金的购买力波动较大，原因在于一战和二战（第二次世界大战）对生产力造成极大破坏，社会总产出下降，黄金购买力下跌。战争结束之后，经过一段时间的复苏，生产力得到恢复，社会产出增长，所以在20世纪60年代至70年代黄金购买力快速提升，从长期来看，如果不发生大规模的战争，黄金的购买力很可能继续回归固有的均衡位置小幅波动。

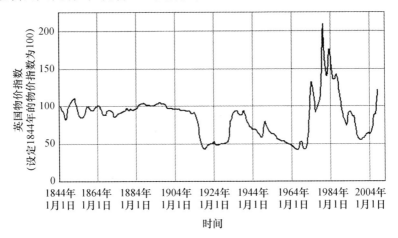

图 2.7　1844—2004 年初，黄金购买力的变化

这样的情形不仅仅发生在英国，也发生在美国等实行金本位的国家。1792年，美元采用了金银复本位制，按照当年颁布的铸币法案，1美元折合371.25格令（24.057克）纯银或24.75格令（1.6038克）纯金。1934年1月31日，1美元含金量被重新规定为13.714格令（合0.888671克）。1946年12月18日，国际货币基金组织正式公布美元含金量为0.88867克，直到1971年布雷顿森林体系①解体。1800—

---

① 布雷顿森林体系指的是以美元和黄金为基础的金汇兑本位制，是二战以后国际社会建立的国际货币体系。因为确立这个体系的联合国货币及金融会议于1944年7月在美国新罕什尔州布雷顿森林的华盛顿山大旅行社举行，所以，被称为布雷顿森林体系。布雷顿森林体系建立了国际货币基金组织和世界银行两大国际金融机构，前者负责向成员国提供短期资金借贷，目的为保障国际货币体系的稳定，后者提供中长期信贷来促进成员经济复苏。世界贸易组织的前身关贸总协定是布雷顿森林体系的补充内容。

1913年，美元的含金量是基本不变的，有资料显示，在此期间，以美元（相当于以黄金）衡量的美国物价稳定尚略有下跌。从历史的眼光来看，在美国突飞猛进的一百多年中，货币的购买力非常稳定甚至逐渐升值，这才是美元成为世界储备货币的基础。

人们会有疑问，黄金的产量有时会发生比较大的变化，源于如果发现比较大的矿藏，黄金的产量就会上升，推动物价上升；而如果很长时间内无法发现金矿，黄金的产量无法增长，随着社会生产力的提高，物资不断丰富，物价就会下跌。从短期来看，确实是如此，从长期来看，这种情况就不复存在。因为物价上涨的时候，相当于黄金的价格下跌，矿山开采的利润下降，人们勘探矿山的动力下降，当物价下跌的时候，黄金的价格上升，人们就会极力进行金矿勘探和开采，实现黄金产量的增长，从长期来看，是一种平衡。这是金本位时期可以实现物价稳定的根本原因，也与中国西汉文景之治时期所采取的货币政策具有异曲同工的效果。

在现代社会，人们不断地夸大货币政策对经济的作用，但是，从本质上来说，一国货币数量的增长速度和一国经济的增长速度并没有直接的联系。**经济的增长速度取决于生产力和生产关系，更进一步取决于国家的体制、文化、创新能力等，货币政策不过是一国体制、文化的集中反映。**合理的货币政策能最大限度地激发人们的劳动热情和创新能力，从而促进国家经济的持续繁荣；货币不断贬值的时候，社会主体就热衷于投机，追逐货币贬值过程中的套利，这并不能为社会创造财富，相反，却会损害国家经济增长的动力。所以，中国汉朝的文景之治和昭宣中兴、隋唐盛世、宋朝文明、明朝的仁宣之治与万历中兴等，都是在货币价值稳定甚至不断升值的情况下实现的；相反，货币不断贬值的时候，一般都是中国历史上的衰退时期。中国的历史规律一样在欧美得到验证，英国保持200多年的货币信用稳定、美国保持了100多年的货币信用稳定，带来国家的持续繁荣。

这就是信用红利，**信用红利是人类历史上最大的红利之一。**

信用红利体现在两个方面。一方面，一个货币信用长期坚挺的社会，可以体现社会体制和社会文化对社会繁荣的强大推动。此时，全社会的资本和人的行为，就无法追逐资源价格、资产价格方面的收益，而会集中于创新从而实现财富增值，这直接推动了第一次工业革命和第二次工业革命，使信用基础异常牢固的英镑、美元和金马克成为工业革命的基石。另一方面，英国和美国随着工业革命的不断推进，国家的综合实力不断强大，成为世界的霸主，英镑和美元的信用终于延伸到海外，被世界大多数国家所接受进而成为信用的代表，成为世界主要的国际储备货币，英镑和美元开始向全世界征收铸币税。英国和美国经济的边界也扩张到了海外，实现进一步的繁荣。

世界上的一些小国一样可以通过货币的信用向全世界征收铸币税，将自己的经济边界不断向海外扩张，最典型的是瑞士。这是一个国土面积只有41285平方公里的小国，2013年的人口也只有808万，但是，瑞士法郎在国际储备货币份额中一直占有很重要的地位，比如2002年，瑞士法郎在国际储备货币中占有0.7%的份额，相当于瑞士这样的小国向全世界很多大国征收铸币税，瑞士社会和经济以稳定、繁荣著称，全球竞争力长期名列前茅。

英国早已不是曾经的"日不落帝国"，经济总量和对世界的影响力日益下降，但是，2002年英镑在世界储备货币中所占的份额是4.4%，与日元相近，说明英镑依旧在享受以往的信用所带来的红利。

今天，很多国家特别是新兴经济体国家，都在羡慕美元向全世界征收铸币税，可是大部分国家并不明白，今天美元对全世界的征税地位，是长时间信用积累的结果，这种税不是强制征收的，而是自愿缴纳的，是信用红利。如果希望自己的货币可以走出国门向全世界征收铸币税（这带来的是本国经济边界的不断延伸，社会财富不断积累），唯一的方式只能是在本国建立长期的货币信用，除此并无它途。图2.8所示为金本位时期的1美元。

信用所带来的巨大红利体现在：使英国成为世界强国，美国成为世界的霸主；使价值长期坚挺的英镑和美元具有向全世界征收铸币税的世界货币地位，自身的经济边界跟随自己的货币不断延伸；使瑞士这样的小国向世界上很多大国征税！

信用是货币最基本的人权属性，这就是人权货币的巨大威力！

图 2.8　金本位时期的 1 美元（1917 年）

人权属性是货币的根本属性，在这样的货币面前，不同的国家、不同的民族和不同肤色的人是完全平等的，人权货币忠实地保护每个人的财产权和追求幸福生活的权利。源于每一英镑或每一美元代表定量的黄金，黄金没有国家、民族和肤色之分。

人权货币必须通过时间才能建立，英镑因为长期坚守金本位，在全世界确立了自己的信用，逐渐被不同的国家和民族所接受，成为世界货币。而美国基于"镀金年代"取得的巨大经济成就，再加上第一次世界大战之后美国与英国之间综合实力的逆转，英镑开始贬值而美元坚守金本位，美元逐渐取代英镑成为最主要的国际储备货币。

上天是公平的，信用红利不仅仅大国可以享受，小国、企业和个人都可以享受。瑞士、瑞典都是小国，但他们的货币都在国际储备货币体系中占有自己的地位，相当于向全世界征税；可口可乐公司号称即便一夜之间将自己的厂房烧光，凭借品牌和信誉也可以重建，这一样属于信用红利。今天的世界，有些行业高端品牌产品的价格是低端产品价格的数倍或者数十倍，成本的差距肯定没有如此之大，源于在过去的历史中这些企业和产品不断地积累自身的信誉，他们一样在享受信用的红利。

时间的积淀

信用的建立可以爆发出巨大的红利，可是信用的建立却需要艰苦卓绝的过程。

完善的信用机制是建立货币信用的基础。一般而言，独立的发钞行是确立货币信用的基础性条件，独立的发钞行，可以杜绝为政府或其他社会机构进行经济活动所形成的坏账买单，使货币具有完整的信用。同时，货币发行的保证金一般要求是客观稳定的，历史上，大部分信用牢固的货币都是依托金银为基础的货币，比如，实行金本位时期欧美主要国家的货币都是如此，严格依托的是金银自身固有的信用属性。现代社会中，一些货币依托的是法律或物价甚至经济总量，事实证明，这些都无法建立货币的长期信用，布雷顿森林体系解体之后，世界主要货币的大幅贬值就是明证，源于这些确立货币信用的机制都受到人为的操控。有些国家的货币发行机制不断变更，也意味着货币没有信用。

信用的建立所需要的另一个基础性条件是时间。唐朝的开元通宝在近300年的时间中保持稳定，撑起了令中国人激情澎湃的大唐盛世，在人们的心中树立了牢固的信用并被其他国家的人们所接受，在遥远的古代就流通在周边和西亚很多国家的土地上。开元通宝的信用一直延续了1000多年，国人在海外被称为唐人，从货币的含义上就更加鲜明。英镑和美元都经历了百年以上的过程才建立了让全世界公认的信用。德国在第二次世界大战（以下简称二战）以后，长期严守货币的信用，所以，德国马克才在20世纪后期逐渐建立了自己的世界地位。

虽然主权货币的信用依靠国家机器强制确立，但国家机器并不能保证这些货币在本国民众的心中树立牢固的信用，也无法让其他国家强制接受。所以，即便是主权货币，也必须具有货币的人权属性才能成功。人权货币是依靠群体普遍接受性原则确立货币的信用，只有在本国民众之中通过时间的积累建立牢固的信用，才可以逐渐延伸到世界上其他的国家，时间的积淀成为最重要的因素。

"恒久不变"是货币信用诞生的"土壤"。

第三章

主权货币的信用陷阱

当代世界的主要国家均采用信用货币作为自己的主权货币，普遍存在严重的信用缺陷，从2012年以前的黄金超级牛市就可体现出来。随着信用货币的不断贬值，全球很多国家都已经掉入信用陷阱。

在货币贬值周期，如果不能解决社会财富合理分配、建立健全社会保障体系，就会造成贫富差距恶化，社会道德水平退化和社会动荡。这成为信用陷阱的主要标志。

信用陷阱既可以让一个强大的帝国短期解体，也可以让过往的经济发展成果损失殆尽。

只有具有坚固信用的货币，才能实现经济社会的健康可持续发展。

主权货币的困境

信用货币在丧失信用

虽然今天实行的是名义上的信用货币,信用的内在价值由货币发行法律和各个国家的财政与金融体系所决定,但是,信用却在不断丧失,世界上的主要货币都在不断贬值。

在金本位体制下,货币的内在价值和购买力可以保持长时间稳定,1971年脱离了布雷顿森林体系之后,发生了剧烈的变化。以黄金作为参照物,1971年,1盎司黄金的价格是35美元,2014年7月的金价在每盎司1300美元上下波动,以黄金为参照物,美元贬值了大约97.3%,参照美元与其他货币的汇率,可以计算出世界上任何一种货币对黄金的贬值幅度,西方国家的英镑、加元、澳元和转换成欧元的意大利里拉、法国法郎等货币对黄金的贬值幅度都是巨大的。

如果计算津巴布韦元和苏联的卢布,相对黄金的贬值幅度就无限接近100%。

所以,今天的很多主权货币就是信用不断丧失的货币,这些货币均在不断丧失货币的人权属性。

信用陷阱意味着什么

从历史上看,货币信用丧失将带来通货膨胀,持续的通货膨胀让社会陷入困境。

持续的通货膨胀很可能导致社会道德水平的严重倒退。通货膨胀的直接表现是人们兜里的货币购买力逐步降低,似乎本来属于你的商品被别人悄悄地拿走了，也可以称为被无端盗取。这就使人产生不公平的感觉，当这种感觉极为强烈的时候，一些人就很可能去报复社会。比如：如果在30年前拥有2万元属于富翁，那时，一个30~40岁的人拥有20万元，理所当然地会自认为一生都是衣食无忧，可是，30年后，此人步入了老年，在通货膨胀的侵蚀之下，他（或她）会无奈地发现，20万元不仅不能让自己衣食无忧，甚至连生存都很困难，那么，此人一定愤怒地质问：是谁毁灭了自己本来衣食无忧的生活？这种愤怒是可以理解的。当这种感觉和愤怒积累到一定程度的时候，一个很自然的反应就是想向社会索取所损失的财富。如果这种索回的渠道受到限制或者无法达成心愿，就可能采取激进的手段，危害社会的稳定。当一个社会中的很多人都觉得被社会盗取了财富的时候，又没有合法的渠道索回，社会的道德水平就会下降，犯罪率上升，动荡便会来临。

长期的通货膨胀会阻碍社会的进步。通货膨胀很可能导致食利阶层的出现，他们享受的是货币贬值的利益，这些利益来自于广大被通货膨胀伤害的阶层，形成社会内部的分裂与对抗。当这种对抗严重到一定程度，出现突发事件时，就会形成社会危机。

长期的通货膨胀将阻碍经济的发展。在通货膨胀不断发展的社会，资本追逐资源和资产价格收益，压制经济生活中的创新能力。通货膨胀的不断恶化将让工商企业陷入亏损或破产，经济效率下降，经济出现萎缩，失业率上升。

这些就是信用陷阱的表现形式。信用陷阱示意图如图3.1所示。

2010年12月17日，突尼斯南部地区西迪布吉德一名26岁的街头小贩遭到城市警察的粗暴对待，该青年是研究生毕业，但因经济不景气无法找到工作，在家庭经济负担的重压下，无奈做起了小贩。在遭到粗暴对待后，该青年自焚抗议，因伤势太重，不治身亡。这名青年的过世，在激起突尼斯人同情心的同时，也激起了突尼斯人长期以来潜藏的对失业率高涨、物价上涨以及政府腐败的怒火。事后，当地居民与突尼斯国民卫队发生冲突，冲突进而蔓延到全国多个地方，形成全国范围内的大规模社会骚乱，并造成多人伤亡。最终，在小贩自焚后的第 29 天，总统本·阿里不得不放弃这个自己统治了 23 年的国家，在 2011 年 1 月 14 日深夜飞往沙特。

图 3.1　信用陷阱示意图

（图片来源：维基百科）

历史上有很多国家，经济蓬勃发展十几年甚至几十年，但此后即陷入通货膨胀不断恶化、社会剧烈动荡的社会形态，以前经济发展的成果丧失殆尽，这就是信用陷阱的典型特征。

任何经济社会，支撑经济的基础是信用，今天的央行和商业银行都是经营信用的机构。信用从何而来哪？一种是来源于政府。政府用自身的财政收入担保来发行货币。另一种是来源于体制。独立的发钞行和金融与财政分立的机制一起建立货币的信用。当由于某种原因货币的信用丧失以后，经济就会一片混乱，以前经济发展的成果就会丧失。

阿根廷在 1964 年时人均国内生产总值就超过了 1000 美元，超过当时中等收入国家的水平，20 世纪 90 年代末上升到了 8000 多美元。但阿根廷在 2001—2002 年爆发严重的债务危机和货币危机，于 2002 年 1 月只得宣布取消实行了近 11 年的美元与阿根廷比索 1∶1 的固定汇率。阿根廷比索汇率暴跌，在 2002 年 3 月，阿根廷比索与美元的汇率最低跌至 4∶1。

2002年，阿根廷人均国内生产总值只有2000多美元。虽然阿根廷在2002年以前的11年实行的是货币局制度（有多少黄金和美元就发行多少基础货币的制度），通货膨胀温和，但通货膨胀的压力通过债务的形式潜伏了下来，当政府的债务不可持续以后，通货膨胀的压力就会一次性爆发，世界的粮食主产国居然闹起了粮荒，货币剧烈贬值导致国民经济严重倒退，这依旧是货币的信用陷阱，虽然这种陷阱在起始阶段被债务的累积所掩盖。

突尼斯乱局尚未平息，该国周边的北非、中东甚至南欧一些国家像受到传染一样先后发生反政府示威以及骚乱，要求本国领导人引咎辞职。之所以形成这样的局面，依旧是因为这些国家拥有近似的经济和社会状况，有产生动荡的社会基础。

2011年1月22日，阿尔及利亚首都阿尔及尔爆发大规模示威游行，数百名示威者身披阿尔及利亚和突尼斯的国旗走上街头，高呼"严惩凶手"、"让布特弗利卡（阿尔及利亚总统）下台"等口号，抗议物价上涨，要求解除"紧急状态"，并与试图阻止游行的军警发生冲突，亦有人效仿自焚的示例发生。

在阿尔及利亚发生骚乱的同一天，也门也发生了反政府抗议示威，要求总统萨利赫下台。反对派还在南部港口城市亚丁举行抗议示威，不仅要求总统辞职，还呼吁南北也门分治。

在埃及，反对派也发出了同样的声音。自2011年1月25日起，开罗及地方多省持续发生群众抗议游行活动，要求政府解除延续29年的紧急状态法，并且举行自由公正的选举。1月29日，埃及原政府集体辞职，最终导致穆巴拉克下台。此后的埃及，社会持续动荡了数年。《人民日报》海外版2011年2月1日报道（《埃及：乱局理应"稳"当先》）："有分析称，自1977年以来规模最大的民众示威游行起因于埃及的'三高'问题，即高食品价格、高贫富差距以及高失业率。"

北非的动荡有很多原因，比如西方大国的渗透，国内各种势力的角逐，等等，但最根本的原因是社会在持续高通胀的作用下，贫富差距分化，通货膨胀严重，形成了动荡的"温床"。

北非动荡反应的就是长期通货膨胀带来的两个阶层不断对立的后果，也是大多数人的财产不断被无端盗取之后的愤怒，也是经济萎缩、失业率高企带来的结局。

货币不断贬值就是货币人权属性丧失，任何国家使用这样的货币，都会掉入信用陷阱，最终的结果是社会动荡、国民经济倒退，即便使用物价管制和汇率管制的措施都改变不了最终的结局。布雷顿森林体系解体以后，世界大部分国家都在使用凯恩斯主义经济理论指导经济活动，一些新兴经济体国家的经济发展更为严重依赖货币的投放，当美元开启升值之后，这些国家的货币就会剧烈贬值，快速地推升这些国家的通货膨胀水平，造成社会剧烈动荡和经济的严重衰退。

美元的信用变迁

自从美元诞生以来，从1792年至1913年，美元价值非常稳定，这100多年中，美元相对于一般商品略有升值。一战爆发后，各国停止了黄金的进出口。1929年，美国爆发经济危机，严重地打击了全世界的资本主义经济。

1929年的经济危机对资本主义世界造成了严重的影响。一是导致了严重的关税战。1930年美国首先宣布提高关税，通过了《斯莫特—霍利关税法案》，对890种商品提高关税31%～34%。这引起40个国家的报复行动，国际关税战愈演愈烈，关税壁垒不断加高。1931—1932年，76个国家提高了关税，对进口实行配额管理或直接限制进口。1932年，德国实行新税则，对很多商品征收100%的关税。1932年8月，英国召集加拿大、澳大利亚、印度、马来西亚和南非等国在加拿大渥太华开会，规定英帝国各成员国之间贸易的关税税率低于同英帝国以外国家贸易的税率，这就是"帝国特惠制"。二是导致了汇率战。为了提高本国商品在国际市场上的竞争力，各国纷纷减少本国货币的含金量，压低本国货币的国际汇率。1931年9月21日，英国首先放弃金本位，法国、日本、加拿大等国家相继贬低币值，降低汇率，这些货币贬值行为使美国的贸易处境非常不利，1933年4月美国放弃金本位，禁止黄金出口。汇率战的结果使得先后有56个国家实行货币贬值措施。为了加强本国在经济战中的有利地位，英国、美国、法国等国依仗在资本主义世界的特权地位和雄厚的金融势力，结成排他性的国际货币集团，"英镑集团"、"美元集团"、"金本位集团"（法郎集团）由此产生，德国则利用"非现金结算制度"，在东南欧市场上排挤英法商品。三是导致了市场争夺战。英国与美国在南美、亚洲、中东、英属殖民地和自治领（英国殖民地制度下的一种特殊的国家体制）进行激烈角逐、争夺市场。英国与美国之间的矛盾极为尖锐，经济危机中，英国受到的打击远比美国轻，采取的对策也比较有效，因而英国重新占据了世界贸易头把交椅。但美国的经济和财政实力远比英国雄厚，所以，仍有力量同英国争夺，争夺的重点是加拿大、南美和南非等地。

1929年的经济危机导致的这场贸易战和汇率战，使得大部分资本主义国家放弃了金本位制度并且再也没能力恢复，虽然美国也在1933年4月放弃金本位，但在不久之后的1934年1月就恢复了金本位，背后的基础是美国的综合实力已经在世界上处于领先地位。

但1929年的经济危机依旧严重地打击了美元的信用水平，最终使1美元含金量从1.50466克纯金降低为0.888671克纯金，黄金官价由每盎司20.67美元提高到35美元，这是美元第一次贬值。

从1934年1月31日开始，1美元含金量被重新规定为0.888671克，这样的情形一直持续到1971年布雷顿森林体系解体，黄金与美元脱离兑换关系。

布雷顿森林体系的解体和当时的世界经济状况有关，但更与美国持续的海外战争相关，这其中最关键的因素是华约（华沙条约组织）集团的存在。

苏联的解体，被认为是美国在20世纪取得的最重大胜利之一，但是，美国付出的代价也相当沉重。美国在欧洲长期驻扎大量的军队，加大了军费支出，有经济学家计算，如果美国没有在德国（原联邦德国）驻军六个师，或许在20世纪60年代就不会发生美元危机。再有，无论是朝鲜战争还是越南战争，都与苏联的存在密切相关。表面看起来二战结束后世界上没有发生大规模的战争，都是局部的战争。但从财政的角度来看，美国和苏联参与的是一场超级战争，冷战氛围带来的军备竞赛和局部战争，使两国负债增长，财政压力空前加大，拖垮了苏联，也使得美国遭受重创。美国在1971年放弃黄金与美元的兑换关系，苏联于1990年解体，都是美苏对抗使两国财政压力不断加大的结果。

20世纪的两次重大事件，**1929年发源于美国的经济大萧条和二战以后的东西方冷战，让美元两次出现大幅度贬值。**

从布雷顿森林体系解体之后，美元相对于黄金开启了贬值之旅，这一旅程持续了40年。

美元贬值和黄金无关

1960年，美国耶鲁大学教授特里芬在其著作《黄金与美元危机》中指出：布雷顿森林体系以一国货币作为主要国际储备货币，在黄金生产接近停滞的情况下，国际储备的供应完全取决于美国的国际收支状况，美国的国际收支保持顺差，国际储备资产不敷国际贸易发展的需要；美国的国际收支保持逆差，国际储备资产过剩，美元发生危机，危及国际货币制度。这种难以解决的内在矛盾，国际经济学界称之为"特里芬难题"。

"特里芬难题"本身就是伪命题，其中心思想是美元需要保持国际收支逆差才能维持国际贸易的正常运行，可是，这样一来就会出现美元危机。如果换一个方式来思维，各国需要美元储备是因为美元具有比较充分的信用，可以承担国际清算的职能，当美国的国际收支持续逆差时，意味着美元的信用水平不断下降，此时，如果其他国家不再储备美元，每个国家都建立自己的货币信用体系，用自己的货币进行国际清算，那么，还存在"特里芬难题"吗？当然不存在。所以，问题的根源是其他国家未能建立自己完善的货币信用机制，严重依赖美元的信用。

美元持续40多年的贬值也和黄金无关。自从1971年美元与黄金脱钩以来，美元贬值，按今天的主流经济理论有利于商品出口，美国可以收窄贸易逆差，有利于国际收支平衡。可是，随着美元的不断贬值，美国的贸易平衡不是好转而是恶化，这是美国国际收支出现长期逆差的重要原因。其中对环太平洋地区的贸易逆差又是最主要的来源，表3.1为美国部分年份商品贸易逆差情况①。

表3.1 美国部分年份商品贸易逆差情况

（资料来源：根据WTO Trade Statistics 数据整理）

年份	出口	进口	贸易顺差	与亚洲的贸易顺差
1963年	229亿美元	171亿美元	58亿美元	13.6亿美元
1973年	724亿美元	703亿美元	21亿美元	－14.8亿美元
1983年	2056亿美元	2699亿美元	－643亿美元	－396.6亿美元
1993年	4648亿美元	6032亿美元	－1384亿美元	－1164亿美元
2003年	7248亿美元	13031亿美元	－5783亿美元	－2792亿美元
2004年	8188亿美元	15255亿美元	－7067亿美元	－3207亿美元
2005年	9044亿美元	16709亿美元	－7665亿美元	—
2007年	11492亿美元	19646亿美元	－8154亿美元	—

自从1971年美元与黄金脱钩以后，美元开启贬值之旅，并未能帮助美国的贸易逆差出现好转。虽然国内外很多学者研究分析美国贸易逆差和国际收支不平衡的成因，但作者认为以下原因才是最重要的原因：

第一，二战以后，欧洲和亚洲主要国家的经济在遭受二战残酷的

---

① 刘海云，吴强，杨波. 解析美国巨额贸易逆差形成的原因[J]. 国际贸易问题，2007，(3)：40—45.

打击之后，普遍经历了经济恢复期。在这个周期，亚欧的主要国家生产要素价格在低位；而美国本土在二战期间并未受到严重的波及，相反，生产快速扩张，生产要素价格处于高位。基于资本的逐利本性，美国资本会大量外流，在欧亚生产商品再回流入美国，这样，美国就形成了资本逆差和贸易逆差，与之相对应的就是日本、德国（联邦德国）等国家经济的快速崛起。同时，美国限制高科技产品的出口，进一步加剧了贸易逆差的形成。这种情形在二战刚刚结束的数年间还并不明显，因为欧亚国家的经济基础在二战中遭受了严重的破坏，需要进口大量的美国商品和设备。当这些国家的工业体系逐渐建立起来以后，因为生产要素价格的差距，美国很多商品的国际竞争力下降，生产企业大量地迁出美国。除了高科技产品之外，在一般商品方面，美国处于纯进口的角色，这一点从美国对亚洲的贸易逆差持续扩大并占美国贸易逆差的主要份额这一点上可以明显地表现出来。

第二，美元是国际储备货币，二战结束之后的数年时间，世界各国都需要战后重建，美国大举向世界各地输出设备和商品，使美国的国际收支持续出现顺差，其他国家的黄金储备大量流入美国，全球普遍经历了"美元荒"的时期。从此以后，欧亚各国都将保持国际收支平衡进而保证自身具有足够的美元和黄金储备作为政策重点，所以，促进出口都成为这些国家的基本经济政策，特别是东亚的一些国家干脆以出口为导向（这必然需要刻意压低本币的汇率水平）。这是美国国际收支不平衡的重要原因。美国经济增长主要以内需拉动，在需要从出口国家进口商品的同时，还需要进口大量的原油。这种经济发展方式的不同，是美国出现国际收支不平衡的主要因素。

第三，20世纪50年代的朝鲜战争和60年代的越南战争，加上北约与华约的持续冷战，美国的海外军费激增，国际收支恶化，黄金储备减少。1960年，美国的黄金储备下降到178亿美元，已不足以抵补当时210.3亿美元的流动债务，出现了美元的第一次危机。20世纪60年代中期，美国卷入越南战争，国际收支进一步恶化。1968年3月，美国黄金储备已下降至 121 亿美元，而同期的对外短期负债为 331 亿美元，引发了第二次美元危机。到 1971 年，美国的黄金储备（102.1 亿美元）仅是它对外流动负债（678 亿美元）的 15.05%。这些因素成为美元与黄金脱钩的导火索。

美国在德国（联邦德国）和日本的大量驻军，不断进行海外战争，造成军费开支膨胀，流动负债增长，二战之后就是美元贬值的主要压力。2001 年"9·11 事件"之后，小布什领导的美国政府对恐怖主义采取了大规模的军事行动。2001 年 10 月美国领导北约组织开始对阿富汗的塔利班和基地组织进行战略打击，这场战争一直持续到今天；2003 年 3 月，美英军队开始对伊拉克发动军事进攻，进行了第二次海湾战争。在小布什执政的 2001 年 1 月至 2009 年 1 月，因为不断的战争，军费开支膨胀，美元贬值，美元指数从 120 的高位跌至 84 的相对低位。

布雷顿森林体系解体，标志着美元开启贬值之路，最主要的原因是美国在海外不断进行的军事行动、不断增长的军费支出加大了美国的财政负债；二战以后，美国的贸易逆差逐渐形成并扩大是二战以后的国际环境和美元的国际储备货币地位决定的。美元贬值和黄金无关，恰恰是因为美国财政负债增长、持续的国际收支逆差，使得美元不得不放弃金本位制，造成美元的持续贬值。

主权货币危机的前夜

各国的主权货币在布雷顿森林体系解体之后都经历了贬值竞赛，在贸易全球化的推动下，世界经济都得到了发展，但是，今天的形势已经和 20 世纪 70 年代初期发生了根本的变化。

首先，美元已经贬值了 40 多年，如果继续贬值下去，信用红利将逐渐衰退，美元回流将造成美国严重的通货膨胀，美国社会将面临巨大的危机。2014 年初，中国和俄罗斯都意欲去美元化，这是标志性的事件，意味着美元在 2009 年以后进行的三次量化宽松过程中严重透支了自身的信用。如果美元继续贬值，意味着很多国家中央银行的美元储备将被抛售并回流美国。美国本土发生恶性通胀意味着美元快速贬值，美联储走向破产。基于美联储私人股权的性质，为了自身的生存需要，美元开启升值周期是唯一的选择。

其次，亚洲和欧洲主要国家进入了老龄化时期。欧债危机的爆发表面上是债务危机，本质上是老龄化到来的必然结局，因为人口老龄化，社会福利开支的增长超过经济增长，国家债务上升，带来债务危机。在亚洲，日本已经陷入老龄化的泥潭，人口持续负增长；中国正在步入老龄化阶段，老龄化的到来意味着经济竞争力减弱。而美国、加拿大等北美国家虽然也受到老龄化带来的压力，但它们是移民国家，可以利用某些方面特有的竞争力，持续从世界其他地区吸收移民特别是年轻的移民，使老龄化带来的冲击可以得到缓解。资本从美国流入亚欧的趋势将逆转。

第三，资产价格和生产要素价格将左右资本流动。在2008年以前，随着美元的不断贬值，世界主要经济体都形成了庞大的资产泡沫。特别是新兴国家，在资产泡沫不断发展的情况下，生产要素价格不断上升，导致资本投资收益率下降。美国在2008年发生次贷危机，危机的爆发是被动还是主动的？现在已经难以定论，甚至未来永远是一个谜。但无论主动还是被动，美国的生产要素价格都被调整到了相对的低位，经济的去杠杆进程正在完成。相反，亚欧的主要经济体为了抵抗2008年美国次贷危机的冲击，进行了大规模加杠杆举措，无论企业、个人还是国家的负债都快速上升，生产要素价格在相对高位。这就让美国与亚欧之间生产要素价格的差距得到缩减，已经与二战之后的情形产生了根本的不同，为美国带来资本流入和商品出口竞争力的提升。

第四，持续的货币贬值，导致世界上很多国家出现了严重的财富分配畸形和社会矛盾激化。一些国家出现内部的对立情绪，北非、中东和乌克兰的持续动荡、亚洲地缘政治关系的紧张，都是这一因素的外在反映，亚欧大陆的持续动荡将让资本流入美国。

由此可见，资本回流美国，并不仅仅是美国经济复苏的要求，更是过去多年绝大部分国家主权货币不断贬值带来的后果。欧亚一些国家社会矛盾不断激化，地缘政治纷争不断加剧，甚至可能爆发战争。而社会矛盾不断激化和战争的爆发本身就是一个国家本币的灾难，如果再伴随不断走强的美元，这些国家的主权货币面临巨大的危机。

所以，不断丧失信用的主权货币，处于爆发危机的前夜。此时，哪个国家率先使用收缩货币的手段、建立更加牢固的货币信用，就有可能渡过这一历史性的转折所带来的冲击。

信用的战争

中外历史上，各个地区所使用的货币，绝大部分都是经过大幅贬值并最终被人类社会所抛弃，即便保持了 800 多年基本稳定的古罗马（包括东罗马）金币也因为重量和纯度不断下降最终难逃这样的结局。伴随着这些货币被人类抛弃的过程，则是恶性通货膨胀。

战争是货币信用的"敌人"

前文说过，英镑曾经在约 200 多年间基本稳定，这使得英镑成为世界货币。但是，在 1789 年法国大革命以后，欧洲各王室感受到严重的威胁，英国、俄国、普鲁士、瑞典、奥地利、萨丁尼亚、那不勒斯王国、西班牙、葡萄牙等国家组织了 7 次反法同盟与法国交战，直到 1815 年拿破仑被流放到圣赫勒拿岛。图 3.2 所示为拿破仑战争中法军于 1806 年 10 月 27 日进入柏林时的情景。几乎与此同时，英国还进行了与美国的战争，那就是美国第二次独立战争。

图 3.2　拿破仑战争中法军于 1806 年 10 月 27 日进入柏林

（图片来源：维基百科）

　　1789 年法国大革命以后，法国的君主制度被废除，这让欧洲各国的王室极为恐慌，组成 7 次反法同盟与法国交战。战争意味着财政支出的急剧加大，货币的信用难以保持，结果，英镑在战争期间只能放弃金本位，这意味着英镑的信用水平下降。

　　在农业为基础的社会，生产力只能产生非常有限的盈余。政府（主要是王室）即使有绝对的权力对百姓进行盘剥，所能获得的财政收入也非常有限。但是，在列国竞争的时代，军事危机不断，每一次军事危机提出的财政要求，都远远超出了政府那些缺乏弹性的岁入所能承担的范围。这时，唯一有钱支付这些突如其来巨大开支的就是商人。于是，各国政府为了打仗而不停地向商人借贷，作为贷款的条件，它们把自己在未来几年的主要财政收入都抵押给这些商人，这就产生了金融市场。拿破仑战争期间，消耗巨大，英国在 1793—1815 年间的国债增加了 3 倍，达到 7.45 亿英镑，是其年度国民生产总值的 2 倍多。在伦敦的国债市场上，100 英镑面值的国债，交易价格从 96 英镑一度跌到 50 英镑以下，在滑铁卢战役的前夜还不足 60 英镑。一旦战败，投资人将更加怀疑英国政府是否还有本钱偿还这么巨大的债务，其国债价格当然更是不堪设想，在此情况下，英镑出现贬值是必然的。

　　战争让英国的财政支出扩大，因为政府的大部分借款都是通过英格兰银行进行的，这就带来英镑贬值，在金本位制度下，英镑持有者就倾向于持有黄金，抛售纸币英镑。1797年，为保护英格兰银行急剧减少的黄金储备，枢密院（全称女王陛下最尊贵的枢密院，是英国君主的咨询机构，它在以往具有十分大的权力，但今日只具有礼节性质）命令银行主管"避免发行人用黄金兑换钞票，直到议会重新发布命令"，结果从1797年到1821年，英镑脱离金本位，但从1821年开始，英国恢复了金本位。

1945年二战结束，日本无条件投降后退出中国台湾，原由日本占领时期的台湾总督府在中国台湾发行使用的"台湾银行券"于1946年改为"台币"，然而由于中国爆发大规模内战，南京国民政府以输出货币取得中国台湾民间米、盐、糖、矿物等资源，使中国台湾在1947年造成通货膨胀，进而使台币的发行面额增加，台币大幅贬值，物价水平急遽上扬，引爆经济危机。台币刚开始仅发行一元、五元、十元三种面额，以一比一的比率与"台湾银行券"进行兑换，1946年9月1日发行五十元与一百元面额。1948年上半年开始发行五百元、一千元的面额，年底印制（未发行）一百万元面额的钞票。在恶性通货膨胀的作用下，1949年发行"新台币"来取代原有的"台币"，原先的"台币"改称"旧台币"，兑换比率为40000比1，即40000元旧台币换1元新台币，旧台币的贬值依旧是由战争带来的。

战争从来就是货币信用的"敌人"。缘于货币如果保持信用，必须有对应的商品和服务，而战争来临时，财政开支快速扩大，货币发行数量急剧增长，可对应的商品和服务不可能快速增长，同时，战争往往会对工商业和农业带来打击，商品的供给能力下降，最终，造成货币贬值，长期的战争甚至会造成货币体系的彻底崩溃。

从20世纪70年代以来，特别是柏林墙被推倒以后，全世界处于相对和平的环境，有利于货币保持自身的信用。可就在这样时代，各国货币却在不断地贬值，只能说明许多当代信用货币的信用度比较低，如果再次爆发战争，许多主权货币都很可能被摧毁。

全新的战争

以往的战争,绝大部分体现在战场上,比如争取民族独立的战争、帝国主义争夺殖民地的战争,等等。但是,基于新时期的特性,决定了战争的形态将发生深刻的变化。第一,美国、欧洲、日本和新兴经济体国家的国债与经济总量之比自2008年以后快速上升,在布雷顿森林体系解体之后全球主要货币都经历了数十年大幅贬值的前提下,谁开始发动大规模的战争,意味着本国货币体系很可能快速崩溃,政府就可能倒台,所以,发动全面战争的能力受到制约;第二,任何一个国家的货币连续贬值之后,国家内部的基本矛盾就会激化,虽然有些人会力图通过对外战争转移内部视线,但敌对国家也会力图引发这些国家内部的基本矛盾,进而达到削弱对手的目的。

所以,新时代的战争很可能会演化成另外一种形式,与一战、二战不同,体现在国家内部的严重动荡甚至大规模分裂。

在货币超发的过程中,很可能会形成既得利益者,他们以垄断经营、资产价格等为中介来实现货币超发的利益;而货币超发损害的是广大货币持有者的利益,他们所持有的货币的实际购买力越来越低,最后贫困人群就会走向生活难以为继的地步,发生剧烈的社会不同阶层间的冲突。贫富差距越大、社会保障越不健全,货币超发越严重(实际通货膨胀率越高)的经济体,这种冲突的动力越强,最终导致社会矛盾的总爆发。在此过程中,为了政治投机,既得利益阶层的内部也很可能会发生分裂,国家就会陷入一片混乱。

当今世界的竞争,很大程度上是国家之间的竞争,一些国家的基本矛盾爆发之前或过程中,国际上的一些大国就很可能适时介入并扶持自己的代理人,为自己服务,进一步推动这些国家动荡的产生与发展。

这种全新的战争模式首先发生在苏联。

苏联崛起依靠了统一大市场的建设,它建设的主要是陆地大市场,集中在东欧、苏联各加盟共和国和亚洲的少数国家。维持这个市场可以稳定发展的"血液"是价值坚挺的卢布,20世纪50年代到苏联解体前，苏联卢布和美元一样，也是一种国际储备货币。

卢布具有比较悠久的历史，最早为沙皇俄国的货币单位，1800年开始依托黄金，1897年卢布纸币的含金量为0.774234克。"十月革命"（1917年）后，苏俄政府（1922年改为苏联）继续使用沙皇俄国时期的卢布。1921年，苏俄政府发行新卢布，规定1新卢布兑换1万旧卢布，标志着卢布信用的第一次破产。1922年10月，卢布信用再次破产，规定1新卢布兑换1921年发行的100卢布，同时，俄罗斯共和国国家银行又发行了切尔文银行券，1切尔文银行券含金量为7.742克，与沙皇俄国时期的金卢布相同，用于外汇贸易结算。

由此可见，苏联各加盟共和国之间，俄罗斯处于核心地位，因为其国家银行发行的切尔文银行券执行着国际结算的职能。

1924年2月，苏联的卢布信用再次破产，发行新的卢布纸币和银、铜辅币，规定新币1卢布兑换旧币5万卢布。1切尔文银行券兑换新币10卢布。

卢布在"十月革命"后经历了剧烈贬值，"十月革命"之前的卢布到1924年已经贬值为原来的500亿分之一。

1947年，卢布信用再破产，废除切尔文银行券，发行新卢布，规定1新卢布兑换10旧卢布。1950年，苏联进行货币改革，规定卢布含金量为0.222168克，对美元汇率定为1美元兑换4卢布。从1957年4月1日起，规定对美元非贸易汇率为1美元兑换10卢布。1961年1月1日，苏联再次进行货币改革，发行新卢布，含金量为0.987412克，1新卢布兑换10旧卢布，对美元汇率相应改为1美元兑换0.90卢布，直至1971年美元贬值，卢布对美元汇率才相应调整。1973年2月，美元再度贬值，西方国家的货币先后实行浮动汇率，货币含金量已不能作为确定汇率的依据。

1950年后，卢布的价值进入相对稳定的阶段，这种情形一直持续了大约30年。此时，卢布与黄金挂钩，价值是明确的，卢布兑美元的汇率最高曾经达到1∶2，价值明确的卢布支撑了东欧统一大市场的建设与发展，这也是华约集团存在的基础之一。有数据显示，1960年苏联的工农业总产值是美国的 55%，到 1980 年已经超过了 80%①。

当卢布开始贬值以后，东欧统一大市场必定崩溃！缘于原材料、产品、人员、资金、技术的流动没有了价值标准，无法进行流动，这必定导致东欧国家与苏联之间、苏联各加盟共和国之间经济的分崩离析，进而带来政治的解体，后来发生的事实也是如此。

在勃列日涅夫执政时期（1964—1982 年），苏联传统计划经济体制愈发僵化，弊端也日益明显，在与西方的竞争中越来越处于劣势的地位。为了改变国力衰退的局面，苏联制订了《加速社会经济发展战略》，在 1985 年通过并执行。

这是一个比较全面的计划，其中货币很可能是最主要的部分，这一点在后来的经济政策执行过程中充分地体现了出来。苏联政府希望通过加大货币发行的力度、同时进行物价管制措施来提振经济，扭转相对西方国家经济发展的被动局面。1973—1985 年，苏联货币发行量为年均 33 亿卢布。1986 年，货币发行量升至 39 亿卢布；1987 年货币发行量升至 60 亿卢布，为 1986 年的 1.54 倍；1988—1990 年，年均货币发行量为 188 亿卢布；到了 1991 年，货币发行量则升至 1276 亿卢布②。基础货币的不断扩张加上商业银行的杠杆作用，使得流通领域的货币流量飞速增加。

增发货币必定推动通货膨胀，具体的表现就是同样多的货币购买的商品越来越少。为了对抗通货膨胀，苏联时期实行商品价格管制政策，这就必然形成一个奇怪的现象，有时即便有货币也难以买得到商品，虽然美化了国家的物价指数（通货膨胀指数），但购买不到生活用品的卢布的价值等于零。价格管制措施使得卢布的实际贬值幅度更大！（根本买不到东西时，货币的信用等于零）这样的货币自然无法在苏联各加盟共和国之间、苏联与东欧国家之间执行统一大市场的"血液"

---

① 丁军，杜宝玲. 苏联解体给俄罗斯带来的消极后果［J］. 思想理论教育导刊，2013，(2)：78—82.
② 富景筠. 苏联末期的货币战——透视苏联解体的新视角［J］. 俄罗斯研究，2010，(2)：118—129.

职能，被东欧国家和各加盟共和国拒收是显然的事情，所以，统一大市场迅速地分崩离析。与之相对应的是各个加盟共和国推出自己的货币。最先推出自己独立货币体系的加盟共和国是爱沙尼亚，《爱沙尼亚金融独立计划》则是最重要的标志。1989年5月，爱沙尼亚共和国最高委员会批准了《爱沙尼亚金融独立计划》。1989年11月，爱沙尼亚开始建立自己的主权货币——克朗。之后，其他加盟共和国陆续建立自身的货币体系，这标志着以卢布为基础的苏联金融主权的解体。当各加盟共和国建立自己的货币体系、华约组织内各个国家更加倚重自身的货币体系以后，随之就是苏联的解体，因为货币主权的建立或完善就意味着苏联的加盟共和国和华约组织内各国建立或更加完善了自己的国家主权。

所以，超发货币造成的货币贬值，让东欧和苏联的统一大市场解体，进而让华约集团和苏联解体，更让苏联地区的经济发展水平严重倒退。这场从苏联内部引发的战争，使得这个以俄罗斯帝国为中心的强大帝国迅速解体。

图3.3所示为建立了俄罗斯帝国的彼得大帝。

图3.3 彼得大帝

（图片来源：维基百科）

彼得大帝于1721年正式将沙皇俄国更名为俄罗斯帝国，并成为帝国首任皇帝。他推动改革并将俄国转变为欧洲强国。1762—1796年在位的叶卡捷琳娜二世延续了帝国的对外扩张和现代化进程。十月革命后，在俄罗斯帝国的基础上建立了苏联。

苏联建立的东欧统一大市场使得华约国家的经济取得快速发展。是什么原因使苏联走向货币增发之路进而导致解体？这和苏联的财政与国际收支不可持续密切相关。从1985年年底开始，国际市场上石油价格直线下降，到次年4月1日，国际市场石油价格跌至每桶10美元大关，下跌幅度近70%。能源出口收入占苏联外汇收入最高时曾达到54.4%（1984年），油价下跌严重影响了苏联的财政收入和外汇收入。同时，军火是苏联继能源之后的第二大出口项目，主要出口到中东国家以换取美元。由于油价暴跌，1986年上半年，伊朗、伊拉克和利比亚的石油收入减少大约46%，直接导致苏联军火销售量在1986年减少了20%，外汇收入和财政收入遭受进一步削弱。苏联的军费开支一直很高，约占国民生产总值的12%左右，在财政收入缩减而支出刚性的情况下，只能走向货币增发之路。

20世纪80年代苏联的主要进口项目是粮食和食品。1986—1988年，在食品生产总额为1360亿卢布的情况下，食品短缺约为210亿卢布，占比达到15.44%。1990年，这两类物资在进口总额中所占的比重超过了一半，在粮食进口和石油、军火出口之间形成了一种刚性关系。随着外汇收入下降和国际收支平衡被打破，进口能力不足，国内食品短缺，在增发货币的推动下，通货膨胀迅速恶化，卢布崩盘与苏联解体相伴而行。

北非的埃及、摩洛哥、利比亚在动荡之前也积累了严重的社会基本矛盾，最终在多种因素的共同作用下走向动荡。以埃及为例，在穆巴拉克晚年，埃及的国民生产总值约2000亿美元，可穆巴拉克家族的财产约400~700亿美元，"裙带风"盛行，家族的根系遍植国内各个领域。经济发展停滞与高失业率让埃及民众怨声载道。世界银行的数据显示，埃及8000万人口中，有40%的人生活在每人每天生活费不足2美元的贫困线下。另据埃及官方统计，埃及的失业率为10%，但是外界估计实际数字可能超过20％。雪上加霜的是，埃及面临严重的通货膨胀，其食物价格通货膨胀率达每年17％，在任何时期，严重的通货膨胀都和货币的过量发行直接相关。贫富差距恶化加上严重的通货膨胀使得社会矛盾不断激化，社会动荡不安，最终导致穆巴拉克下台。

一些传媒分析，无论发生在苏联还是发生在北非的动荡，背后有一些大国的影子，这或许是客观事实。但根本的问题还是这些国家在不断超发货币的推动下，酿成持续不断的通货膨胀，社会贫富差距不断恶化，激化了当政阶层和广大中下层人士之间的矛盾，最终酿成社会动荡。

从没有人规定军队之间的交火是战争的唯一形式，用货币发动的战争，引发敌对国家内部矛盾的集中爆发，是战争的更高级形式，也更符合《孙子兵法》中"不战而屈人之兵，善之善者也"的原则。

过去40多年的货币大贬值，很多国家的社会财富分配体制不公平，社会保障体系不健全，社会基本矛盾激化，是诞生这种以内部动乱为标志的、全新战争的"温床"。

面对这样的局势，一些国家可能会希望通过强化国家机器来维持国家的稳定，实现本国经济生活的可持续性，但这往往让后果更加严重。建立更加强大的国家机器，财政支出不断加大，加大了劳动者的负担，进一步激化社会的基本矛盾，最终，对国家稳定带来的效果会适得其反。财政开支不断加大，意味着财政出现赤字，无论发行债券还是印钞弥补财政缺口，都将带来货币的进一步贬值，使国家深陷动荡的泥潭。

现在，世界上的主要国家都已经掌握了核武器，任何一方发动战争，面临的最终结果可能都是同归于尽，这就决定了21世纪的战争主要以全新的、内部的形式进行。

美元贬值、升值都是"刀"

美元从20世纪70年代初期开始贬值，为了摆脱70年代的滞胀，80

年代和 90 年代前期，美元处于收缩的态势，在此期间，苏联解体了，墨西哥、巴西等拉美国家爆发了严重的经济危机或债务危机。1997 年东南亚危机之后，美国发生了两次重大的经济事件，2001 年的互联网泡沫破裂和 2008 年的次贷危机，危机之后，美联储都快速削减利率水平，2009 年之后，更采取了三轮量化宽松措施，将货币政策宽松到极致。在美元宽松的时期，北非、中东和东欧的很多国家爆发了动荡。

美元贬值是一把刀，美元升值也是一把刀！这种贬值和升值周期的转换，对于一些社会保障制度不健全、财富分配不合理的社会将造成极大的冲击。

在美元贬值的过程中，基于美元是主要的国际储备货币，全球大部分货币只能被动贬值，资产价格上涨，在某些国家形成了庞大的资产泡沫和贫富差距恶化的状况，企业与个人的负债率高企，这将严重地动摇一些社会稳定的根基。

当美元开启升值周期之后，这些国家的货币政策将进退维谷。如果继续贬值，资本将持续外逃，最终酿成汇率危机并伴随资产泡沫破裂；如果继续贬值并采取资本管制的措施，就将脱离全球经济一体化的大家庭，经济管理水平和科技发展水平就会逐步落后于世界先进水平，最终被国际潮流所抛弃。中国清朝时期的闭关锁国就是典型的案例。如果跟随美元升值，资产泡沫就会破裂，高负债的企业和个人都将陷入窘境，一些高负债的个人和家庭很可能陷入终生无法偿还债务的困境。以上任何一种选择，都将带来严重的社会问题，并深刻地影响国家的前途。

美元不同阶段升值和贬值的波动，都是战争的手段之一。很显然，货币战争的本质是制度的对抗，只有财富分配更合理、社会保障体系更健全、民族更有凝聚力的社会，才可以实现健康可持续的经济发展和社会繁荣。

截然不同的选择

虽然美元是国际储备货币，在美元贬值的周期，有些国家却做出了完全不一样的选择,以对美元升值来面对美元的贬值,既使经济得到快速稳定的发展,又使社会基本矛盾得到最大限度的缓和。

这其中最典型的是瑞士。瑞士是一个多山的国家,没有丰富的自然资源,但瑞士经济发展异常稳定。图3.4所示为瑞士的瓦莱教堂。1947年12月27日瑞士法郎兑美元是4.305∶1,1949年9月是4.375∶1,1998年12月31日是1.377∶1,2008年12月5日是1.211∶1,2014年7月31日是0.9088∶1,数十年间瑞士法郎兑美元连续升值。瑞士法郎兑英镑也一样连续升值,在1947年12月27日英镑兑瑞士法郎的汇率是1∶17.35,1949年9月是1∶12.25,1998年12月31日是1∶2.289,2008年12月5日是1∶1.778。在全球货币贬值周期,瑞士法郎连续升值,使瑞士经济发展得以长期稳定。

图3.4 瑞士的瓦莱教堂

(图片来源:维基百科)

瑞士属内陆山地国家,地理上分为阿尔卑斯山、瑞士高原及侏罗山脉三部分,面积仅有41285平方公里,阿尔卑斯山占国土大部分面积,而800多万人口中,大多分布于瑞士高原。

2011年,瑞士就人均财富而言为世界上最富裕的国家(包括金融及非金融资产),人口很少、国土面积非常狭小的瑞士,依国际汇率计算则为世界第19大经济体;以购买力平价计算则为世界第36大经济体;出口额及进口额分别居世界第20位及第18位。世界经济论坛发布的全球竞争力报告显示：瑞士为世界竞争力最强的国家。欧盟报告显示瑞士的创新力表现为欧洲最佳。瑞士人均国内生产总值长期居欧洲前列。2005年，瑞士家庭收入中位数为96500瑞士法郎。瑞士为许多跨国公司总部所在地，包括雀巢、诺华、罗氏、瑞银、瑞士信贷等，是世界上最有影响力的经济体之一。

瑞士的经济成就是在货币升值的趋势下实现的。1947年12月27日，瑞士法郎兑美元为4.305：1，到2014年12月31日，瑞士法郎兑美元为0.99432：1，60多年间，瑞士法郎兑美元实现巨大的升值，带来了瑞士经济的稳定与发展。

另一个典型是联邦德国，在20世纪60年代至80年代的高速发展期，马克一样兑美元连续升值。

这充分说明，凯恩斯主义理论是站不住脚的，德国和瑞士使用不断兑美元升值的货币，一样实现了经济的快速发展。在美元脱离黄金之后不断贬值的40多年中，德国和瑞士的社会异常稳定，经济竞争力非常强大，一直排名在世界的前列，这就是经济发展同时货币升值带来的必然结果。

使用不断贬值的货币促进经济的发展，在经济发展的同时，如果不能合理解决财富分配、社会保障、福利体系建设等问题，将让国家陷入社会基本矛盾不断恶化的泥潭，经济发展的成果最终很难保持。

经济发展的同时保持货币的信用，可以使经济发展具有很强的持续性，源于汇率和经济发展可以形成良性互动，也只有如此，才能有效地抵御美元周期性贬值或升值带来的冲击。

第四章

危机之源

货币能够作为一般等价物，也就决定了货币的人权属性是其基本特征。它就像历史长河中的一条"巨龙"，长期创造着历史，书写着历史，当这条"巨龙"短期"休息"的时候，货币投机者才有兴风作浪的机会。

布雷顿森林体系解体之后，美元持续贬值，终于给自己培育了几乎是无法战胜的对手，将自己逼入绝境。

展现完整信用的货币才是最终的王者，它终会归来，而且从不会让你等得太久。

美元危机

毫无疑问,美联储在2013年底开始退出从2009年开启的量化宽松,是力图恢复美元的信用。美国政府从2009年以来持续压缩财政赤字亦是为了扭转美国的财政颓势,有利于美元信用的恢复。美国经济持续复苏为美元信用的恢复奠定了基础,但这些都仅仅是表观因素,最重要的原因是美元的生存危机,决定了美元必须走上信用修复之路。

美元国际储备货币地位的危机

在一战之前的金本位时期,国际储备资产主要是英镑和黄金,这是一种以英镑为中心、以黄金为基础的国际金本位制度。这一时期,黄金是各国最主要的储备资产,也是最重要的支付手段和储藏手段,英镑则是国际上最主要的结算手段。此时,黄金与英镑同时成为各国公认的国际储备资产,黄金占国际储备资产的九成以上。

黄金和当时的英镑都体现了货币的人权属性,忠实地保护着每个人的财产权。

两次世界大战期间,各国的国际储备主要是黄金、英镑、美元和法郎等货币。这时,传统的金本位制崩溃,大多数国家执行金块本位制或汇兑本位制,黄金的流通被限制。这时的国际储备货币向多元化发展,以英镑为主,美元的地位则不断上升。

虽然这时黄金作为流通货币的职能被削弱,但依旧是国际储备的主要组成部分,是价值标尺,各种货币无论是执行金本位制、金块本位制还是汇兑本位制,最终的价值标尺都是黄金,通过黄金来显现货币的人权属性。

二战后,布雷顿森林体系建立,美元取得了与黄金同等的地位,成为最主要的国际储备货币。这时的储备体系称为美元—黄金储备体系,其他国家的货币与美元挂钩,美元与黄金挂钩,美元处于核心地位。在这个体系中,黄金仍是重要的国际储备资产。二战结束后的一段时期,黄金占国际储备资产总量的 70%,约为 350 亿美元或 10 亿盎司(按 35 美元/盎司计算)。此时,黄金的作用是作为美元发行的准备金,其他货币通过与美元挂钩的形式与黄金发生联系。在此期间的各国国际储备资产中,黄金储备逐渐下降,而美元在国际储备资产中的比例逐渐上升,成为最重要的国际储备资产。1970 年,国际储备资产中外汇储备占 47.8%,而美元储备又占外汇储备的 90% 以上。

此时的美元等同于黄金,具备货币的人权属性。

由此也可以看到,黄金在国际储备资产中的比重从一战之前的 90% 下降到二战之后的 70%,到 1970 年,进一步下降到接近 50%。

美元在 1971 年之前都属于自身信用建立的过程,虽然在 1934 年 1 月以后,美元的含金量有所下降,从 1933 年初的 1 美元含 1.50466 克纯金降低为 1934 年 1 月的 0.888671 克纯金,但美元的信用是明确的。

美元在 1971 年以前,与黄金保持固定的比价关系,1 盎司黄金等于 35 美元,从表面看起来,美元完美无缺,但危机的因素也在逐渐积累,在实行金本位后期开始逐渐显现。

二战之后,为了支持欧洲经济的恢复与发展,美国开始实行马歇尔计划。该计划于 1947 年 7 月正式启动,并整整持续了 4 个财政年度。在这段时期内,西欧各国通过参加经济合作发展组织总共接受了美国包括金融、技术、设备等各种形式的援助,总金额合计 130 亿美元,这在当时是一笔巨款。这严重地影响了美国的国际收支平衡,形成美元的贬值压力。1960 年 10 月,伦敦黄金市场价格猛涨到 41.5 美元/盎司,超过官价(每盎司35美元)近20%,这意味着美元需要贬值,美元作为布雷顿森林体系所规定的世界储备货币第一次显示出信任危机,这也是第一次美元危机。

20世纪60年代中期,美国扩大了越南战争的规模,国际收支进一步恶化,1968年3月爆发了严重的经济危机。半个多月中,美国的黄金储备就流失了14亿多美元,面对这样的局势,美国和黄金总库已经难以按美元官价继续兑换黄金。黄金总库成员国(美国、英国、法国、瑞士、德国、意大利、荷兰、比利时8国,成立于1961年10月)经过协商后决定,美国及黄金总库不再按35美元1盎司的黄金官价在市场上自由供给黄金,即不再维持黄金官价,任凭黄金的市场价格上涨。但是,各国政府和各国中央银行仍可按黄金官价以美元向美国兑换黄金,这就是所谓的"美元双价制"。当市场中的美元不能按官价自由兑换黄金以后,美元需要贬值,就形成了美元的第二次危机。

形成美元危机的主要因素是美国对西欧的援助额过大和战争形成的支出不断增长,严重地影响了美国的国际收支平衡,黄金储备下降,形成了两次美元危机,到1971年8月,美国终于停止按官价向各中央银行兑换黄金,"切断"了美元与黄金之间的刚性联系,相当于美元"罢免"了黄金的货币资格(实际上无法真正罢免)。从此以后,美元相对黄金不断贬值,它的信用水平是不明确的,而且从历史上看是逐渐下降的,这一时期的美元不是在建立自己的信用,而是在消费以往建立的信用。美元持续消费自身信用的过程就是美元贬值的过程,在国际储备货币中的份额逐渐下降。

在美元—黄金体系中,美元占国际储备货币份额的90%以上,而美元摆脱黄金这一价值标尺的约束之后,美元在世界储备货币总额中所占的比重就开始下降,德国马克和日元的比重稳步上升,外汇储备开始走向多元化。欧元诞生之前,充当外汇储备货币的主要有美元、马克、日元、英镑、法国法郎、瑞士法郎等。由于德国和日本经济实力的增强以及在国际贸易中长期具有优势，德国马克和日元的地位不断提高。在各国外汇储备中，德国马克所占的比重由1973年的7.1%提高到1990年的19.7%；日元所占的比重由1973年的0.1%提高到1990年的9.1%，它们蚕食的均是美元的国际储备份额。

1999年1月1日，欧元诞生了，欧元进一步蚕食美元的外汇储备份额，1999—2009年，美元的外汇储备份额由1999年的71.01%下降到2009年的62.14%，下降了8.87%，而欧元的份额由1999年的17.90%上升到2009年的27.37%，上升了9.47%。

虽然美元在货币贬值的过程中攫取了战略利益，食利了世界，但代价也极其惨重，不断消费自己长期积累的信用，意味着人权属性不断丧失，美元在国际外汇储备中的份额不断下降。

美元之所以成为最主要的国际储备货币，原因在于价值长期稳定明确，展现货币的人权属性，然后，流通的区域不断扩大，被世界上越来越多的人民所接受和认可，成为"美金"；更进入大多数央行的外汇储备，用于国际结算，与此同时，美国经济的边界不断延伸，推动美国经济的不断发展，强化自身的超级大国地位，这是美元的信用所带来的信用红利。美元不断丧失货币的人权属性之后，信用红利就会不断减弱甚至消失，国际储备货币份额不断流失。随着时间的不断延续，就会走英镑的老路，从货币的皇冠上——最主要的国际储备货币地位——跌落下来，这是美元面临的国际危机。

美联储是一家私人股权的中央银行，美国的国际储备货币份额就是美联储股东的战略利益，美元面临的国际危机就是美联储股东们的战略损失，他们必须有所行动。

美元的国内危机

美元是美国的本位货币，随着美元的信用不断下降，在国际市场上的地位下降，国际储备货币份额不断丧失，会给美国本土的经济带来严重的威胁：

第一，美元信用稳定时，既促进美国经济效率的提升，又不断扩大流通边界，带来源源不断的铸币税，体现了美元的信用红利；当美元信用不断下降时，信用红利逐渐丧失，美元向世界征收铸币税的能力下降。更严重的是，铸币税增长代表美国经济边界的延伸，铸币税下降代表美国经济边界的收缩。2008年，美国发生次贷危机，2009年开始，美联储实施了三次量化宽松措施，在稳定美国国内经济局势的同时，并没有带来严重的通货膨胀，相反，中国在2009年初开启了四万亿人民币的经济救助措施，从2010年开始，导致通货膨胀明显上行。根源在于美联储通过美元的国际储备货币地位，将通货膨胀的压力导入了国际市场，这种传导效应是美元的国际储备货币地位决定的，也是美元信用红利的一部分。当美元的信用不断丧失以后，这种传导效应会逐渐丧失，无法为美国经济服务。2014年初，俄罗斯和中国都提出去美元化的举措，就是这种信用红利不断衰退的必然结果。如果美元不能修正自身的信用水平，那么就会有更多的国家开启去美元化。如果出现这样的情形，美元将丧失在国际市场上征收铸币税的能力。

第二，随着美元的信用不断丧失，过往在国际上储存于各央行的美元储备和商品交易市场中流通的美元会形成回流，这将给美国本土造成严重的通货膨胀，而通货膨胀的爆发将严重地威胁美国经济。美国是以创新和消费为主导的经济体，通胀的恶化将损害美国经济的创新能力，造成消费萎缩，严重打击美国经济的健康成长。

如果美元在国际上信用不断丧失，必定会给美国带来战略利益的损失和严重的经济问题，特别是美联储经过2009年之后的三次量化宽松，美联储的资产负债表在2015年1月14日当周，达到4.5万亿美元，这其中有很大一部分储存在各国央行的手中，这些巨量的美元如果出现被动回流，将给美国经济造成极大的损害。

群雄逐鹿

世界储备货币的地位，就是世界经济"头顶"上的皇冠，谁占有了这个地位，谁就占有了世界经济的制高点。在这条征服世界的大路上从来就不缺乏对手，第一个挑战者——苏联，虽然建立了东欧和各加盟共和国的统一大市场，与美国抗衡了40多年，但因为经济结构性问题和货币政策的失误，最终退出了历史的舞台。

1992年，欧盟首脑会议在荷兰马斯特里赫特签署了《欧洲联盟条约》，决定在1999年1月1日开始实行单一货币——欧元（图4.1），在实行欧元的国家实施统一的货币政策。1998年，欧盟11个成员国制定了欧元趋同标准，并随着1999年1月1日欧元的正式流通而成立了欧元区。目前，欧元区共有19个成员国，超过3亿3千万的人口。欧元区通过劳动力、资本、原材料和产成品的自由流动，提升了经济发展水平和综合实力，加上欧元在一定程度上反映了德国对货币的管理水平，欧元注定成为美元的主要对手，威胁美元的国际储备货币地位。

图4.1 欧元

（图片来源：维基百科）

由于欧元区人口、土地面积和经济规模均与美国相近，社会制度也基本近似，更源于德国是欧元区内最核心的国家，德国人对货币的信用有近乎刻板的追求，欧元注定成为美元的对手。

但欧元有先天的弊端：第一，欧元区内各国经济基础、国家管理水平、科技发展水平不同，当生产要素在欧元区内自由流动后，一些经济上的弱国就很容易形成债务危机进而导致社会动荡，这是欧债危机爆发的根源；第二，欧洲普遍遭到老龄化的威胁，经济增长的潜力下降，而欧洲普遍是高福利的国家，债务压力很大，如何协调经济增长和福利水平之间的关系，成为欧元区经济实现可持续增长的关键；第三，随着美国压缩财政赤字，军费开支缩减，亚欧大陆面临动荡，欧元区的军费开支很可能增长，这将再次考验欧元区的债务问题。

以上因素都将制约欧元对美元国际储备货币地位的威胁。

1997年，在东盟国家首脑会议上，基于东南亚各国尤其是东盟成员国从东南亚金融危机中得到的直接教训，马来西亚总理马哈蒂尔最早提出了"亚元区"设想。2006年初，亚洲开发银行曾推出一种名为"亚洲货币单位"（Asia Currency Unit，ACU）的货币符号概念，与欧元推出前的"欧洲货币单位"相似，这不是可以流通的实际货币，而是一种根据亚洲若干国家货币价值、各国国内生产总值及贸易规模等的加权值制定的虚拟货币。可是，亚元还处于思考阶段，距离实施还非常遥远，基于亚洲各国的政治制度千差万别，地缘政治因素错综复杂，亚元的产生尚具有难以跨越的障碍。

世界上还有一些货币联盟制度。比如西非货币联盟制度，最初建立于1962年5月12日，当时由非洲西部的塞内加尔、尼日尔、贝宁、科特迪瓦、布基纳法索、马里、毛里塔尼亚等7个成员国组成，1963年11月，多哥加入了该联盟。西非货币联盟成员国原系法国的领地或殖民地，是法郎区的一部分，这些国家在独立前后的一段时期，使用的货币为"法属非洲法郎"，具有建立统一货币区的历史优势。1962年11月1日，西非货币联盟成立了"西非国家中央银行"，发行这些国家共同使用的货币"非洲金融共同体法郎"。除此之外还有中非货币联盟制度、东加勒比货币联盟制度。

　　基于最佳货币区理论可知,建设统一大市场是提升经济发展水平的有效途径。英国最早认识了建设统一大市场的关键之处,19世纪的英国与各个殖民地的价值观、宗教信仰、经济发展水平都有所不同,因此,英国并不是以强行推行殖民模式为主,而是在英国本土与殖民地之间、殖民地与殖民地之间,主要依靠经济和货币作为纽带,潜移默化地将自身的宗教信仰和文化推广到殖民地地区,进而将统一大市场有机地联系在一起。美国建立的统一大市场,起始时期主要在国内,美国各州具有基本相同的价值观、宗教信仰和社会制度,在这些方面基本不存在障碍,而后期推进的北美自由贸易区亦不存在制度和文化的根本差别。苏联可以在东欧地区建立统一大市场,也是基于都是社会主义国家,具有相似的价值观和社会制度,同时,当时的卢布具有非常明确的信用。欧元区可以建立起统一大市场,也源于欧洲地区的价值观、宗教信仰、社会制度基本相同。所以,统一大市场的建设必须以相似的文化、价值观和社会制度为基础,具有完善信用的货币是统一大市场的"血液"。

　　如果一个货币区内的国家有不同的社会制度和价值观,就需要求同存异,以共同发展为目标,货币的纽带作用就会加强。因为人员、资本、原材料和产成品的流动将成为货币区内的主要联系方式,货币必须展现客观的、不受任何国家独自控制的信用,才能完美地担当"血液"的职责,被区内的国家所公认,促进经济的协同发展。

　　今天,区域性经济合作组织不断发展成熟,区域经济一体化已经成为世界的趋势。随着区域经济一体化的进一步发展,区域货币在世界上的影响力逐渐增大,这些货币都将窥视或者蚕食美元的国际储备份额。在未来,哪种货币具备更加完善的信用,更好地执行价值尺度和财富储藏手段职能,哪种货币就会在国际储备中占有更大的份额。这些区域货币都将对美元的世界主要储备货币地位带来冲击,欧元是第一个有力的挑战者,未来很可能出现潜在的挑战者。

群雄逐鹿之下的美元，在脱离了黄金的束缚之后，面临的是更多的挑战和窥视。

黄金——不会说再见

布雷顿森林体系解体之后，虽然黄金依旧执行部分国际储备资产的职能，但作为货币的职能已经被大幅削弱，无论央行还是个人，都将黄金作为可以随时兑换成硬通货的商品来看待。

但黄金终归不是商品，而代表的是信用！

黄金的储量与开采

据有关专家和金融学教授推断，地球中的黄金资源大约有60万亿吨，人均1万多吨。可是这些黄金资源中，大部分分布于地核内，是无法开采的，地幔内的黄金约有8600万吨，地壳内的约有960万吨，海水中约有440万吨。根据世界黄金协会公布的数据，至2012年，人类一共开采了17万吨黄金。

虽然黄金资源是丰富的，但可开采量是比较少的，至今还没人找到从海洋中提炼黄金的有效方法，符合成为货币所需要具备的稀缺性原则。但是，与一些稀有元素比较起来，黄金并不能称呼为非常稀有的金属，也只有如此，才能作为货币流通使用。

黄金开采是一个非常古老的行业。黄金的采选是比较容易的，否则，在古代就不可能成为货币。古希腊历史学家和地理学家斯特拉波（公元前64年或公元前63年—公元23年）即在他的书籍中记载了黄金的采选方法。古罗马人发展出水利采选黄金的方法，用于大规模开采黄金，公元前25年开始在伊比利亚半岛使用，这些物理方法至今在很多地方依然使用。到了近代，开始使用化学的方法，这些方法从化学原理上和具体实施上都不复杂，但环境污染比较严重。

图4.2所示为19世纪美国加利福尼亚州一处淘金河床。

图 4.2　19 世纪美国加利福尼亚州一处淘金河床
(图片来源：维基百科)

　　黄金的生产大约始于公元前 5000 年的新石器时代，至今已有 7000 年历史，最先是西亚的苏美尔人在黑海附近开采砂金。约公元前 4000 年，古埃及人在红海之滨开采砂金，并逐步在东部沙漠和努比亚沙漠地区建立起庞大的黄金生产基地，从砂金生产发展到开采脉金。古希腊人于公元前 3000 年在爱琴海沿岸建立文明古国，黄金生产主要在现今保加利亚的富拉基亚、卡桑德雷和帕纳格伊。约公元前 3000 年前，南亚和东亚的文明古国印度和中国也开始采金。南美印第安人约在公元前 2000 年就发现和开采黄金。南非的黄金生产约始于公元前 2000—公元前 1500 年。

　　中国春秋时期，楚国的黄金生产出现高潮，并由楚国开始大批量铸造金币和少量银币。东汉狐刚子的《出金矿图录》记载了金银采选、冶炼的方法以及需要的药品和器具。狐刚子是方士，也是我国已知的最早一位地质学家、冶金学家和化学家。

黄金的经济实用价值

　　人类告别了石器时代以后，大约从公元前 4000 年开始，陆续进入青铜器时代。中国在商周时期，处于青铜器时代的顶峰。青铜是铜与锡或铅的合金。青铜器时代之后是铁器时代，不同地区进入铁器时代的时间有所不同，即使同在欧洲，日耳曼人和罗马人进入铁器时代的时间亦有所差异。世界上最早进入铁器时代的是赫梯王国（位于小亚细亚，存在于约公元前 20 世纪—公元前 8 世纪），大约在公元前 20 世纪左右，即开始生产铁器，主要用于战斗武器。因此，铜、铁、锡、铅等金属，都因为它们的实用价值被人类社会所重视。到了近代，随着经济的发展和科技水平的提高，各种金属的价值被不断的发现，比如核能被发掘使用之后，放射性元素开始受到重视；信息技术和新能源技术不断成熟之后，稀土元素的地位不断提高；等等。但是，黄金在经济生活中的实用价值并不高，使用范围也不广，主要用于医学材料、电磁辐射反射、特殊场合的能量传导等方面，使用范围很窄，用量也不大。最主要的用途依旧是装饰品，而且这一用途是由黄金在人类心目中的地位决定的，因为黄金在人类心目中具有崇高的地位，所以才用于制造首饰。

黄金所处的高贵地位与经济上的实用价值基本无关。

信用的积淀

1971 年，美元"罢免"了黄金的货币职能，但美元和任何货币都无法罢免黄金的信用属性（即人权属性）——货币的根本属性。黄金在数千年中建立的信用属性，是任何货币都无法具备的。

1971 年以前，黄金是重要的国际储备，也是最终的支付手段。美元自 1792 年起的信用建立过程，也源于依托金银保持了自己的信用，可以说，美元用自己的信用积累，"罢免"了黄金的货币职能。但是，当美元信用不断丧失以后，信用又会反过来削弱或"罢免"美元的货币资格。

历史上，不断上演着这一幕，当流通货币的信用不断丧失以后，"信用先生"都会从沉寂的角落伸出"手"来，提醒着这一点。当人类继续执迷不悟，货币信用继续丧失之后，"信用先生"就会站起身来，执行信用职能，货币就会被抛弃，唯一的差别是站起来的"信用先生"有时是金银，有时是铜钱，更有时是锦帛、大米或食盐，甚至干脆回归以物易物。

根本原因在于货币必须代表信用，这是货币的人权属性，只有如此，才能完成货币的财富储藏手段、价值尺度等职能。

提起法国，第一反应就是：浪漫！这一点在世界各国的气质和风格中，无人能及，突显出法国民族文化的个性和特点。

形容法国人浪漫情怀的经典比喻是：某个男人身上仅仅剩下1法郎时，是买面包还是玫瑰花？法国人宁可饿肚子也会选择玫瑰花。

浪漫深刻地影响了法国文化，更影响了法国经济。闻名遐迩的时装、高贵典雅的香水，都是法国经济的精华。当一个美女惊艳地站在人们面前时，绅士们自然想到的是"葡萄美酒夜光杯"，希望与美女对饮法国红酒。浪漫不仅仅局限于时尚产业，法国的建筑卢浮宫博物馆和巴黎圣母院誉满全球，香榭丽舍大道被誉为世界上最美丽的大街，巴黎的标志建筑——埃菲尔铁塔——像一个钢铁巨人高高地耸立在恬静的塞纳河畔。这些优秀建筑从外观到内饰无不展示着优雅、洒脱的风范。

蒙娜丽莎的微笑具有一种神秘莫测的千古奇韵，那如梦似的妩媚微笑，被不少美术史家称为"神秘的微笑"，百看不厌，令人为之倾倒。

浪漫也一样深深地影响了法国的货币。法郎本身就源自"浪漫"这个词汇的孪生姐妹——"自由"这个词汇。

1360年12月5日，法兰西国王签署一道敕令，决定铸造含纯金3.87克的硬币，这种新硬币就以"自由"命名。"自由"一词的法文是FRANC，音译为中文便是法郎。从1360年法郎金币的铸造算起，法郎堪称是世界上最古老的货币之一。

在15世纪中叶，查理七世废除了法郎，恢复了原来的货币——金路易。文艺复兴时期（起源于13世纪末和14世纪的意大利，盛行于16—17世纪的欧洲），金路易又被"代斯顿"所代替。17世纪初期，法国的货币一般由铜币、银币、金币组成。

这些时期的货币都由贵金属铸造，虽然名称很"浪漫、自由"，但具有充分的信用。

1710 年，法国国王路易十五（1710—1774 年）即位。路易十五很敬佩他的曾祖父路易十四，称他为"我亲爱的国王爸爸"（辈分有点乱）。路易十四去世前召见了他且给予其最后的忠告：少打仗，要做一个关心人民疾苦的温和国王。这令路易十五非常感动。不得不说，路易十五也是个很浪漫的人，但更是个健忘的人。或许他认为战争是浪漫的一种方式，非常热衷于参加战争。战争是残酷的游戏，既然路易十五将战争作为浪漫的一种方式，总是打不赢战争就很正常。小打小闹的战争或许对法国影响不大，结果路易十五过于"浪漫"，参加了一场"浪漫"盛会——"英法七年战争"，这是一场战争的大派对，是真正的世界大战，硝烟遍布世界各地。浪漫的路易十五当然再次失败，作为战败国要承担巨额的赔偿，从而导致国库空虚，给社会带来沉重的负担。浪漫的路易十五必然在法国形成浪漫的贵族阶级，但浪漫是有代价的，那就是巨额的开销，尤其是路易十六和玛丽·安托瓦内特皇后的奢华生活更加重了平民百姓的经济负担，这一切使得法国财政处于破产的边缘。

民间谚语"我死后，哪管洪水滔天"，据说就是路易十五的发明，看来他对浪漫的态度是非常"真诚"的。

虽然一个人可以浪漫，一个国家可以充满浪漫的风情，但管理国家看来是不能浪漫的，恰恰相反，需要的是严格。

屋漏偏逢连夜雨，在财政窘迫的情况下，法国又遭受数年严重的旱灾，1788 年 7 月 13 日，又遇到严重的冰雹灾害，冰雹达到鸡蛋大小，大量的土地绝收。当年冬季，法国又遭受严寒的打击。一系列自然灾害，让法国发生了严重的通货膨胀。法国大革命前夕，食品价格大幅上涨，患病人数和死亡率上升，严重的饥荒甚至蔓延到欧洲的多个地区，政府财政的窘迫和运力不足，不能对灾民进行有效救济，结果爆发了法国大革命（1789 年）。

法国大革命以后的 1790 年，法国财政已经破产。此时，法国人再次显示出"浪漫、自由"的特性。为了摆脱财政困境，没收大量教会的财产，将其充公，用这些资产为抵押以债券的形式来发行指券里佛尔。这些债券大大降低了公共债务，逐渐演变为一种法定货币而流通。

这种做法和美国在 1971 年的做法基本相同，债务券（美元）作为货币流通，罢免了贵金属的货币职能，虽然，债务券可以罢免贵金属的货币职能，但无法罢免贵金属的信用属性。

既然在货币管理上显示"浪漫、自由"的特征，物价也就拥有了充分的"浪漫、自由"。指券里佛尔从 1792 年就开始贬值，这直接导致了通货膨胀的恶性发展，几年之内，指券里佛尔贬值到面值的 3%。1796 年，法国督政府上台后，再次显示法国人的"浪漫情怀"，发行 Mandats territoriaux，这是一种以土地担保的货币，取代指券里佛尔，但这项措施也很快失败了，通货膨胀再次蔓延。1799 年，拿破仑开始执政，由通货膨胀导致的社会混乱最终由拿破仑在 1803 年解决，他使用法郎作为新货币，1 法郎含金量为 0.2903225 克或含银 4.5 克，金银比价为 1∶15.5。依托金银的法郎的发行，标志着金银代表的信用回归，让法国实现了稳定。

法国发行的指券里佛尔，"罢免"了金银的货币职能，但无法罢免金银拥有的信用职能。当货币过度偏离信用职能，以金银代表的信用自然就会站起身来"罢免"这些货币的货币"资格"。

这样的情形曾经发生在世界上的很多地方。在中国的历史上也多次重复出现，南京国民政府时期，法币不断丧失信用，结果民间开始采用银元和大米作为交易手段，执行货币的职能，法币被抛弃。

美元自 1971 年与黄金脱离兑换关系以后，虽然可以在不断贬值过程中利用自身主要国际储备货币的身份将通货膨胀引入其他国家，但依旧无法摆脱"信用先生"的阴影。从 20 世纪 70 年代开始，黄金价格就开启了牛市，到 2008 年美国发生次贷危机之后，黄金价格已经上涨到每盎司 800 美元左右，到美联储进行第三次量化宽松的 2011 年 9

月，黄金已经上涨到每盎司 1900 美元。实际上，就是黄金在寂静的角落里，伸出"手"来，向美元这一当代世界的货币之王打招呼，提醒自己的存在。

黄金因为化学性质的稳定性和独特的颜色，作为货币已经有 3000 年以上的历史，在人类的心目中有 3000 多年的信用积淀，它公正地对待世界上的每个民族和每个人，这才是黄金真正的价值所在。图 4.3 所示为吕底亚（位于今土耳其的西北部）于公元前 7 世纪发行的琥珀金金币。它是世界上所有货币无法忽视也无法战胜的对手。如果美元的信用不断丧失，未来就会被国际储备体系所抛弃，以黄金为代表的信用就会"罢免"美元的货币身份。

图 4.3　吕底亚于公元前 7 世纪发行的琥珀金金币

（图片来源：维基百科）

信用是什么？信用本身就是一个时间的概念，一个国家、一个企业、一个人的信用需要时间去积累，货币的信用更是如此。战争、自然灾害几乎可以摧毁今天世界上所有货币的信用，比如：对互联网的攻击就可以让数字货币丧失执行信用职责的能力；一个国家受到战争打击的时候，这个国家的主权货币的信用水平就会下降；一个朝代灭亡的时候，其主权货币很可能消失。黄金的信用不会随着时间而改变，地球上发生的所有事件，比如战争和自然灾害，国家的兴亡，都无法改变黄金的信用属性。更重要的是黄金具有普适性，全世界所有人都接受并认可黄金的信用，这是所有其他货币无法比拟的。

只要人类社会存在下去，黄金承载的信用属性就会伴随着人类。

黄金的货币职能再次显现

纸币产生以前，黄金作为货币的最大缺陷是使用不便、分割不便。

为了支付方便，交易过程就使用银行券（支票）办理。1690年，英国即开始出现这些代表定量金银的银行券（金匠的欠条），后来演化成纸币英镑，所以，最初的英镑代表的就是金银，也可以说，金银是英镑的信用"脊梁"。

同样，金银也是美元的信用"脊梁"。

美元不断贬值，黄金固有的信用属性就会不断反弹并展现货币的职能。2009年10月19日晚，芝加哥商品交易所集团（CME）发布公告，声称作为配合交易所场外现货黄金交割政策的副产品，允许交易商将黄金作为所有商品交易的保证金抵押物，并且这些黄金抵押物保管在摩根大通的伦敦银行。这一举措对于黄金货币职能的回归意味深长。

CME关于黄金作为商品保证金的公告一出，黄金现货市场应声大涨15美元。这则极其简短的公告，暗含巨大玄机，即黄金货币职能的回归。在不足100字的公告中，如果对货币的基本属性很敏感，一定会注意"All Exchange Products"这个字眼，也就是所有交易商品。所有交易商品的保证金都可以用黄金作为抵押物，这意味着黄金在芝加哥商品交易所的平台上已经被抽象为各类商品之间进行交易的一般等价物，而一般等价物就是货币。

CME的公告明确无误地表明黄金的货币属性回来了。

2011年3月4日，美国犹他州通过法案承认金银为法定货币，2015年2月4日，美国亚利桑那州国会委员会投票通过金银为法定货币，可做商业流通。到2015年中，美国有十几个州已经或将要接受金银作为法定货币。2011年，欧洲议会经济和货币事务委员会通过了《欧洲市场基础作业监理改革提案》，允许黄金作为结算抵押品。英国的某些场合实现了黄金的日常支付职能，有些交易可以用电子支付的手段完成。2014年7月17日，美国贵金属交易商Anthem Vault Inc宣布，将发行1000万的INNCoins币，而每一个INNCoins币将由100克黄金作为支持，这种数字黄金货币预计在未来的某一时间开始流通，这彻底解决了黄金不便分割和交易不便的问题。

为什么在美元开启量化宽松之后，黄金快速恢复曾经被美元"罢免"的货币职能？既源于互联网和电子支付手段的进步，也源于美元大规模透支信用已经惊醒了一直沉寂的黄金。全球以美元为主的主权货币如果继续贬值，黄金的货币职能必定加速回归。黄金银行的成立和电子支付手段的完善，避免了黄金作为货币的传统缺陷，使黄金可以无限分割，完成所有的交易。

今天，金银是以美元等纸币来标价的，当纸币不断贬值以后，就会越来越接近自身商品的价值（纸张的价值），金银就会返回身来给这些逐渐接近于一般商品的纸币标价。

恢复了货币职能的黄金，将成为全球货币市场的监管者和裁判员。如果以美元为首的主权货币继续丧失信用，那么，黄金就会掏出"红牌"将它们"罚下场"，自己进场执行货币应该执行的职责——信用，因为黄金才代表货币最根本的属性——人权属性。

黄金是现在和未来货币市场的监管者，也是货币人权属性的守护神。

黄金具备的信用已经在人类社会的生活中积淀了数千年，它永远不会说再见。

数字货币——冷血剑客

互联网将改变传统货币体系

互联网已经改变了国民经济生活中几乎所有的行业，全面提升了社会效率，也一样会冲击现在的世界货币体系。

互联网已经实现了信息共享，世界任何国家的商品价格都会在互联网上展现出来，然后根据汇率，计算出性价比，最终，任何国家、任何商品的性价比都展示在互联网的平台上，消费者一目了然，具有了更加充分的选择权。各国的物流行业紧随电商行业快速崛起，即便家门口就有商场，只要物品的性价比过低，一样难以销售，很多人愿意去电商的平台上购买,物流公司会快速送达,这就是互联网的威力。表面上来看,影响的是商品的流动,本质上是影响了货币的购买力。

这种情形不仅仅体现在一个国家的内部,同样也显现在不同的国家之间。现在,各个物流公司和邮政系统都在拓展海外业务,未来,如果中国商品的性价比过低,消费者会到国际市场上购买,物流公司一样会快速送达,反之亦然。虽然各个国家可以维持自己的货币体系,但内在购买力将逐渐趋于统一。

在信息时代,如果一个国家的货币脱离世界的主流,独自贬值,就会带来严重的后果:

第一,因为互联网实现了信息共享,面对不断贬值的本币,社会基本矛盾必定加剧,这是动荡之源,一个动荡的社会往往成为本国货币体系的杀手,很容易造成货币危机。

第二,如果执行对内贬值对外升值(或维持稳定)的措施,就将让本币持有者的购买力转向国外商品,即便实行高关税、进口配额管理等限制措施,也一样会出现走私行为。本币对内贬值对外升值将极大地削弱本国商品国际竞争力,同时,本国消费者购买力转向国外将进一步损害本国工商企业的发展,进而损害本国的财政平衡,只能加大印钞的力度弥补财政缺口,走向本币不断螺旋式贬值的不归路。在这一点上,本世纪初期的津巴布韦是最典型的例子,只要本币不断贬值,无论采取汇率管制措施还是物价管制措施,都无法阻挡灾难性结局的发生。

第三,本币不断贬值,将带来通货膨胀,降低资本投资回报率,人们生活水平下降,移民和资本外流加速,不利于本国经济的发展。

所以,在实现信息共享之后,客观上将让世界主要货币的购买力趋同,本币的购买力需要与世界主流货币的购买力基本保持一致。在信息社会时代,未来货币的发展将是逐渐走向人权货币的时代。

在这样的时代,只有自由兑换的货币才有前途。在封闭的货币体系之下,一国货币往往可以比较随意地发行,损害持有人的利益,也损害经济增长,这样的国家往往是落后的代名词。在自由兑换的前提下,如果一国货币发行过程中出现"道德风险",就会自动被本币持有者所抛弃转而持有和使用外币,相当于世界所有其他货币的发行机构成为本国货币发行的监管机构,也就约束了货币发行者的发行行为,可以促进本国的社会稳定和经济健康发展,也有利于将本国经济融入世界的大循环,而社会稳定和经济发展又反过来推动本国货币升值,形成货币发行和经济社会发展的良性循环。

数字货币与数字黄金货币

互联网将世界联系在一起,实现了信息共享,压缩了信息传递的空间与时间,也一样压缩了货币之间的"空间",使货币的购买力趋于统一,最终就会实现统一的货币,比特币为首的数字货币应运而生。

比特币(图4.4)的概念最初由中本聪在2009年提出。根据中本聪的思路设计发布的开源软件以及建构其上的P2P(点对点)网络来看,比特币是一种P2P形式的数字货币,P2P的传输意味着一个去中心化的支付系统。

图4.4 比特币
(图片来源:维基百科)

随着互联网和信息时代的到来,诞生了以比特币为代表的数字货币。很显然,信用货币不断贬值,损害了货币本应该具有的人权属性,直接推动了数字货币的产生与应用。数字货币是一种去中心化的支付系统,这是它们最典型的特征,各国政府和央行难以操控,对现有的信用货币形成了巨大的威胁。未来,各国政府和央行可以采取的手段只能是规范数字货币的流通与应用，但难以限制，这是由数字货币的特征决定的。

数字货币展现自身的信用，不因国家、民族、肤色而作丝毫的改变，收付过程几乎不受时间与空间的限制，同时，是一种去主权化的货币体系，适应了信息时代的发展潮流，必定拥有广阔的发展空间。

与其他货币不同，比特币不依靠特定机构发行，它依据特定算法，通过大量的计算产生。比特币使用P2P网络中众多节点构成的分布式数据库来确认并记录所有的交易行为，并使用密码学的设计来确保货币流通各个环节的安全性。P2P的去中心化特征与算法本身可以确保无法通过大量制造比特币来人为操控币值。基于以上原理，比特币的价值可以得到有效保护，比特币持有者就拥有了真实、恒定的价值用于支付和财富储藏。使用比特币进行交易也可以保证交易过程的可靠性和交易过程中的匿名性。

比特币钱包的使用者可以方便而又快捷地检查、储存、支出其持有的比特币。

比特币之后，又诞生了很多其他的数字货币，例如瑞波币、莱特币、狗狗币、未来币、黑币等，而且数量几乎每周都有增加。

数字黄金货币是一种以黄金重量命名的电子货币形式，与数字货币几乎同时开始兴起，但两者完全不同。这种货币的典型计量单位是克或者金衡制盎司。数字黄金货币的存款以黄金重量而不是法定货币为单位计量。支持者声称数字黄金货币是一种真正全球的、无国界的世界货币，独立于汇率波动。数字黄金货币是将黄金实物以数字的形式表现出来，解决了过往黄金作为货币固有的支付不便、分割困难等问题。

数字黄金货币反映的是黄金的人权属性，本身就是一种世界货币，它的内在价值不会因为国家、民族、肤色的不同而出现丝毫差别。

数字货币作为一种新兴货币，数量有限制，拥有客观的信用水平，很多人认为，也具有成为世界货币的潜力。

数字货币是去中心化的货币，这将让信用货币发行者丧失自主的发钞权，所以，未来尚有一定的不确定性，它的发展注定是艰难曲折的。但是，创建比特币所依托的区块链技术却逐渐显示出旺盛的生命力。区块链是一串使用密码学方法所产生的数据块（称为"区块"，block）的集合，新增的数据块总能链接到上一个区块，即整条区块链的尾部，所以，区块链可以看作成记录比特币交易的账本。比特币的创建者中本聪创造了比特币系统的第一个区块，即"创世区块"，并附有一句：The Times 03/Jan/2009 Chancellor on brink of second bailout for banks，这句话是当天《泰晤士报》的头版文章标题。

既然区块链可以看作是记录比特币交易的账本，那么就可以以账本的形式运用到金融交易过程中，比如国债、股市、期货和其他金融衍生品的交易，也可以运用到银行的账册管理系统，这可以极大地提高金融服务业的效率并有效打击非法交易。区块链技术的这些运用已经被许多国家或地区重视，并取得飞速发展。未来，从区块链技术的特点来说，还有可能在军事、通信、版权保护等方面得到广泛的运用，拥有巨大的发展潜力，需要高度重视。

惩罚之鞭与死亡之吻

美元不断贬值，信用不断下降，违背了货币本应该具有的信用职责，将自己置于危机的境地。

区域货币和一些国家的主权货币，会不断地蚕食美元的国际储备货币份额，虽然美元打垮了苏联的卢布，但是日元、欧元等货币都对美元的国际储备货币份额虎视眈眈。基于这些货币都是信用货币，互相之间竞争的模式基本一样，美元较容易应对，而且美国依旧是全球经济、军事、科技实力最强大的国家，加上美国具有的货币发行体系的优势，这些货币对美元的威胁依旧是有限度的。

可是，今天无论美国本土还是国际上的商品交易市场都在发生质的变化。

当一个商品交易市场只有一种货币占据垄断地位时,这个市场就不是完全有效的市场,此时,市场没有选择权,不能通过市场行为约束货币发行者的发行行为,即便这种货币连续贬值,在这种货币回归本身材料的价值——纸张——之前,市场也只能被动地容纳这种货币。可是,当这种占据垄断地位的货币贬值幅度不断加大时,市场就会诞生其他的交易方式,当多种交易方式共存时,市场就是完全有效的市场,对这种占据垄断地位的货币的真实价值进行鉴别。

比如,中国西汉末年的新莽时期,王莽大量铸造并发行虚钱,通货膨胀恶化,商品市场开始进入以物易物的交易模式,这就是新的交易模式,虚钱被商品交易市场逐渐抛弃。

这说明在经济生活中,信用是时刻存在的,当流通的货币完善地执行信用职责时,"信用先生"处于潜伏的状态;当流通货币的信用不断丧失时,"信用先生"就会醒来,并向商品交易市场"招手";当流通的货币信用继续丧失时,"信用先生"就会站起身来,执行商品交易市场中所需要的信用职责,将不断丧失信用的货币驱逐出商品交易市场。

现在,黄金的货币职能开始恢复,以芝加哥商品交易所2009年发布的公告为典型标志,黄金再次成为一般等价物,执行货币的职能,这是抽在美元身上的"惩罚之鞭"。因为对于人类社会来说,黄金就是信用的化身,这是千百年来人们心目中确立的根深蒂固的理念。

从历史上来说,黄金是美元无法战胜的对手,因为任何国家和个人都无法限制黄金展现自身的信用本性。

"惩罚之鞭"虽然是酷刑,最终可以宣判美元(包括所有信用缺失的主权货币)的"死刑",但是黄金是实物,如果以实物形式流通,就无法解决由此带来的不便交易、分割困难的限制;如果以银行券的形式流通或者以数字黄金货币的形式流通,都需要中央银行的支撑。基于现在的信用货币绝大部分都有国家机器支持,这些信用货币就拥有反击的能力，那就是利用国家机器的力量，限制黄金在商品交易市场中流通，只要控制和打击经营黄金（和数字黄金货币）的中央银行或商业银行就可以做到。"惩罚之鞭"的鞭挞是一个长期的过程，除非现在的信用货币贬值过于快速，才能迅速被驱逐。这时，黄金等实物货币就会冲破国家机器的限制，在商品交换过程中不断发展，最终将信用货币驱逐。明朝时期就是最典型的例子，虽然在明初时期官方只承认大明通行宝钞是合法货币，禁止其他货币流通，但金、银、铜钱和帛在民间一样流通，并不断扩大在商品交易市场中的交易份额，最终将大明通行宝钞驱逐出商品交易市场，这样的结局并不会因为明朝政府不断打压金银和铜钱的流通而改变。

可是，美元等信用货币现在不仅面临"惩罚之鞭"的审判，还面临"死亡之吻"的威胁，那就是以比特币为代表的数字货币。

今天的社会，每天都有数字货币进入新的交易领域的消息。2014年9月，美国政府已经批准了比特币的金融衍生品交易，正式承认了比特币的货币职能。比特币基于自身的优势正在飞速地扩大自身的影响力并抢占传统信用货币占据的商品市场的交易份额。

加拿大西蒙·弗雷泽大学是加拿大最好的综合性大学之一。据报道，2014年8月，经营比特币的机构与西蒙·弗雷泽大学的行政管理部门进行了合作，准备在校园里加入比特币的销售终端和ATM机，西蒙·弗雷泽大学主管后勤服务的行政主任Mark McLaughlin证实了这一说法，他说西蒙·弗雷泽大学正在评估接受比特币付款和安装比特币ATM机，比特币的试点项目可能也包括弗雷泽大学的部分餐饮服务。据巴比特资讯于2015年5月26日报道，西蒙·弗雷泽大学在当天宣布，其校园书店即日起开始接受比特币支付。比特币ATM机是由位于安大略的自动取款机运营商BitSent提供的。报道还说，自2014年8月开始，该所大学接受比特币捐款。

加拿大温哥华桑德曼酒店集团已经开始接受比特币作为客房预订的支付方式。easyHotel荷兰网站在结账页面提供了一个"比特币支付"选项，也就是说，去阿姆斯特丹、鹿特丹、海牙的旅行者可以用比特币在荷兰支付预订款。波罗的海航空公司于2014年7月17日开始接受比特币付款。澳大利亚的主要城市珀斯、阿德莱德和布里斯班已经在购物中心拥有自己的比特币ATM机。2014年8月8日，阿根廷电子商务公司Avalancha宣布通过与比特币商业处理公司BitPagos和比特币交易所Bitex.la合作接受比特币支付。Avalancha在线商店主要为消费者提供电子产品和家用电器。拥有25年专业生产、销售呼吸辅助产品的位于美国宾夕法尼亚州的Medical Support Products公司于2014年8月宣布，接受比特币支付购买医疗设备和物资，产品的定价依比特币定价，已经和美元无关。2014年9月19日，加拿大政治家希望温哥华可以接受比特币纳税。2016年初，日本金融厅提议将比特币视为合法货币。以上表明，数字货币正快速地占据商品交易市场的交易份额，挤压美元、加元、澳元等信用货币的生存空间。

美联储或美国政府可以强行宣布这些行为非法吗？答案是不能！因为美国是提倡自由与创新的社会，这些内容大部分写入了宪法，所以美国政府和美联储可以提议监管，让这些支付行为规范化，但不能压制或取缔这些交易行为。黄金的货币化就首先在美国的一些州率先启动，美国联邦政府和美联储无法禁止，这是美国的制度所决定的。

美联储或美国政府可以压制比特币在商品交易领域的扩张吗？答案也是不能！因为比特币等数字货币是点对点交易，交易行为无处不在，没有中央银行，无法压制比特币等数字货币在商品交易领域的扩张。

比特币等数字货币就像是一个无处不在的"幽灵"，无从控制，不断地蚕食过去信用货币所占据的商品交易市场的份额，无疑将成为信用货币的"死亡之吻"。

现在，商品交易市场已经诞生了以黄金和数字货币为媒介的交易模式，信用货币的流通边界正在被压缩，这很可能意味着快速贬值的开始。所以,以美元为代表的信用货币,经过数十年连续贬值之后,终于面临"惩罚之鞭"的审判和"死亡之吻"的威胁,美元等信用货币已经来到了生与死的岔路口。

黄金的结局

黄金到何处去?有些专家认为黄金是"野蛮的遗迹",不可能再重新承担通货的职能,只能作为一种商品而存在。真的会如此吗?

今天,我们知道银行业是商品经济的支柱,为各国经济生活提供"血液",没有了金融业,各国的经济很难发展甚至会一片混乱。银行经营的是什么?不是货币,而是信用。这是很显然的,如果银行经营的仅仅是货币,而没有信用,那么,这种货币如何能作为商品交易市场中的一般等价物呢?显然是不可能的,任何人和企业都不会接受这样的货币,金融业也就不复存在。所以,外表看起来央行和商业银行经营的是货币,但本质上经营的是信用。

信用的确立方式只有两种:第一是国家强制确立;第二种是全社会群体公认。现代社会信用货币的信用是国家强制确立的。

布雷顿森林体系解体以后,黄金开启了轰轰烈烈的牛市,每盎司黄金价格从35美元上涨至2011年9月6日的最高点1922.6美元。黄金是个"冷血裁判",黄金价格上涨到原来的54.93倍,就相当于美元的信用水平(按黄金每盎司35美元时,美元的信用水平是100%计算)下降到原来的1.82%,是美元信用水平的下降带来了黄金价格的上涨。

换句话说,用黄金标价的美元价格,已经下跌到原来的1.82%。

不仅仅美元的信用严重丧失,以黄金为基准来衡量,几乎现在世界上的所有信用货币的信用都在加速丧失。

货币信用的不断丧失将给社会和经济生活带来严重的影响,随着这种影响不断延续并放大,就会在一些国家带来恶性通货膨胀和社会动荡，这些信用不断丧失的货币就会被抛弃，具有更高信用水平的货币就会重新进入人类的生活。世界历史和中国历史都在不断地证实这一点：法国指券里佛尔被抛弃以后建立了依托金银本位的法郎；德国纸马克被抛弃以后建立了地租马克；中国明朝的大明通行宝钞不断贬值，到15世纪40年代以后陆续开放"银禁"和"钱禁"。历史上的例子数不胜数。最根本的原因在于这些信用不断丧失的货币会造成社会动乱和经济混乱，社会就会回归到以信用为基础的货币，货币的人权属性才是货币最终的归宿。

今天，黄金的货币职能开始逐渐恢复，基于互联网的数字货币呈现燎原之势，美元如果不希望退出货币市场，美联储如果不希望破产（美联储的股权是私人持有，自然不希望破产），就只有走信用恢复之路。

今天的美联储，已经清楚地看到了未来的货币市场格局。美联储主席耶伦在2014年初回应西弗吉尼亚州参议员乔·曼钦的关于比特币的提问时表示："美联储对比特币没有管辖权。"

或许正因为比特币等数字货币的特性，2014年9月12日，美国衍生品交易所Tera Exchange正式推出了全球首个比特币掉期合约，这也是首个获得美国监管机构批准的基于比特币的金融产品。

原来，美国商品交易市场中，基本上100%的交易份额都是美元垄断，现在强行闯入一个"家伙"，这个"家伙"难以控制，而且数量是有限制的，信用是有保证的，成为了美国商品交易市场中的一般等价物。未来，这个"家伙"还很可能会快速地闯入其他国家的商品市场。这是一场完全不对等的"战争"，虽然美联储（也包括其他国家和地区的发钞行）很强大，强大到美联储的货币政策可以给世界经济和资本市场带来强烈的震荡，但是，面对数字货币，美联储却没有太多的还手之力。美元怎么办？

未来，无论任何时候，只要美元贬值，数字货币和黄金在商品市场中所占有的交易份额将呈现井喷的状态，飞速地挤压美元等信用货币的市场份额，意味着这些货币将快速贬值，美联储的结局是破产，这是毫无疑问的。基于美联储的私人股权性质，这是不准许的，所以美元只能恢复自己的信用。或许，利用黄金千百年来在人类心目中树立的无可替代的信用，通过与黄金绑定，才可以与数字货币竞争、共存；也或许，美元与黄金、比特币等数字货币一起绑定，以黄金和比特币等数字货币作为美元发行的准备金，才可以长期共存。图 4.5 所示为美国铸币局发行的自由女神金币和鹰扬金币。

图 4.5　美国铸币局发行的自由女神金币和鹰扬金币

在现代社会的所有货币中，只有黄金进行了 3000 多年的信用积累，经历过无数次战争、灾荒和瘟疫，黄金忠实地履行了信用的职责，捍卫了货币必须拥有的人权属性。

现代社会，只要有经济生活，就离不开信用，也就离不开黄金拥有的、独一无二的信用积累。现代社会中，有司法系统约束人的行为，如果有人犯了法，就会受到司法的制裁。黄金就是信用社会的"信用法官"，当货币的信用严重丧失时，黄金这位"信用法官"就会审判，最终将那些信用不断丧失的货币"送入"博物馆。过去被送入博物馆的包括：元朝的纸钞、明朝的大明通行宝钞、南京国民政府时期的法币和金圆券、法国的指券里佛尔、德国的纸马克、津巴布韦的津巴布韦元，等等，未来还会有更多的货币被"送"进去。

所以，黄金最可能的结果是恢复到一个固定的价格，就像当初布雷顿森林体系解体之前的 1 盎司黄金等于 35 美元一样，最终让美元等同于黄金（或许还要加上数字货币）。

为了实现这个目的，美联储最可能的战略是持续收缩美元，让国际市场出现"美元荒"并越来越严重，各国央行为了进行国际收支清算，被动抛出黄金。如果在亚欧大陆发生战争，也会造成亚欧国家被动抛售黄金。通过这些过程，美联储增加黄金储备，最终实现美元与黄金（或许会加上数字货币，而且美元走强的过程中也会大幅打压比特币等数字货币的价格）挂钩的目的。

美联储肯定做不到无所不能，现在的世界呈现多极化的趋势，其他大国或地区联盟，也会在未来的货币战争中各显身手，但美联储最终的战略目的是不可忽视的。

主权货币再次依托黄金（或许还要加上数字货币）作为准备金发行，这是黄金最可能的归宿，因为黄金代表着货币的人权属性。当主权货币依托黄金和数字货币之后，也就实现了一定意义上的去主权化，更加适合互联网时代。

如果信用货币不依托金银或数字货币，未来黄金的价格走势会如何？

本人认为，滞胀是未来全世界所有经济体的面临的困局，只不过各个国家进入滞胀的时间点有所不同。

从2012年开始，巴西、阿根廷、俄罗斯、委内瑞拉等就进入了滞胀。此后，随着原油和大宗商品价格的不断下跌，哥伦比亚、墨西哥、南非、尼日利亚、阿尔及利亚和大多数中东产油国也进入了滞胀。2015年开始，陷入滞胀的国家数量继续增加，既包括东南亚以出口为导向的国家，比如印度尼西亚、马来西亚等，也包括土耳其和很多东欧国家。未来，全球陷入滞胀的国家数量还会扩大。

为什么会如此？是因为布雷顿森林体系解体之后，凯恩斯主义盛行，各国政府都奉行对经济的强力干预政策，这点在新兴经济体国家最为明显，每年的经济增长数字几乎在年初就制定了。可是，政府自身可以创造财富吗？不能！政府是纯粹消耗财富的角色。有些政府拿着两件过往几乎无人可以匹敌的武器,左手是加大基础货币发行,右手是增加债务,这两件武器本身并不能创造财富,只不过是透支未来。当资本投资回报率下降以后,基础货币对经济的刺激作用消失,债务也就不可持续,滞胀就是唯一的结局。此时,政府手中的两件无坚不摧的武器对促进经济增长来说就成为"玩具"。

政府通过政策的调整加速社会财富的积累才是可持续的发展之路。

为什么以大宗商品生产为主的国家在2012—2015年首先陷入滞胀?举例来说,如果一个国家主要生产铁矿石,铁矿石价格是每吨100美元的时候,用美元标价的经济总量是1,那么,当铁矿石价格跌到每吨50美元的时候,用美元标价的经济总量就是0.5,此时,这个国家的央行如果要维持本币和美元的汇率不变,就需要降低经济生活中的金融杠杆率(收缩广义货币)甚至回收基础货币,可这是不可能的。事实上很多政府会采取保杠杆率的措施,甚至会通过加大基础货币发行的方式维持广义货币水平以避免出现通货紧缩,此时,本币就只能贬值。贬值的本币会立即推升国内所有商品的价格,导致通胀恶化。恶化的通胀将打击工商企业的经营和扩张能力,经济也就停滞了。

这是巴西、俄罗斯等大宗商品生产国首先陷入滞胀的原因,这是一种货币过剩的现象。

由于全球的产能是过剩的,大宗商品价格下降,短期会刺激商品生产国的经济增长和企业的利润,但是,产能过剩的情况下,最终会打压这些商品的出口价格(美元标价),带来本国经济总量的下降。一样的原理,此时商品生产国如果收缩基础货币,就不会带来汇率的下跌,但是,如果基础货币剧烈收缩,就很可能导致非常严重的社会问题,所以这些国家只能选择让汇率不断下跌。这也是2015年下半年开始亚洲很多国家出现货币战的根源(外在表现是用汇率贬值刺激出口,保护自己的国际市场份额)。当货币贬值的时候，就会推动通胀，通胀上涨就会制约企业的生存与发展，滞胀产生了。由于商品生产国处于全球产业链的中游，所以它们的滞胀会在大宗商品生产国之后产生。

这种原理最终还会蔓延到很多发达国家。美元加息，意味着美国通胀率进入上升趋势，很可能意味着美元标价的黄金牛市再次起步。

滞胀将是世界面对的困局。这是政府长期强力干预经济运行的必然结局，过往干预的力量越强，未来的滞胀就会越严重。

这和1929年全球大萧条有本质的不同。大萧条之前，实行金本位制度，各国都无法随意增加基础货币数量，经济的持续繁荣会带来银行杠杆倍数的上升，放大广义货币量。当大萧条来临时，银行杠杆倍数下降，广义货币量下降。大萧条开始之后，央行也无法随意增加基础货币，这就带来经济生活中的通货紧缩。今天，如果发生经济危机，所面临的局势和1929年有显著的差别。

滞胀的含义是经济增长停滞，社会财富无法增加，而通货膨胀不断发展，这里的寓意是货币的价值下跌。图4.6表示的是布雷顿森林体系解体之后至2004年，用美元标价的黄金价格走势。

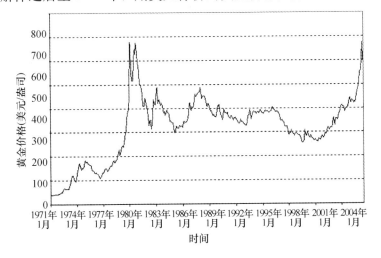

图4.6　1971—2004年，用美元表示的黄金价格走势

从图 4.6 可以清楚看到，20 世纪 70 年代，美国陷入严重的滞胀，黄金价格走出猛烈的牛市。1980 年，美联储采取强力的货币收缩措施对抗通货膨胀，此时，黄金价格开始见顶，之后随着美国通胀进入温和区间，经济发展进入常态，黄金价格开始回落。1980—1999 年，美元标价的黄金价格持续下跌至每盎司 275 美元。1999 年，欧洲各国央行共同签署了"售金协议"，签署方包括：欧洲央行、奥地利国民银行、比利时国民银行、芬兰银行、法国央行、德国央行、爱尔兰央行、意大利央行、卢森堡央行、荷兰央行、葡萄牙央行、西班牙央行、瑞典央行、瑞士国民银行、英格兰银行，将黄金价格推入新一轮牛市，直到美联储开启第三次量化宽松时结束了本轮牛市。

无论任何国家，只要陷入滞胀的陷阱，都意味着出现本币标价的黄金牛市。

第五章

攀登经济的战略制高点

布雷顿森林体系解体之后,信用货币不断膨胀,相对不可再生资源不断贬值,所以很多人认为资源为王。但只要科技不断进步,任何资源都是可以被替代的,所以资源永远不能称王。

人类社会最重要的资源之一是信用资源,只有这个资源才是经济生活中的"王"!这是经济的战略制高点。当"王"归来的时候,所有的债务泡沫和资产价格泡沫就只能破裂。

通货膨胀取决于国家的治理水平,通过债务可以暂时掩盖通货膨胀,但不能避免通货膨胀。

经济的战略制高点是什么

所有的信用货币都面临着黄金和数字货币的威胁,信用货币如果不希望走向死亡,就必须走向信用恢复之路。美元指数从2014年7月开启的上涨仅仅是前奏,基于美联储和瑞士央行的股权是私人持有,在未来的货币信用恢复之路上也一定是先锋,因为它们不希望破产。

国际通货的"丰盈"与"紧缺"

1989年,由美国国际经济研究所出面,在华盛顿召开了一个讨论20世纪80年代中后期以来拉美经济调整和改革的研讨会。会上,美国国际经济研究所原所长约翰·威廉姆逊说,与会者在拉美国家已经采用和将要采用的10个政策工具方面,在一定程度上达成了共识,这一共识被称作"华盛顿共识"。这是一个重要的时间点,此后经济全球化加速推进。东西方冷战结束后,经济全球化进一步深入。这时,全球拥有相对稳定的政治环境,美国军费支出不断增长是这种稳定的主要因素之一。

在这一过程中,美元总体上处于信贷扩张期,2009年开始的三次量化宽松将美国的信贷扩张发挥到极致。虽然美国在这一过程中实现了很多自身的利益,但世界上的所有国家也因此受益,在稳定的国际环境下和平发展,这是一个多赢的局面。美国财政(军费)开支的增长形成美国财政赤字,影响了美国的国际收支平衡,导致美元贬值。在这样的时期,更多的货币可以承担国际结算的职责,比如欧元、日元、英镑等，甚至一些新兴国家的货币，比如巴西雷亚尔、俄罗斯卢布、南非兰特，均可以部分执行国际硬通货的职责，完成国际结算，这就形成了国际硬通货"丰盈"的时代。

经济全球化由两部分组成：一部分是商品和服务的流通；另一部分是国际硬通货代表的信用流转，它支撑了商品和服务的流通。国际硬通货的"丰盈"是全球贸易快速发展的基本条件之一。

因此，美国用自身不断扩大的财政支出，支撑了 1989 年之后经济全球化的加速发展。这是新兴国家经济发展进程中的战略性机遇。

当美国开启削减财政赤字的时期，必须压缩军费支出，带来的后果就是世界的多极化。当原来的"世界警察"经常"请假""旷工"的时候，而新的、全球公认的"警察"还没有产生，各种地缘政治矛盾、民族矛盾就会激烈爆发，全球稳定的政治与军事环境就会消失。同时，美国财政收缩伴随的是美元升值，基于国际外汇市场上执行的是反格雷欣法则（良币驱除劣币），可以承担硬通货职责的货币数量下降，国际硬通货将从"丰盈"的时代（国际流动性宽松）进入"紧缺"的时代（国际流动性紧缺），压制全球经济一体化的进程，全球贸易将逐渐出现萎缩。

国际流动性"丰盈"与"紧缺"的循环是经济的内在规律使然，一直都在伴随着世界经济。比如：20 世纪 40 年代末期和 50 年代，世界各国尤其是参与二战的国家，因为战后恢复性的建设需要进口美国设备与商品，对美国产生大量的贸易逆差，这些国家缺乏国际清偿手段——黄金或美元，形成国际流动性紧缺的"美元荒"时期；到 20 世纪 70 年代，随着欧亚经济重建的逐步完成加上美国在 20 世纪 50 年和 60 年代参加朝鲜战争和越南战争等，美元出现数次危机，美元贬值，国际流动性开始显示宽松，直接促进了德国、日本等国家的经济腾飞；从 20 世纪 80 年代开始至 90 年代中前期，美联储执行紧缩的货币政策，由于国际流动性紧缺，国际贸易受到制约，很多发展中国家因为债务问题爆发危机，主要是巴西、墨西哥、阿根廷、委内瑞拉、智利、印度和非洲撒哈拉以南的国家，苏联也在这个周期内解体，这场危机前后波及到拉美、非洲等数十个国家；从1997年东南亚危机之后，美联储采取宽松的货币政策，国际流动性宽松，直接促进了全球经济一体化和全球贸易的发展；2015年开始，美联储再次开启货币紧缩周期，出现国际流动性紧缺的情形是必然的。

国际通货的"丰盈"与"紧缺"是世界经济发展的必然规律。

选择性外贸

当美元开启升值周期以后，可以充当硬通货的货币越来越少。任何一个国家的货币如果要跟随美元升值，必须可以维持和美国相近的科技、经济水平，而且需要保持和美元相近的管理水平（货币的发行机制是最核心的内容），以今天美国在全球的地位，要做到这些是比较困难的。

还有一个无法跨越的因素，那就是历史的积淀。货币所蕴含的信用元素，离不开时间的积累。美元自1792年诞生以来，虽然1929年经济危机之后出现贬值（黄金由每盎司20.67美元提高到35美元），但在布雷顿森林体系解体之前的180多年，基本行使了信用的职责，信用是明确的，这就是"美金"的由来。虽然自布雷顿森林体系解体之后美元脱离金本位，但这段脱离金本位的时间在美元的历史中尚属短期行为，美元过去积累的信用元素相对其他货币占有明显的优势。

货币信用的历史元素在英镑身上一样体现着。英国虽然衰落，以经济总量和世界影响力而言，与曾经的"日不落帝国"相比已经不可同日而语，但英镑到今天依旧是国际储备货币之一。2013年，世界主要国家经济总量排名的前十位依次是美国、中国、日本、德国、法国、英国、巴西、印度、俄罗斯、意大利。巴西、印度、俄罗斯的经济总量与英国的差距在20%以内，中国的经济总量远超英国，但这些国家的货币在国际上的地位都不如英镑。根据国际货币基金组织公布的数据，2009年，英镑稳居世界储备货币份额的第三位，为4.25%[①]，仅次于美元和欧元。英镑在1717年以后200多年的信用积淀影响到了今天，也源于英镑的发行机制和管理模式还在影响着英镑的国际地位。

在美元的升值周期，基于历史和现实的因素，决定了其他货币维持对美元升值或者同步，是非常艰难的，就会形成国际流动性紧缺的时代，而各国中央银行必须拥有足够的硬通货，才能完成国际清算。特别在今天，经济全球化已经非常深入，对各国央行的国际清算能力提出了更高的要求。此时，国际硬通货将成为最重要的资源，基于世界各国政治制度、战略利益不同，未来本币属于硬通货的国家，很可能开启一种新的贸易模式，那就是选择性外贸。这些国家将大部分进口需求通过有形或无形的手段，开放给对自己的战略利益有利的国家，或者开放给具有相同的社会制度、价值观、经济模式的国家，使这些国家具有稳定的国际支付能力，形成利益共同体，进而打击敌对国家。这样的措施无疑会加速新冷战的形成，也会让世界阵营的划分更加明显。

美元现在依旧是国际硬通货，随着美国经济不断复苏，全球资本流入美国逐利，加上美联储的收缩进程，国际市场就会出现美元从"丰盈"到"紧缺"的过程。美国通过选择性进口的措施，就可以将美元流动性输出到特定的国家，实现这些国家经济的稳定发展，为美国的战略利益服务。而美国会压制某些特定国家对美国的出口，造成这些国家的美元流动性紧缺，这些国家的本币将面临贬值的压力，推动这些国家的通胀上涨，经济遭受严重威胁。如果这些国家本来就存在严重的信贷泡沫和资产价格泡沫，美国就间接地掌握了刺破这些泡沫的主动权。

---

① 刘昊虹. 欧元问世后国际储备货币竞争格局与欧元危机[J]. 财经科学，2010，(8)：1—8.

今天，在世界上有重大影响力的区域集团包括欧盟（欧元区）、北美自由贸易区、东南亚国家联盟、美洲国家组织、上海合作组织等。"跨太平洋伙伴关系协定"（Trans–Pacific Partnership Agreement，TPP）和"跨大西洋贸易与投资伙伴协议"（Transatlantic Trade and Investment Partnership，TTIP）正在不断推进。国际市场硬通货紧缺和选择性外贸的产生，就会使得每个国家的海外市场更加重要，这是维持一个国家国际支付能力的基础。未来，各种区域经济联盟和货币联盟的重要性将得到提升。

这种情形在1929年以后的经济大萧条期间曾经出现，在当时激烈的经济争夺战中，美国、英国、法国占有明显的优势。美国拥有雄厚的经济实力，英国、法国则拥有广大的殖民地。这三国都利用自己的优势竭力巩固、扩大自己的势力范围，组成排他性经济集团，如英国的"英镑集团"、美国的"美元集团"和法国的"金本位集团"。图5.1所示为1930年发行的1英镑金币。这些经济集团均在内部实行关税互惠制度，在其所属的传统市场中排斥其他国家。

图5.1　1930年发行的1英镑金币
（图片来源：维基百科）

1929年后的世界经济大萧条，表现为剧烈的通货紧缩，世界上的主要资本主义国家组成了各种排他性同盟。英团以英镑作为联系各国经济往来的货币，参加者为除加拿大之外的英联邦各成员国，还有瑞典、挪威、丹麦、葡萄牙、巴西、阿根廷、埃及等，这些国家的货币与英镑保持固定汇率，同时，将大部分外汇准备金存放在伦敦，以便国际清算。今天，美元正在收缩，也会产生国际流动性紧缩的局面，导致国际硬通货升值。世界各国为了保护自己的国际收支平衡（否则将导致货币危机），将更加激烈地争夺海外市场，甚至出现排他性联盟。美国、日本等国家正在积极推进"跨太平洋伙伴关系协定"；2013年6月，美国与欧盟正式宣布启动"跨大西洋贸易与投资伙伴协议"的谈判，与1929年经济危机之后的做法并无二致。

信用才是经济的战略制高点

1971年以后，信用货币不断贬值，诞生了资源为王的时代；可是，资源不可能长期称王，源于只要科技不断进步，任何不可再生资源都是可以替代的。也有一些人认为人口红利是推动一个国家经济发展的动力，但是人口红利带来的劳动力数量和劳动力价格的优势，只能使低端制造业具有一定的优势，而不能保证经济的整体优势，更无法实现经济的可持续发展。一国经济的根本优势建立在何处？这个战略制高点在何处？在信用！

一个拥有信用的社会，就会形成公正、公开、公平的环境，带来社会的稳定，而稳定的社会是经济繁荣的基础。 一个货币信用完善的国内市场，才能带来商品经济的繁荣，相反，中外历史上货币信用严重丧失的时期，都是商品经济萎缩的时代，很多时候会回归以物易物的低效交易模式，比如中国元朝末期，国内商品市场基本回归了"两把斧头换一只羊"的时代，自然带来商品经济的倒退。

今天已经是经济全球化的时代，信用在对外经济交往中更加重要，具体表现就是任何一个国家都必须拥有稳定的国际支付能力。

国际支付行为伴随着商品进出口而发生。16世纪以前，经济活动中发生的债务，以输送金银的方式来清算，这自然非常不便。16—17世纪，欧洲的一些商业城市已经广泛地使用由封建社会末期发展起来的票据来进行支付，票据代替了金银，金银票据化，使支付非常迅速、简便，而且节约现金和流通费用。票据化的支付方法进一步促进了国际贸易的发展。

此时，金银是现金，而票据代表金银执行商品交易过程中发生的现金流动。由此可以看到，英镑就是票据，原始的称呼就是金匠的信用，任何人拿到一张英镑，可以随时兑换金银。所以，英国20世纪中期发行的钞票上依然保留原始的印迹，票面上印有"我保证，一经要求，支付给持有人××磅黄金"的字样，当然，这一说明文字在今天已经没有了丝毫的意义。美元也是一张票据，我们现在接触的美元绝大部分是"联邦储备券"，其担保物是黄金或政府债券、高级或短期商业证券。

国际支付行为产生的原因是国际经济活动产生的债权债务需要清偿。国际经济活动包括贸易活动与非贸易活动。贸易活动指国际贸易中的不同当事人之间的货物、技术或服务的交换，如货款、运输费用、各类佣金、保险费、技术费；非国际贸易活动是指国际间除贸易活动以外的各类行为，如国际投资、国际借贷、国际间的各类文化艺术活动等。

互联网时代，国际经济活动更加频繁，甚至某些国家的居民可以直接在外国市场上购买商品，因此，每时每刻都有无数笔国际贸易活动，这些贸易活动都需要使用国际支付手段进行清偿。

国际支付主要为货币或票据。一方面，由于国际支付当事人一般是跨国之间的自然人、法人，而各国所使用的货币不同，这就涉及到货币的选择、外汇的使用，以及与此有关的外汇汇率变动带来的风险；另一方面，为了避免直接运送大量货币所引起的各种风险和不便，就涉及到票据的使用问题，与此相关的是各国有关票据流转的一系列复杂的法律问题。

在国际贸易中，买卖双方通常互不信任，他们从自身利益考虑，卖方总是力求在货款收付方面能得到较大的安全保障，买方需要尽量避免遭受钱货两空的损失，并想在资金周转方面得到优惠或支持。这就涉及到如何根据不同情况，采用国际上长期形成的汇付、托收、信用证等不同的支付方式，合理处理买方与卖方之间的不同要求。

既然有国际支付发生，就离不开国际清算机构，与国际清算相关的金融机构是非常重要的，建立执行国际清算的金融机构需要有完善的保险、托收、融资、汇率对冲等金融服务，更需要长时间的信用积累。

一个国家要想随时可以完成国际清算，就必须具有足够多的硬通货，否则就无法完成国际清算。

在现代，国际清算的70％～80％使用美元，收付最大量的也是美元，所以都要在美国进行最后的清算。尽管业务双方可能都不是美国的企业和银行，但只要用美元清算，最后就要在美国轧清，即最后反映双方在美国的美元账户余额的增减。美国的清算系统主要有：

（1）CHIPS系统。它归纽约清算所协会所有并经营，会员有140个国家或地区。

（2）FEDWIRE系统。它归美联储所有。

此外，尚有英国的清算系统CHAPS和香港自动清算系统CHATS。英国清算系统和香港自动清算系统承担的国际清算业务量不大。在此可以看到，香港（港币）的稳定与繁荣、香港法治社会的不断完善对中国和亚洲都有重大的意义，从国际清算所要求的信用含义来说，实行联系汇率的港币是亚洲第一货币，因为它担负着国际清算职能。

1989年"华盛顿共识"之后，全球经济一体化持续推进，有些商品可能是由数个国家共同制造的，比如一辆汽车，轮胎是泰国制造，零部件是中国和墨西哥制造，组装可能在欧洲完成，这些国家都要进行频繁的国际收支。因此，要进入国际经济的大循环，这些国家就必须具有相应的国际支付能力，否则整车生产者就不会将相应的生产基地设在这些国家。在这个国际经济大循环中，各个国家都提升了自己的经济效率和工业水平，脱离了这样的国际经济大循环就意味着被国际潮流所淘汰，也会被国际最先进的管理系统、科技进步体系所淘汰。因此，在今天特定的形势下，国际清算能力尤其重要。

当美元开启升值周期以后，国际硬通货逐渐从"丰盈"过渡到"紧缺"，谁占有了信用的制高点，谁就占有了最重要的资源。如果要占领信用制高点，就需要使本国的财政保持可持续性、完善自己的工业体系、不断通过管理进步和科技创新增强产品在国际上的竞争力，最终使本币具有更坚固的信用。另外，对于中国来说，香港具有重要的意义，香港有港币长时间建立起来的国际信誉，有独立的司法系统和比较完善的金融服务，才有香港自动清算系统，这是多少年积累起来的信用资源，不容有丝毫的闪失。

19世纪和20世纪初期，自由资本主义扩张，英国、德国、法国、美国等国家不断建立海外殖民地，通过建立殖民政权的形式实现殖民利益。今天，一些国家本币的信用水平比较低，金融防火墙薄弱，如果这些国家的金融防火墙被摧毁，这些国家就将成为美元殖民地，一样可以实现殖民利益。这些美元殖民地的建设主要在美元升值期间完成，与之相伴随的是很多国家的主权货币因为内在信用机制的不完善而被摧毁，退出历史的舞台。

2014年初，虽然俄罗斯政府强硬地抛出"去美元化"的观点，但随着国际原油价格的不断下跌和欧美对俄罗斯的经济制裁，俄罗斯卢布兑美元连续贬值。过去一些年俄罗斯的通货膨胀率一直比较高，代表俄罗斯卢布的信用比较低，现在连续贬值，持有人的信心动摇，就会抛弃本币买入外汇。据《华尔街见闻》报道，2014年9月以后，越来越多的俄罗斯人将手中的卢布兑换成欧元和美元，俄罗斯中央银行在2014年10月10日公布的报告中也显示，持有外币的人在9月份增加。2014年10月上中旬，俄罗斯中央银行即使10天内投入60亿美元救市，也未能止住卢布的跌势，卢布创造了一年多来最长连跌记录，汇率迭创新低，这背后的含义是卢布持有人丧失对卢布的信心以后，就会不断抛弃卢布买入外汇。如果俄罗斯卢布不能尽快稳定自身的信用，随着俄罗斯经济增速的不断下降和通货膨胀不断发展，俄罗斯卢布连续贬值，就有可能不断被持有者抛弃，俄罗斯就会逐渐丧失货币主权。

由此可见，**信用才是经济发展的战略制高点，也是一个国家真正的金融防火墙。**一个国家的金融防火墙取决于三点：

第一，本币的信用水平，包括发行机制等。当本币是硬通货的时候，就是最强大的金融防火墙，比如美元是最主要的国际储备货币，就代表美国拥有世界上最强大的金融防火墙。

第二，财政健康，时刻保持可持续性。这是一国建立稳固的金融防火墙的根本性内容。

第三，产业结构齐全，国际竞争力强大。这是本币汇率的根基所在。

有了这三点，金融防火墙就会牢不可破。当丧失了以上三点的时候，只依靠本国的外汇储备作为防火墙，是非常脆弱的。俄罗斯在2014年拥有庞大的外汇储备，M2与经济总量之比也在70%以下，但俄罗斯卢布在2014年四季度出现崩盘性贬值，这生动地说明仅依靠外汇储备建立金融防火墙是没什么意义的。

新兴经济体国家的货币泡沫

特立独行的通货膨胀

1989年"华盛顿共识"之后，由于新兴经济体国家的经济起点比较低加上经济全球化，经济普遍出现了高增长。伴随这些国家经济高增长的一个普遍现象就是高通货膨胀水平。经济学中的一个定论就是通货膨胀一定源于货币超发，这是无法否认的。

前面说过，英国建立"日不落帝国"和美国开启称霸世界的过程中，都曾经出现经济的繁荣，而且繁荣的周期很长，没有这样长周期的经济繁荣就不可能建立它们后来的地位。无论英镑还是美元，在这些时期相对本国的物价指数都是略微升值的，也就是说，基本没有通货膨胀，这种经济繁荣依托的是经济效率的提升，是核心 GDP 增长。在本书中，核心 GDP 增长指的是依靠国家与企业管理效率的提升、生产要素更合理的配置和科技水平的进步带来的经济增长。而一些新兴经济体国家，在经济快速增长的过程中，总体上都经历了高速通胀，说明这些国家的经济增长并不是很健康的增长，主要是依托价格要素带来的名义 GDP 增长，因为价格的上涨会带动投资的增长，进而推动经济增长。在本书中，依靠社会的价格要素（比如大宗商品价格和资产价格）带来的经济增长均按名义 GDP 增长来表述。事实上，任何一个社会的经济生活中，两种经济增长方式都是共存的，在货币信用很高的国家，经济增长是以核心 GDP 增长为主，最典型的是瑞士，很多年份的通货膨胀都接近于零，经济实现稳定增长；而货币信用比较低的国家，主要的经济增长来源于名义 GDP 增长，最典型的特征是通货膨胀和资产价格泡沫一直伴随着经济增长过程。

根据社会科学文献出版社出版的《新兴经济体蓝皮书：金砖国家发展报告（2013）》，2012 年，中国通货膨胀率同比上涨 2.6%，俄罗斯通货膨胀率同比上涨 6.6%，南非的通货膨胀率同比上升 6%左右；而 2012 年印度多数月份的通货膨胀率超过 7%，个别月份达到 9%以上，整个财年为 7%以上。

金砖国家的高通货膨胀不是短期的，而是长期存在于经济发展的过程中。以印度为例，1995 年以后的年通货膨胀率一直在 3.8%以上，1995 年、1996 年、1998 年、2009 年的通货膨胀率分别为 10.1%、9.2%、13.1%、12.4%。2010 年以后，印度的通货膨胀也一直在高位，2013 年底时，印度的通货膨胀率曾一度高达 10%以上，2014 年，在原油价格不断下跌的帮助下，印度通货膨胀有所回落，但直到 2015 年 2 月，印度通货膨胀率依旧维持在 5.11%的水平。

金砖国家的通货膨胀走势，已经基本脱离了国际大宗商品价格，从国际大宗商品价格走势上可以明显地看到这一点。伦敦铜在 2011 年的开盘价为每吨 9685 美元，2013 年的收盘价为每吨 7374.50 美元，三年间下跌了 23.86%；纽约原油在 2011 年开盘价为每桶（每桶约 0.1364 吨，各地原油有所不同）91.24 美元，2013 年收盘价为每桶 98.7 美元，上涨了 8.18%；2011 年芝加哥大豆开盘价是每蒲式耳（每蒲式耳大豆合 27.2154 公斤）1395.6 美分（1 美元等于 100 美分），2013 年的收盘价是 1291.00 美分，跌幅为 7.5%。2011—2013 年，国际主要的大宗商品价格在这三年中涨跌都不太明显，可是，金砖国家的通胀却在持续上涨，比如：印度 2011 年、2012 年的通货膨胀率分别是 7.47%、7% 以上，而 2013 年 12 月，印度通胀率为 10%。

新兴经济体国家的通货膨胀是特立独行的，已经脱离了国际大宗商品价格的走势，虽然这种特立独行的通货膨胀也存在于发达国家，但严重程度与新兴经济体国家相比要轻得多。

货币泡沫

新兴经济体国家的高通货膨胀率和资产价格泡沫是怎么形成的呢？本质上就是货币泡沫。

20 世纪 90 年代之后，凯恩斯主义逐渐成为主流。凯恩斯主义奉行的是赤字财政的策略，当一国经济发生波动的时候，政府就加大财政赤字提振经济增长（赤字增长意味着国债数量增加，通常就会导致基础货币数量增长），用货币需求代替人们的消费需求，这带来的恶果就是市场中的基础货币不断膨胀，超过经济的正常需求。而某些国家直接采用的是中央银行印钞，然后转移支付给政府的财政，形成财政支出，造成基础货币的不断膨胀，这些行为形成货币泡沫。图 5.2 是讽刺 18 世纪初期南海泡沫破裂的明信片。当时，著名科学家牛顿在这场疯狂的股市投机过程中亏损了 2 万英镑左右。牛顿叹道："我能算准天体的运行，却无法预测人类的疯狂。"

图 5.2　讽刺 18 世纪初期南海泡沫破裂的明信片

（图片来源：维基百科）

新兴经济体国家在快速发展过程中，普遍存在货币泡沫的现象。根据中国央行数据，截止 2013 年末，M2 达到 110.65 万亿，同比 2012 年末增长 13.6%，而 2013 年 GDP 只有 56.88 万亿，M2 与 GDP 的比率为 194.5%。据世界银行收集的数据，在"金砖四国"中，2011 年 M2 与 GDP 的比率分别是：俄罗斯不足 70%，巴西接近 75%，印度略高于 75%。印度存在货币泡沫，因为印度的通货膨胀率一直居高不下；巴西和俄罗斯也存在货币泡沫，源于从 21 世纪初开始，大宗商品走出大牛市，价格不断上涨，以生产大宗商品为主的俄罗斯和巴西等国家就会表现出经济规模快速膨胀的现象，在这样的时期，即便 M2 与 GDP 的比率处于相对合理的区间内，当美元指数上涨、大宗商品价格处于回落周期以后，这些国家以美元计价的 GDP 就会停滞不前甚至剧烈萎缩，形成本币贬值和通货膨胀，而通货膨胀永远是货币现象，是货币泡沫的主要表现形式。最典型的就是 2014 年的俄罗斯，俄罗斯经济以原油开采为主体，虽然 M2 与 GDP 比率处于相对合理的区间，但随着国际原油价格的不断下跌，俄罗斯以美元计价的经济总量就会快速下降，形成卢布兑美元的快速跳水，刺激通胀上行。

所以，形成新兴经济体国家的高通货膨胀和资产价格泡沫的基础是基础货币膨胀，超过了经济的正常需求。当支持过去经济高增长的动力消失以后（如大宗商品价格下跌），就会带来本币贬值并加剧通货膨胀。很多国家为了平复货币持有者的愤怒，采取连续的加息措施，实际上使用的是障眼法，因为加息等措施并不能从根本上解决基础货币膨胀带来的通货膨胀问题。比如：巴西央行自2013年4月以来，连续9次调高基准利率，总共上调375个基点；到2015年3月4日，巴西央行再次宣布加息50个基点，将基准利率上调至12.75%。可是，巴西央行提升利率的措施对通货膨胀的影响甚微，2013年4月，通胀率为6.49%；2013年，通胀率为5.91%；2014年，通胀率为6.46%；到2015年3月，通胀率达到8.13%，创2003年12月以来新高。连续的加息并未带来通货膨胀的下降甚至还在不断上行。

在通货膨胀不断上行的同时，巴西货币雷亚尔不断贬值。2012年11月中旬，巴西雷亚尔兑美元的汇率尚维持在2.0717∶1附近，但2014年12月31日，跌至2.6575∶1的水平，2015年更出现了加速跳水的走势，至2015年3月31日，跌至3.1579∶1，短短3个月的时间，下跌幅度达到18.83%。

这种基础货币膨胀带来的高通胀率和资产价格泡沫只有两种手段可以化解：

第一，严格基础货币发行，告别基础货币不断增发和政府赤字财政政策，也就是告别凯恩斯主义经济理论。可是，类似巴西这样国家的政府伴随着腐败和低效，依靠投资拉动经济增长，进而维持政府的生存，如果严格基础货币的发行，经济增长就很可能停滞甚至萎缩，甚至导致政府的倒台，所以采取这样的措施是困难的。

第二，被外力刺穿货币泡沫，本币剧烈贬值并伴随通货膨胀恶化。

基础货币不断增发，意味着本币不断贬值，但政府会采取一系列手段延缓本币贬值的速度，这些手段包括对出口给予更大幅度的补贴，对进口进行配额管理甚至包括央行的加息等措施。当外力刺破泡沫的时候，就是本币的真实价值快速回归的过程，带来的结果自然是本币汇率的快速贬值和通货膨胀恶化。

2013年5月以来，美国退出QE预期逐步强化，使得新兴经济体国家陆续出现明显的货币贬值和资本外逃。2013年，阿根廷、印尼、土耳其、南非、巴西、智利、印度、俄罗斯的货币对美元贬值幅度均超过10%，分别为35.9%、20.5%、19.7%、18%、17.3%、15%、12.8%、12.2%。2014年年初，阿根廷比索对美元大幅贬值19.8%，俄罗斯、智利、南非、土耳其等国货币继续显著贬值，这些新兴经济体国家的货币期望挤入国际储备货币体系的梦想基本泯灭。

资本出逃带来本币贬值，进一步推动本国的通胀水平，2014年1月，一些新兴经济体国家的通胀率分别为：印尼8.38%，土耳其7.8%，巴西5.3%，南非5.3%。尽管阿根廷官方数据为10.5%，但市场普遍认为实际水平为30%~40%。汇丰银行在2014年一季度表示，新兴经济体国家的中央银行未来可能不得不加息以控制通胀预期，源于货币贬值推高了进口食品和能源成本，在推高整体通货膨胀的同时似乎也在向核心通货膨胀渗透。

2015年，新兴经济体国家的货币泡沫进入破灭的起始阶段，各国货币争相表演跳水竞赛，有些国家陷入滞胀的苦海。

委内瑞拉执行固定汇率政策，但掩盖不了黑市汇率超级贬值的事实。2015年1月底，委内瑞拉玻利瓦尔兑美元黑市汇率约为177∶1，半年之后的7月中旬约为616∶1。2015年的通货膨胀率已经超过90%。

到2015年8月18日，土耳其里拉对美元汇率再创历史新低，跌至1美元兑换2.906里拉，年内对美元已贬值约20%，为贬值最严重的新兴市场货币之一。2015年6月10日公布的数据显示，土耳其2015年第一季度经济与去年同期相比增长2.3%。明显低于2014年同期的4.9%，经济增速下滑。同时，该国货币贬值，通胀居高不下，缺乏长期经济发展动力的深层问题开始暴露，分析人士认为，该国实际上已陷入了"中等收入陷阱"。

2014年下半年遭遇危机的俄罗斯卢布，在2015年2月至5月出现升值小高潮，成为同期升值最快的世界主要币种。但好景不长，随着国际油价再度下跌、俄罗斯国内美元需求上涨、外汇市场投机行为及世界经济形势不乐观等因素影响，自5月中旬开始卢布贬值又卷土重来，仅仅两个多月的时间，卢布对美元贬值28%，对欧元贬值22%。俄罗斯中央银行8月7日公布的汇率显示，1美元兑换63.8399卢布，1欧元兑换69.8089卢布。与月初相比，短短一个星期内，卢布对美元贬值8%，对欧元贬值4%。与货币贬值相伴的是惨不忍睹的经济数据，俄罗斯联邦统计局8月10日公布的数据显示，2015年2季度俄罗斯经济出现6年来最大降幅，同比萎缩4.6%，情况进一步恶化；同时，通货膨胀不断发展，7月份，俄罗斯通胀同比上涨15.5%。

地处南美的巴西同样是风雨飘摇。2015年8月上旬，巴西雷亚尔的贬值速度进一步加剧，彭博社的数据显示，雷亚尔在8月6日一度跌至3.5709雷亚尔兑1美元，收盘时报3.5356雷亚尔兑1美元，全年汇率贬值幅度已经超过24%，创下了12年新低。除了华尔街的空头和希望2016年去里约热内卢观看奥运会的观光客，恐怕没有太多人乐意看到巴西货币雷亚尔兑美元汇率如高盛预测的那样在未来一年中"奔4"而去。需要注意的是，持续暴跌尚伴随着巴西央行不断加息的脚步声，雷亚尔汇率挣脱了巴西央行的"挽留"，"义无反顾"地贬值。同时，巴西经济已经深陷滞胀的泥潭。

2015年8月11日，人民币开始贬值，在新兴国家中再次引发震动。哈萨克斯坦坚戈在政府实行自由浮动汇率政策之后暴跌26%。俄罗斯、加纳、哥伦比亚、几内亚、土耳其、白俄罗斯、马来西亚、阿尔及利亚的货币贬值幅度在两周之内至少都达到4%。贬值幅度在3%以上的国家数则高达17个。人们几乎每天都能在财经媒体上看到某个新兴经济体货币下跌的消息。8月22日这周，你可能读过的新闻标题就有：土耳其里拉刷新历史最低记录，南非兰特跌至 2001 年以来从未见过的低位，马来西亚林吉特跌回 17 年前低位……

伴随本国货币贬值的是本国财富大幅缩水，国际支付能力快速下降，外债负担不断加重。

美元执行宽松的货币政策，这些新兴经济体国家都积累了大量的外汇储备，主要国家尚能用外汇储备干涉本币汇率。但是，当美元真正开启加息周期以后，随着这些国家的外汇储备不断缩水，很可能在未来导致本币更猛烈的跳水，进入债务违约的实质阶段，甚至有些货币有可能退出历史的舞台。

面对各国货币汇率集中下跌，世界再次来到大规模经济危机的"家门口"。但本次危机与以往不同，1997 年东南亚危机、2001 年的互联网泡沫破裂和 2008 年的次贷危机，都是危机立即爆发，相当于行使中的汽车直接撞墙、熄火；而未来的危机是源于许多国家的央行将自身的经济带入了泥潭从而导致的债务危机和货币危机。在此过程中，这些央行会极力挣扎。

当本币连续贬值、通货膨胀不断恶化的时候，新兴经济体国家或许只能采取连续加息或严格基础货币发行的手段来应对，加上资本外逃，货币泡沫和资产价格泡沫就会破裂。此时，新兴经济体国家应该采取稳健的货币政策，致力于经济增长方式的转型，提升经济效率，才能化解这种货币泡沫形成的问题，比如智利从本世纪初一直致力于用科技和管理推动经济增长，拥有庞大的财政结余，有能力化解这种危机。

经济增长的轮回

二战以后，全球经济经历了"愉快"的增长。按世界银行的统计数据，在 1960 年，全球经济总产值是 13523.32 亿美元，到 1970 年，全球经济总产值达到 28794.82 亿美元，1980 年增长到 109878.34 亿美元，1990 年达到 219046.87 亿美元。这期间，日本、德国是最大的赢家，经济总量跃升至世界的第二、第三位，仅仅落后于美国。这种情形一直持续到 20 世纪 90 年代，美国、日本、德国、法国、英国基本把持着世界各国经济总量排名的前五名，苏联也在此期间完成了工业化。从 20 世纪 80 年代至 90 年代开始，新兴国家快速崛起，经济总量提升，中国、巴西、印度等国家都取得了世界瞩目的经济成就，至 2011 年，中国居于各国经济总量排名的第二位，巴西居于第六位，这期间，世界经济的赢家属于新兴经济体国家。

虽然支持经济快速发展的动力有很多，但全球经济一体化是最重要的因素。1948 年 1 月，关税与贸易总协定（世界贸易组织的前身）在 1948 年临时适用，就已经开始推动全球经济的发展。在初期，由于参与这一国际组织的主要是欧美国家，所以，从 20 世纪 50 年代到 20 世纪末期，欧美很多国家的经济都取得了快速的发展。1995 年 1 月，世界贸易组织成立，与关税与贸易总协定相比，世界贸易组织涵盖货物贸易、服务贸易以及知识产权贸易，涵盖的范围更广，也陆续有更多新兴经济体国家加入，带动了新兴经济体国家的快速发展。

支撑全球经济一体化的重要因素是全球具有稳定的政治与军事环境，基于美国在世界上的地位，美国承担了"世界警察"的角色。当美国财政支出不断加大之后，美元贬值，使得国际流通的硬通货处于"丰盈"状态。可是，美国财政支出不断膨胀是受到债务限制的，当债务难以持续的时候就会收缩财政支出，这带来全球政治军事环境的不稳定和美元升值，进一步带来国际流通硬通货的"紧缺"。这种宽松与紧缩的循环不以任何人的意志为转移。当美元转强以后，将给世界经济的格局带来深刻的影响。首先，内需强大的经济体才有经济持续发展的动力。造就强大的内需需要国家具有合理的财富分配体制，有完善的社会保障体系，货币的信用必须稳定，而通货膨胀不断发展的经济模式就很难形成强大的内需。其次，经济效率将成为经济发展中更加主要的动力。只有国家管理效率、企业管理效率不断提升，才能提高产品的国际竞争力。最后，经济增长将更主要地依靠科技水平的不断提高。只有科技不断创新，不断实现产品的更新换代，才能不断地扩大有效供给，带动经济增长。

因此，未来最可能的结局是世界经济增长极的再次调转，以欧美的经济增长带动世界的经济增长。因为无论在内需上、经济效率的提升上、科技发展的水平上，欧美都占有优势，特别是欧美国家的货币信用度比较高，可以更好地支持以这种经济增长模式带动的经济增长。

在这样的转折期，因为大多数新兴经济体国家以往普遍存在货币管理不规范、过于倚重资产价格或人口红利释放等因素带动经济增长等问题，将出现本币兑美元贬值，推高本国的通货膨胀水平，本国的消费能力和经济发展遭受打击等现象。未来将是这些新兴经济体国家的货币信用修复期和经济的调整周期。

在这样的时期，新兴经济体国家最合理的对策是正视以往发展过程中的问题并加以解决，转变经济增长方式，为新一轮经济增长奠定基础，如果着力追求过往的经济发展速度，是不可取的。所以，对于今日的中国来说，经济增长的数字并不重要，最重要的是经济增长方式的转型和经济增长质量的提高。这需要财税体制、经济体制、金融体制、文化体制进行根本性改革，通过精兵简政提高财政支出的使用效率，将财政支出覆盖更多的困难人群；降低企业税赋水平；打破生产要素领域的垄断，使生产要素按市场进行优化分配；进行百花齐放的文化改革；等等。

世界经济增长的火车头再次转换很难避免，未来属于管理创新和技术创新的时代。

能避免战争吗

2014年，有经济学界人士指出，如今的国际形势和100年前一战前夕有些相像。一个世纪前，大多数西方人都热切期待着即将到来的1914年，因为自从滑铁卢战役之后，欧洲大陆已经一百年没有大的战乱，总体处于和平发展阶段。尽管仍有些区域性争端，但整个欧洲大陆基本歌舞升平。经济发展和技术进步将世界连接到一起，比如电话、蒸汽轮船、火车等，世界是一片繁荣的景象。凯恩斯是这样描述当时的生活状态：一个伦敦人，早上起来先在床上悠然地喝一口茶，然后购买来自全球各地的商品。这就像人们如今在亚马逊、淘宝、京东商城上购物一样。

然而，就在短短一年之内，全世界都被拖入了一场极其可怕的战争，900万人因此丧生，技术从朋友变成了大规模屠杀的工具，将世界拖入了深重的灾难。

世界史上，战争一直伴随着人类，看起来很多战争是偶然发生的，实际上远远不是，历史上的寒冷周期，北方民族南迁导致战争，这种情形在中外历史上不断发生。当人类社会的工业化水平不断发展之后，就会出现产能过剩，强国开始争夺海外市场，最终的结局就往往会导致战争。有一种观点认为一战和二战都是因此而引发。

图5.3所示为二战期间诺曼底登陆的照片。

图5.3　诺曼底登陆的照片

（图片来源：维基百科）

全球经济的结构性矛盾会产生经济萧条，从而使国家内部的各种矛盾加速激化，最容易导致国家之间和国家内部的战争。战争有不同的形式：

第一，有些国家的管理者，为了掩盖过往对国家管理的失误带来的社会基本矛盾激化，通过对外战争转移社会视线。

第二，有些国家的内部矛盾长期积累，爆发内战。如果这些国家由不同的民族组成，而民族之间具有传统矛盾，爆发内战的可能性就更大。

第三，国家之间为了争夺海外市场，爆发战争。

可能爆发的未来战争中，哪个国家更能体现出公正、公平的社会环境，内部稳定，国民团结，才会成为战争的赢家。

关于战争的爆发地，就看哪个地区开启军备竞赛。一战之前，英国和德国开启军备竞赛，二战之前，德奥联盟和英法俄开启军备竞赛，已经注定战争的爆发地是在欧洲。

2008年，美国爆发次贷危机，这场危机很快就出现了连锁反应。2008年10月，北欧的冰岛主权债务危机浮出水面；2009年11月25日，就在伊斯兰世界开斋节前夕，迪拜政府宣布其投资主体——迪拜世界集团——恐难以偿还债务。对于冰岛和中东的债务危机，因为这些国家的经济规模比较小，国际社会救助及时，未酿成较大的全球性经济动荡。

2009年12月，希腊的主权债务问题凸显，2010年3月进一步发酵，向欧洲的葡萄牙、意大利、爱尔兰和西班牙蔓延，酿成了欧债危机。对于欧债危机的原因，主流经济学界给出以下几点原因：

（1）发生危机的国家整体经济实力薄弱，政府收支不平衡。

（2）财务造假埋下隐患。希腊因无法达到《马斯特里赫特条约》所规定的预算赤字占GDP 3%、政府负债占GDP 60%以内的标准，于是聘请高盛集团进行财务造假，以便顺利进入欧元区。

（3）欧元体制天生弊端。作为欧洲经济一体化组织，欧洲央行主导各国货币政策大权，欧元具有天生的弊端，经济动荡时期，无法通过货币贬值等政策工具进行应对，只能通过举债和扩大赤字来刺激经济。

（4）受欧式社会福利拖累。

（5）国际金融力量博弈。一旦一国经济状况出现问题，就会爆发欧元危机，比如：巨大的财政赤字和较差的经济状况就会使整体实力偏弱的希腊等国成为国际金融力量的狙击目标。

但本人认为，以上仅仅是表面现象，根本的原因在于欧元区因为老龄化的压力，经济持续在低增长的区间运行，加上欧洲普遍是高福利国家，经济增长难以覆盖债务增长。欧元区在 2000 年创造 3.4% 的经济增长率以后，2002 年和 2003 年经济增长率仅有 0.9% 和 0.5%，2004 年为 2%；此后直到 2008 年，经济增长速度基本在 3% 以下徘徊；2009 年，欧元区的经济增长率为 -1.7%，2013 年经济增长也基本是零。可是，随着老龄化社会的到来，社会支出不断增长，也就带来债务的增长，当经济增长无法覆盖债务增长后，债务的持续积累就形成了债务危机。欧债危机更有特殊性，因为欧元区实现了资本、劳动力和产成品的自由流动，生产要素持续向核心国家集中，老龄化来临之后，那些经济实力比较弱的国家更会出现经济失速、债务膨胀的情形，加速债务危机的形成。因此可以看到，2010 年欧债危机发生之后，在国际货币基金组织和欧洲央行的救助下，希腊等国暂时渡过了危机，但 2015 年一季度，希腊的债务危机卷土重来，因为国际组织的救助措施并没有解决形成欧债危机的根源。

2008 年，美国爆发次贷危机之后，即开启了三次量化宽松，用货币贬值的手段转移经济危机造成的后果；而 2009 年的欧洲与中国，都使用了货币宽松手段，缓解美国次贷危机带来的冲击，这都是典型的货币战。日本经历了"失去的二十年"，安倍晋三上台以后，使用大规模货币宽松的手段刺激经济，经济有所恢复，日元兑美元从 2011 年 10 月 31 日的 75.57：1 下跌到 2014 年 9 月 19 日的 109.46：1，贬值幅度达到 41.68%，到 2015 年 6 月 30 日，日元兑美元进一步贬值至 122.50：1，也是典型的货币战。

贸易战也已经出现苗头，欧洲、美国与中国之间的贸易争端不断加剧，欧美不断对中国的商品实行双反。而乌克兰危机又引发了俄罗斯与欧美之间相互的制裁与反制裁措施，不仅涉及到货物贸易，还涉及到服务领域。全球货物与服务贸易的争端不断加剧，最终很可能爆发大规模的贸易战。

2008年开始的美国次贷危机，本质上是全球产能过剩和全球经济结构失衡所带来的，是美国消费、亚洲制造的全球经济模式不可持续的结果。可是，对于新兴经济体国家而言，随着使用货币手段对抗美国2008年发生的次贷危机，导致产能过剩的情况不是缓和而是加剧，现在普遍面临产能更加过剩的威胁，急需输出过剩产能。

欧洲和日本需要摆脱老龄化带来的压力，新兴经济体国家需要输出过剩产能，而货币战、汇率战和关税战根本不能解决问题，既不能解决全球经济结构性的问题，更不会带来全球财富的增长，当国家之间的矛盾继续激化以后，战争的阴影就可能会扩散。货币战、贸易战或许仅仅是前哨。

和英国在一战之前与其他国家（主要是德国）进行的大规模军备竞赛不同，现在的美国正在不断地收缩军费支出，努力实现财政的再平衡，而亚欧的一些国家正在开展军备竞赛。英国是美国人曾经的"老师"，"老师"曾经犯下的错误让其丢掉了"日不落帝国"的皇冠。这促使美国人做出不同的选择，即便以后真的开启了战争，美国人也会吸取过去英国"老师"的经验教训，采取不同的策略。

希望世界的重大问题都能通过谈判解决，避免战争的发生。

债务何处去

在货币贬值周期，增加债务对国家和个人都是有利的，比如：今天借贷投入固定资产，一年后，因为货币贬值，资产价格上涨，涨幅部分减去借贷的利息就是利润，这是一种货币套利行为。任何资产泡沫都是如此形成的。对于国家而言，就是另一种游戏，今天借债，融资得到的是高价值的货币，当货币贬值以后归还，还的是低价值的货币，一样是货币套利。因此，任何货币贬值周期，都会形成债务膨胀的经济现象，这种债务既体现在个人和企业身上，也体现在国家身上。

美元、欧元、日元等执行的是2%中期通胀目标，这个目标就是货币贬值的目标。很多新兴经济体国家执行的通胀目标高于这一数字，甚至有些国家货币管理很不规范，没有明确的目标，但真实的通胀率更高。全球处于巨大的货币套利趋势之中，国家、企业和个人的债务水平不断加高。

当美元告别贬值进入升值周期以后，基于美元是主要的世界储备货币，货币套利的行为就无法持续，最终都会被动终止，这自然带来所有资产泡沫的破裂，世界将陷入债务的泥潭。2014年四季度的俄罗斯卢布剧烈贬值、利率提升到17%就是典型，为了应对卢布汇率的暴跌，俄罗斯央行只能大幅度加息，缓解卢布的跌势，希望使卢布保持稳定，这种行为完全是被动的。

美国走在去债务化的路上

美国政府债务从20世纪80年代以来持续增长，不同时期的债务数据见表5.1。

表5.1 不同时期美国国债总额及其与GDP之比

年份	美国国债	与GDP之比	年份	美国国债	与GDP之比
1940年	43亿美元	52.4%	2005年	7933亿美元	64.4%
1950年	2574亿美元	94.1%	2007年	9008亿美元	65.5%
1960年	2902亿美元	56.1%	2008年	100247亿美元	69.6%
1970年	3892亿美元	37.6%	2009年	11910亿美元	84.4%
1980年	9302亿美元	33.3%	2010年	14580亿美元	100.3%
1990年	3233亿美元	55.9%	2013年	17750亿美元	106.8%
2000年	5674亿美元	58%	2014年	18005亿美元	103%

从表5.1可见，美国国债与GDP之比在1950年达到94.1%，超过警戒水平（经济学界定的警戒水平是80%），之后美国开始走向削减债务的道路，1980年美国国债与GDP之比下降到33.3%，从此之后，美国国债与GDP之比开始进入上升轨道，2001年的"9·11"事件和2008年的次贷危机都使得美国的国债与GDP之比快速上升，到2013年底，国债与GDP之比已经达到106.8%这样危险的水平。

值得注意的是：美国政府的财政赤字从 2009 年以来处于收缩的趋势。2007—2014 年的财政赤字见表 5.2。

表 5.2　2007—2014 年美国政府财政赤字

财政年度	财政赤字	财政年度	财政赤字
2007 年	1628 亿美元	2011 年	12990 亿美元
2008 年	4550 亿美元	2012 年	10890 亿美元
2009 年	14200 亿美元	2013 年	6800 亿美元
2010 年	12940 亿美元	2014 年	4833 亿美元

2013 年美国联邦政府的财政收入比 2012 年增长 13.27%，2014 年比 2013 年财政收入增长约 9%，美国经济持续复苏的趋势已经确立，可以确保财政收入的继续增长。从 2014 年开始，美军逐渐从阿富汗撤出，可以大幅压缩美国军事开支。预计未来不长的时间，在美国不参与大规模战争的前提下，美国联邦政府实现财政平衡的目标可以实现。

随着持续的经济复苏和不断削减赤字，2014 年美国国债与 GDP 之比已经开始下降，预计一段时期内都会延续同样的趋势。

美国走在去债务化的路上。

日本国债沼泽

日本国债与 GDP 之比处于世界主要国家中最高的水平，至 2013 年底，日本国债达到 1017 万亿日元，人均负债约为 800 万日元。2014 年，日本国债规模继续扩大，达到创纪录的 1053.4 万亿日元，按日本 1.2691 亿人口总数计算，人均负债约为 830 万日元。

2013 年 4 月 3 日，日本央行召开了新行长黑田东彦就任后的首次金融货币政策会议，提出用两年左右时间达成 2% 的通胀目标，两年内将基础货币量扩大一倍，2014 年底达到 270 万亿日元（约合 2.83 万亿美元）。

日本国债与 GDP 之比，比爆发超级通货膨胀时津巴布韦的 202.4% 还要高，此外，与经济低迷的希腊、意大利的 175%、133% 相比可谓"遥遥领先"。

安倍经济学不是安倍晋三的发明，而是日本国债的特色所决定的。

日本国债与其他国家不同，超过9成在国内市场得以消化，主要的购买者是银行、投资机构和私人，海外投资者持有的日本国债比例比较少，在2012年仅占6%左右。支撑日本国债的民间资金主要是经常项目收支顺差和家庭储蓄。长期以来，"自产自销"的国债市场为日本政府的赤字财政提供了必要资金。用形象的说法就是，日本有勤俭持家的国民和大手大脚的政府，前者的结余支撑了后者的支出。

随着日本人口减少和老龄化程度加深，加上长期经济复兴乏力，家庭净金融资产增长率开始跟不上国债余额增长速度。同时，日本经常项目收支顺差也开始出现收缩的趋势，据日本财务省数据，2011年、2012年、2013年日本全年经常项目收支顺差为9.6万亿日元、4.7万亿日元、3.3万亿日元。

无疑，日本国债价格如果出现暴跌，以现在日本国债的总规模，日本各大银行和所有国债持有者将面临巨大的坏账损失，日本甚至将再次出现1990年泡沫破裂时期的情形。

为了维持日本国债滚动，在家庭净金融资产随着人口老龄化不断下降的情况下，日本政府或许只有两条路可走：

第一，增加税收。日本政府在2014年开始提高消费税，这是日本债务的要求，未来很可能继续提高。

第二，日元贬值。从2011年以来，日本经常性项目顺差持续收窄，进行日元贬值，可以放大经常性项目的顺差。

日本2011年、2012年、2013年的贸易逆差分别为2.49万亿日元、6.93万亿日元、11.47万亿日元。以2013年为例，经常项目顺差3.31万亿日元，贸易逆差为11.47万亿日元，所以，主要是日本企业的海外投资收益支撑着日本的经常项目顺差，如果未来贸易逆差持续扩大，日本经常项目下的顺差也难以保持，日本国债将岌岌可危。

因此，安倍晋三选择日元贬值的道路是由两点原因所决定的：

一、日元贬值将放大资本项下的以日元计价的顺差，因为日本企业在海外的投资收益是以美元计价，日元贬值就放大了以日元计价的资本项目的顺差。

二、期望通过日元贬值，恢复出口的竞争力，缩窄贸易项下的逆差。最终的目的是期望放大经常项目下的顺差，使得日本巨额的国债可以延续。

安倍晋三实行的货币贬值政策，虽然对日本经济增长的效果还有待观察，但在对外贸易上已产生效果。日本财务省在 2014 年 12 月 21 日公布的 11 月份贸易统计初值（以通关为准）显示，11 月份日本贸易顺差为 3739 亿日元，连续 10 个月保持顺差，已经基本逆转了 2013 年以前贸易逆差不断扩大的趋势。

此时，日本国债问题初现缓和的迹象。

欧元区将持续被债务危机困扰

每年春夏之交，位于德国西陲的亚琛城就会变得举世瞩目。因为此时，这座古老的帝王之都要向那些为欧洲事业做出特殊贡献的人颁发"卡尔奖"。该奖是以卡尔大帝（图 5.4）的名字命名的，以专门奖励为欧洲统一做出杰出贡献的人、机构或事物。

图 5.4　卡尔大帝在罗马加冕

（图片来源：维基百科）

卡尔大帝又称查理曼大帝或查理大帝（742—814年），是法兰克王朝和加洛林王朝的国王，曾控制大半个欧洲，后被教皇利奥三世加冕为"神圣罗马帝国的皇帝"，被后世尊称为"欧洲之父"，也是扑克牌中红桃K人物原型。卡尔大帝建立了查理曼帝国，在其统治时期（768—814年），版图西南至厄布罗河，北临北海，东至易北河和多瑙河，南面包括意大利北半部，定都亚琛。卡尔大帝死后，帝国陷于内战。843年，根据《凡尔登合约》，帝国分裂为三部分：莱茵河以东地区称东法兰克王国；斯海尔德河、默兹河以西地区称西法兰克王国；北起北海，沿莱茵河向南，包括罗纳河，直到中部意大利，称法兰克王国。大体奠定了近代德国、法国、意大利三国的雏形。

从卡尔大帝之后，欧洲人一直在追求一个统一、强大的欧洲。特别是一战和二战，欧洲自相残杀，遭受惨重的损失，欧洲人对统一与强大的追求更加强烈，欧盟和欧元区都是在这样的背景下出现的。虽然欧元区面临经济不平衡带来的困难，但不能轻言欧盟和欧元区的解体。

2002年"卡尔奖"第一次颁给了一种货币，那就是欧元。欧元是欧洲经济和政治一体化的象征，是欧洲稳定和统一的象征。历史上，欧洲内部经历了多次战争，比如英国与荷兰之间争夺海上霸权的战争、英国与法国之间的七年战争，两次世界大战也主要在欧洲国家之间进行。欧元的诞生，意味着经历了数个世纪战争创伤的欧洲国家希望团结起来，捍卫自由、民主和人权，更重要的是捍卫欧洲国家之间的和平。

欧元区的诞生，很大程度上改变了世界的格局，从此，欧洲无论在政治上、军事上、经济上都以一个整体的面目出现，成为世界上非常重要的一极。

欧元区的持续运转也带来了相应的问题，那就是各个国家的国家治理水平、教育水平、科技水平、经济发展水平有显著差异，在实现一体化之后，资本、人才开始向经济效率高的国家转移，经济实力弱的国家经济增长缓慢，在欧洲普遍进入老龄化社会的条件下，经济增长水平无法覆盖债务的增长，加上美国爆发次贷危机的影响，导致欧元区开始显现债务危机。

根据欧盟统计局公布的数据，2014年第一季度欧元区负债率上升至93.9%，多数成员国债务水平大大高于欧盟规定。欧盟统计局表示，负债率最高的三个国家为希腊、意大利和葡萄牙，债务占国内生产总值的比例分别为174.1%、135.6%和132.9%。2014年，欧元区的经济增长率为0.9%，此时，经济低增长与高债务水平依旧威胁着欧元区内一些国家的债务可持续性。

为了缓解通货紧缩的压力，欧洲央行于2014年6月将存款利率下调10个基点至−0.1%。这是该行历史上首次将隔夜存款利率下调至负值。2014年9月4日，欧洲央行行长马里奥·德拉吉宣布将商业银行在欧洲央行的存款利率下调至−0.2%，更重要的是，他表示欧洲央行将开始购买资产支持证券（ABS）。此举意味着，他放弃常规货币政策，开启欧元区的量化宽松。2015年1月22日，马里奥·德拉吉宣布，将实施总额高达1万亿欧元的量化宽松政策，通过购买政府债券来增强流动性，以刺激萎靡不振的欧元区经济。这项量化宽松计划已经从2015年3月开始。他同时表示，将根据具体情况对政策期限作出调整，直到实现通货膨胀率接近但低于2%的既定目标。加上此前已经实施的购买私人债券的政策措施，本轮大规模量化宽松启动后，将意味着每月向市场投放600亿欧元。这一量化宽松措施的力度显著超出此前市场普遍预期，不啻是给面临增长停滞的欧元区经济开出一剂猛药。

从2014年至2015年二季度来看，欧元贬值的措施对欧元区经济产生了一定的推动作用，欧元区经济在温和复苏，但依旧比较疲弱。

欧洲央行的量化宽松措施可以短期解决希腊、意大利等国家的债务再融资问题，但并没有解决债务不可持续的问题，甚至最可能的结果是"纵容"这些国家的债务水平继续膨胀。同时，量化宽松措施也并不能带来欧元区内国家的经济同步复苏。当欧元区内的通胀率接近2%、欧洲央行需要退出量化宽松货币政策的时候，那些债务压力大、经济恢复不理想的国家的债务问题将更加棘手。那时，欧元区的稳定性将面临更大的威胁。

虽然欧元区实现了货币一体化，但国家治理水平、财政管理水平、教育与科技发展水平的不同将长期影响欧元区的稳定与发展。欧元区只有在以上因素更加趋同之后，才能进一步发挥区域经济一体化的效力，但这需要漫长的时间。

债务危机

不仅仅美国、欧洲、日本的债务水平在2008年美国次贷危机之后均大幅增长，新兴经济体国家的债务危机亦更为严重。这源于以下两点：第一，新兴经济体国家在过去高速发展期的通胀率远高于欧元区、美国、日本，说明这些国家的货币发行管理更加不规范，在货币贬值套利趋势上走得更远，债务泡沫更加严重；第二，新兴经济体国家中的很多国家，贪污腐败严重，财政支出的效率低，以投资为主拉动经济增长，债务的质量低，造成新兴经济体国家的债务问题更加严重。

虽然中国政府公布的国债与GDP之比在2014年仅有55%左右，但中国有自己的特点，那就是大量的国有企业负债，这部分债务在2008年美国次贷危机之后快速膨胀。据国际信用评级机构标准普尔在2014年年中发布的报告显示，截至2013年底，中国非金融企业债务规模达到14.2亿美元，超过美国成为世界上最大的企业债市场。考虑到中国的经济总量远低于美国，中国企业负债规模偏大而且增长过快是没有疑义的。比数量问题更严重的是，中国国企的负债质量更值得担心，中国未来如果爆发经济危机，最可能从企业债引发。而焦点在于这些企业的外币债务，如果人民币进入贬值周期，这些企业的外债负担将急剧加重。

有的新兴经济体国家的债务危机开始爆发。2014年，阿根廷濒临13年来第二次大型的主权债务危机。2014年6月17日起，保加利亚银行业失去往常的宁静，一批批储户蜂拥而至，在全国第二大商业银行——第一投资银行——门前排起了长龙，翘首企盼在银行倒闭前取回自己的存款，一场突如其来的挤兑浪潮在全国各地迅速蔓延。

美国2008年爆发次贷危机的本质是全球经济的结构性问题。简单地说，就是以东亚、东欧地区为代表的国家内需不足，严重依赖出口，而美国严重依赖进口。2008年以后，世界各地都采取宽松货币的手段对抗金融危机，直接的结果是发达国家和新兴经济体国家的债务率快速攀升。造成2008年次贷危机的原因丝毫没有消除，甚至还在加剧，产能过剩更加严重，只不过转化为各个国家的债务危机。

1907年，作为当时新兴经济体的美国爆发了经济危机，华尔街一片恐慌，如图5.5所示。美国经济危机期间恐慌拥挤的华尔街。

图5.5　1907年美国经济危机期间恐慌拥挤的华尔街

（图片来源：维基百科）

无论发达国家还是新兴经济体国家，都会深陷债务泥潭，但是，因为各国央行的性质不同，债务问题主要以两种形式进行演化：

第一种是独立的央行，特别是美联储这种私人股权的央行。如果美国政府希望增发货币覆盖债务，就会造成通胀恶化和货币剧烈贬值，而货币剧烈贬值将威胁到美联储股东的利益甚至威胁到美联储的生存，特别是数字黄金货币和数字货币已经开始威胁美元在商品交易市场中所占份额的时候，更加放大了这种威胁。这决定了美国政府通过这种方式解决债务的道路是难以实现（因为会受到美联储的制约）的。美国政府只能采取不断缩减财政赤字，使财政恢复到健康可持续的轨道。

　　第二种是非独立的央行。当央行不具备独立性的时候，就为使用货币超发的手段覆盖债务开通了道路。一旦使用这种办法化解债务问题，将导致通胀恶化和货币危机，当通胀恶化、汇率暴跌以后，又会采取换币的措施来解决。阿根廷、巴西在20世纪拉美危机的时候都曾经多次换币，原因也在这里。

　　一般而言，当一个国家的政府掌握着发钞权的时候，比较难以爆发债务危机，因为可以使用货币贬值的手段稀释债务——无论货币增发还是发行年限更长的债券透支未来，都是稀释债务的手段。可是，这样会带来本币贬值，外债负担急剧加重，很容易引发主权债务危机。

　　另外一个因素是伴随过去全球经济一体化，每个国家的国际债权债务都在增长，这是全球经济一体化的必然结果。2008年美国次贷危机之后，美国在努力化解这种经济的结构性矛盾，制造业回迁、能源独立都是化解这种经济结构性矛盾的手段，到今天，随着美国贸易逆差的不断下降，能源自给率的不断提升，已经收到明显效果，而带来的问题是美元流入国际市场的速度下降。比如，2013年美国经常项目逆差总额为3793亿美元，低于2012年的4404亿美元，如果美国开始出现经常性项目顺差，就会强烈收缩美元的国际流动性，意味着很多国家的外债负担继续加重，更容易引发这些国家的主权债务危机。

　　阿根廷就是典型的例子。这是一个美丽富饶的国家，国土面积世界第八，小麦、牛肉和大豆产量均居世界前茅。早在一战时，就位列全球富国之林，人民生活水平高于加拿大和意大利。可如今已经倒退成发展中国家。20世纪80年代的大部分时间，年通货膨胀率达到450%，直到90年代前期执行货币局制度才遏制了通货膨胀，经济取得大约10年的稳定增长。到2002年1月，再次发生金融危机和主权债务违约。此次主权债务违约，阿根廷甩掉了近千亿美元的国债包袱（占当年GDP近40%），轻装上阵；再加上汇率巨幅贬值（阿根廷比索兑美元汇率在2002年3月曾跌至4∶1），产业竞争力开始恢复；更重要的是，拜大宗商品、尤其是食品价格大幅上升所赐，经济开始一路走强。眼看着经济从危机中复苏，政府不失时机地扩大开支收拢人心，形成财政赤字，财政赤字的一部分通过中央银行转移支付（中央银行印钱支付给政府）买单。滥发钞票的恶果在2008年以前的经济增长期还不是十分明显，到2008年以后，超发货币的恶果剧烈爆发。作为应对，阿根廷政府不得不进一步强化外汇管制，阿根廷比索的黑市交易进一步活跃。2008年12月31日，阿根廷外汇市场上比索兑美元汇率为3.47∶1，创下2002年12月以来的新低，之后，一路狂贬不止，到了2014年1月，比索兑美元汇率达到8∶1，使得阿根廷外债的压力急剧上升，再次爆发严重的主权债务危机。

2014年年初，阿根廷金融市场惊心动魄，国家信用违约掉期（CDS）大幅攀升至2336个基点的全球高位，1月20日至26日一周的时间，阿根廷比索贬值幅度创12年最大，比索暴跌15％，政府把比索兑美元官方汇率固定在8∶1，但黑市汇率则高达13∶1。2014年9月，阿根廷政府公布了2015财年预算案，并在其中预测，该国会在2014年实现0.5％的经济增长，届时的通货膨胀率会达到21.3％。但是，这一判断遭到了私营部门经济学家的普遍质疑，认为即使是这样低迷的预期也是"过于乐观"的，阿根廷实际上已经陷入严重的经济危机。

2014年8月28日，《东方早报》发表了一篇署名刘莉的文章——《阿根廷主权债务危机背后的美国债权人》，生动地阐述了阿根廷主权债务问题的前因后果：

"阿根廷还债！"这是2014年8月出现在包括CNBC、CNN、彭博财经电视、《纽约时报》、《华尔街日报》等美国各大主流电视台、报纸和网络上的广告，其中60秒的电视广告版本讲述一个老妇人为了给自己和97岁高龄的父亲养老而投资购买了阿根廷国债，结果一生的积蓄血本无归，随后出现画外音——"阿根廷，这些人应该得到公平对待。与你的债权人和解为时不晚，请还债！"

这是持有阿根廷国债的美国债权人联盟投放的广告。

事情的起因还要追溯到2001年12月阿根廷950亿美元的国债违约

事件，这在当时是一个主权国家有史以来数额最大的违约，也因此成为宏观经济学教科书上的典型案例（这个违约数额的纪录如今已被"后来居上"的希腊轻松打破）。

旧债不还，再借就难，为了重返国际主权债券市场，阿根廷政府分别于2005年和2010年推出了两次债务重组，所谓债务重组就是在旧债打2.5折至3.5折的基础上重新换购新债。如此巨幅的打折幅度对于一般的债权人是很难接受的。可是，当债权人面对的是一个主权国家时，债权人对于债务人的赖账往往也是无可奈何，除非债权人有能力发动战争进行武力讨债。这时，债权人只能接受这样的不平等条约，面对一个耍起流氓的主权国家，即便阿根廷彻底赖账不还，一般的债权人也只能是无奈。

经过两轮重组之后，阿根廷政府成功置换了大约93%的债务。但是，在这个世界上，并不都是"一般"的债权人，就有人不惧怕阿根廷政府的赖账行为，剩下的拥有7%债务的债权人也就成了"钉子户"。值得注意的是，在总额约40亿美元的未重组债务中，有13亿美元的债务被称为"秃鹫基金"的机构投资者持有。

"秃鹫基金"指的是那些通过收购违约债务，随后通过司法诉讼手段，谋求高额利润的基金，它们依托的是法律。换句话说，它们是国际债券市场中的猎食者，也是国际市场上游戏规则的捍卫者。如果哪个国家采取赖账行为，不遵守游戏规则，就让它付出惨重的代价。当年阿根廷发生主权债务危机时，其面值100美分的国债在二级市场上一度跌到18美分，很多对冲基金就是在那时介入的。这些对冲基金在二级市场上大量低价收购这种国债并一直拒绝参与阿根廷政府的债务重组，向阿根廷索要全额赔付。

这些"钉子户"在美国采取了法律手段，对阿根廷政府进行起诉。2012年，纽约联邦地区法院法官裁定，阿根廷在偿还重组债权人的同时，必须对没有参与债务重组的债权人也进行相应的偿还，即全额赔付。对此裁决，阿根廷政府表示不满，随即上诉至美国最高法院。2014年6月，美国最高法院驳回了阿根廷政府的上诉请求。

为了偿还一笔到期的已重组的债务利息，阿根廷在 2014 年 6 月将 5.39 亿美元存到了纽约梅隆银行，但该行并未对其进行转账，因为法官同时裁定，在没有对未重组债权人偿还的前提下，任何经手向已重组债权人进行转账业务的金融公司都将被视作藐视法庭。此举直接导致了阿根廷在 7 月 30 日陷入"选择性债务违约"。

阿根廷可以选择向"秃鹫基金"妥协，偿还全额价值 13 亿美元的债务，但妨碍阿根廷妥协的主要障碍是两次重组合约中的"未来权益声索条款"。该条款规定，未来任何优于重组债务的偿还条件都将适用于所有债权人。也就是说，阿根廷政府曾向 93% 的"割肉离场"债权人承诺，未来 7% 的"钉子户"能得到的好处，他们也一样可享用。照此推断，阿根廷将面临总额高达 1200 亿美元的债务和利息负担，这对阿根廷来说是无法承受的数字[①]。

阿根廷自从 2002 年 1 月放弃了比索盯住美元的汇率政策之后，比索开启贬值之路，主权债务危机持续缠绕着阿根廷这个美丽的国家。图 5.6 所示为因主权债务危机被加纳扣在特马港的阿根廷"自由号"教学护卫舰。

图 5.6　因主权债务危机，阿根廷"自由号"
教学护卫舰被加纳扣在特马港
（图片来源：维基百科）

---

① 刘莉. 阿根廷主权债务危机背后的美国债权人. 东方早报，2014－08－28.

2012年6月2日，阿根廷海军"自由号"教学护卫舰从首都布宜诺斯艾利斯扬帆起航，开始其年度环大西洋训练之旅。10月1日，"自由号"靠近西非国家加纳的特马港，结果，"自由号"遭受当头一棒，失去了"自由"，被加纳司法部门扣留。加纳这么做是应美国NML资本公司请求，因为阿根廷政府欠NML资本公司的债务迟迟不还。无奈之下，阿根廷总统克里斯蒂娜要求先接回舰上船员。10月25日凌晨，阿根廷政府向法国商业航空公司租了一架波音777客机，将"自由号"上的大部分船员接回国。至于为什么选择向法国借客机而不派出阿根廷自己航空公司的飞机，阿根廷的解释是因为阿根廷航空公司目前没有合适的飞机，但这个理由过于荒唐。因此，媒体认为阿根廷是担心派出本国飞机有可能同样被扣留，与"自由号"一起失去"自由"。后来，阿根廷政府起诉至联合国国际海洋法法庭，联合国国际海洋法法庭于2012年12月15日做出判决，"自由号"护卫舰应具有豁免权，要求加纳当局最迟在当月22日前无条件释放，"自由号"终于得到自由。

据说，阿根廷总统的专机也曾是NML公司的扣押目标，无奈之下，这架专机每次出发前都必须确认对象国不会接受NML公司的要求扣押专机。如果用一个汉字来形容这种窘况，只能是"衰"。

为何阿根廷要进入国际主权融资市场？是因为阿根廷必须保持自己的国际支付能力，否则就会被驱逐出国际主流经济体系，这是任何国家都无法承受的结果。或许还有人会说，阿根廷既然已经耍了流氓，为何不继续耍流氓，不理会美国法院的裁决。那是因为国际清算系统必须经历长时间的信用积累、有完善的金融服务（比如汇率对冲措施、保险等）措施后才能建立，国际上主要的清算系统在美国，如果阿根廷对美国的法院耍流氓，就会被美国的国际清算系统踢出去。这样，阿根廷的进出口将基本死亡，国家经济就被封闭了起来，结局可想而知。同时，这些"钉子户"主要来自美国，阿根廷如果彻底耍流氓，必须顾忌美国政府的态度。

为何阿根廷的主权债务危机在此时爆发？根本原因还是在于本币的贬值。2008年以前的数年间，阿根廷比索与美元的汇率比较稳定，支付国际债务不存在困难（阿根廷央行印钞转移支付给阿根廷财政，在汇率稳定的条件下，比索的支付能力与美元基本没有区别，可以保持国际支付能力）。可是，2009年以后，阿根廷比索兑美元快速贬值，不被国际市场接受甚至不被国内市场接受（这是产生外汇黑市的根源），阿根廷政府的偿债能力快速下降，是阿根廷比索兑美元的连续贬值形成了阿根廷的主权债务危机。

阿根廷是一个特殊的典型，在20世纪初期就是发达国家，但后来却徘徊在发展中国家的行列，根本原因在于：

一个国家的富强是财富不断积累的结果，而信用的不断累积则是财富积累的载体。当一个国家的货币不断贬值甚至换币的时候，就中断了信用基础，也中断了财富积累。

这是阿根廷经济发展水平一直徘徊不前的主要原因。

如果一个国家使用自主发钞权解决本币形成的债务危机，必定导致本币贬值，将造成国家和企业对外偿债能力的下降（外债负担急剧加重），形成对外债务的危机。所以，如果认为自主发钞权之下可以解决债务问题，这种思维是错误的。

对于新兴经济体国家，未来如果希望合理地化解自身的债务问题，就必须走向自身财政的可持续之路，坚守本币的信用；如果希望用印钞的手段来解决，只会给国家经济带来更严重的后果。

债务是通胀"马甲"

传统的经济模式中，通货膨胀直接表现为物价上涨，每个老百姓的感觉都非常明显、直观，但是，随着现代金融业的发展，通货膨胀的表现开始趋于复杂化，源于政府为了拖延、押后通货膨胀爆发带来的社会矛盾激化，同时又能享受印钞带来的好处，会想方设法掩盖通货膨胀。

最直接的做法当然是物价管制，美化通货膨胀的数字，或者实行票证制度，货币需要凭票证才能购买商品，实际上是造成货币信用的进一步缺失，表现在货币可以购买的商品范围变窄（或完全不能独立购买商品），这是货币信用丧失的隐形形态，也属于货币贬值。最典型的例子是21世纪初期的津巴布韦和20世纪80年代的苏联，都执行严厉的物价管制措施同时实行外汇管制。这种管制措施不能解决本国经济国际竞争力不足的问题，会产生商品走私和外汇黑市，进一步损害本国工商业的发展，最终会造成通货膨胀的猛烈爆发，冲垮物价管制的牢笼，津巴布韦和苏联都承担了这一后果。

1992年是苏联解体之后俄罗斯进行经济改革的第一年，通货膨胀率达到2520%，1993年是840%，1994年是224%。津巴布韦2000—2008年的通货膨胀率分别是55.22%、112.1%、198.93%、598.75%、132.75%、585.84%、1281.11%、66212.3%、231000000%。这就是物价冲破管制之后形成的后果。伴随恶性通货膨胀的是卢布和津巴布韦元的飞速贬值。

间接的做法是将通货膨胀的压力掩盖在债务之中。

一个国家经常项目赤字不断累积就会造成本币贬值，推高通货膨胀，政府就会面临困境。形成经常项目赤字的根本原因之一是本国经济的国际竞争力太差，汇率高估，这自然和货币发行量有关。1994年以前，墨西哥用资本项目盈余来弥补经常项目赤字，为了吸引国际资金流入并抑制通货膨胀，墨西哥比索实行盯住美元的固定汇率制度。固定汇率制度确实对通货膨胀起到了一定的抑制作用，墨西哥的通货膨胀率在1987年是159.2%，到1993年下降为9.3%，1994年为7%，但是这样做的后果是主权债务问题不断累积。当时，流入墨西哥的资金以波动性极大的短期资金为主，内外利差的变化将导致资金流向出现极大的不确定性。一旦利空因素出现，资金流出，这会放大恐慌心理，导致更多资金流出，形成恶性循环。危机爆发前，在墨西哥流动的短期资金已达到300亿美元，而墨西哥的外汇储备不足100亿美元，外汇储备远远不足以覆盖短期债务，最终导致主权债务危机的猛烈爆发。1994年12月19日深夜，墨西哥政府突然对外宣布，本国货币比索贬值15%。这一决定在市场上引起极大恐慌。外国投资者疯狂抛售墨西哥比索，抢购美元，墨西哥比索汇率急剧下跌。1994年12月20日，墨西哥比索兑换美元的汇率从最初的3.47∶1跌至3.925∶1，狂跌13%。21日再跌15.3%。伴随墨西哥比索贬值，外国投资者大量撤走资金，墨西哥外汇储备在12月20日至12月21日两天锐减近40亿美元，导致金融市场一片混乱。从12月20日至12月22日，短短的三天时间，墨西哥比索兑换美元的汇率就暴跌了42.17%，这在现代金融史上是极其罕见的，到1995年3月9日，墨西哥比索兑换美元的汇率跌至8.75∶1。伴随墨西哥比索剧烈贬值的同时，通货膨胀率以异乎寻常的速度飙涨。1994年的通胀率为7%，1995年一季度的通胀率就上升到20%，1995年全年的通胀率上升至52%，上升得非常猛烈、迅速。1996年1月至1997年1月的通胀率为26.44%[①]。

通货膨胀的根本原因永远是货币因素。墨西哥的经常项目逆差代表的是该国经济的国际竞争力不足，墨西哥比索汇率高估，这与货币过度发行有直接的关系。这需要汇率贬值，汇率贬值必定刺激通货膨胀上行。墨西哥政府采取固定汇率制度，通过吸引外资形成资本顺差弥补经常项目的逆差，实际是将通货膨胀的压力转移到了主权债务上。在这里，形成通货膨胀的源头并没有消失，虽然通过固定汇率制度暂时掩盖并转移到主权债务上，但当债务不可持续以后，通货膨胀就会一次性释放出来。

2001—2002年，阿根廷发生了主权债务危机。在此之前的11年，阿根廷执行的是货币局制度，阿根廷比索和美元实行1∶1的固定汇率。虽然在20世纪90年代压制了通货膨胀，有利于经济的健康发展，但通货膨胀的动力并没有消失，一样只是暂时转移到主权债务之上，结果，2002年初爆发了主权债务危机。随着阿根廷比索的剧烈贬值，通货膨胀快速发展。

---

① 王绪苓. 墨西哥反通货膨胀战略的几点启示［J］. 拉丁美洲研究，1997，(5)：36—39.

阿根廷掩盖通货膨胀的方式和墨西哥没有差别。墨西哥和阿根廷在当时都使用的是固定汇率制度。固定汇率制度在一些人的眼中属于僵化的汇率制度，源于政府无法操控汇率获得自己的利益。但固定汇率制度是一种非常先进的汇率制度，近似于金本位制度，当货币的信用非常明确的时候，就会激发全社会的管理创新、科技创新等经济活动，极大地推动经济健康可持续地发展。

中国香港自1983年以来一直实行的联系汇率制度也是一种固定汇率制度。实行联系汇率制度后，香港发展成为"东方明珠"，社会经济取得飞速发展，与墨西哥、阿根廷取得的效果完全相反，源于香港有独立的司法、学术自由的大学和科研机构、廉洁与高效的政府，这就让香港的财政效率提高。换句话说，香港只需要依靠正常的财政收入就可以完成自己的职责（包括对困难人群的救助，实现社会稳定），无需扩大债务。当政府无需举债也无需印钞就可以完成自己的职责之后，就控制住了货币发行的源头，通货膨胀的压力消失，香港自然可以取得经济的持续发展，固定汇率制度助推了香港的持续繁荣。

而阿根廷和墨西哥的做法完全相反，并不是用固定汇率制度推进政府改革和经济效率的提升，而是为了压制通货膨胀，自然是南辕北辙。未来，如果香港不能保持司法独立、学术自由、政府的廉洁与高效，香港的联系汇率制度也会解体，源于固定汇率制度必须与更高的社会治理水平相匹配。

香港和墨西哥、阿根廷都使用固定汇率制度，但最终的结果差异巨大，本质的原因是社会治理水平的不同。

还有一些国家希望享受货币增发的好处，又想掩盖通货膨胀，将通货膨胀的压力暂时掩盖到资产价格之中，起到容纳货币的作用。这依旧是通过债务掩盖通货膨胀，因为央行增发的货币实质上是央行的债务。最典型的是将增发的货币"赶进"房地产领域。可是，持续地推动房地产价格将形成房地产泡沫，造成生产要素价格的不断攀升，使得基础产业丧失国际竞争力，形成汇率高估，高估的汇率会逐渐影响到本国的国际收支平衡。当国际收支平衡被打破以后，货币贬值的压力一样会一次性爆发，导致通货膨胀快速发展，资产价格泡沫也就同时破裂。这依旧与政府的运作效率有关。表面看起来，央行增发的货币并没有直接进入财政，但政府通过一系列政策将增发的货币赶入房地产领域，在土地出让、房屋建设和交易过程中，政府实现大量的税费收入。当政府的运作效率很高时，就不必过度依赖这些资产价格领域的税费，也就无需依赖货币超发。例如：1997年，泰国形成严重的房地产泡沫，房地产市场供求严重失衡，泡沫破裂之后，导致银行出现大量的呆账、坏账，资产质量严重恶化；加之借款结构的不合理，短期外债过高，泰铢招致索罗斯等人控制的国际对冲基金的攻击；到1997年7月2日，泰国政府由于再也无力与对冲基金抗衡，不得已改变了维系13年之久的联系汇率制，实行浮动汇率制，泰铢狂跌不止，形成东南亚经济危机。

任何一个社会，如果仅仅依靠增加负债或货币增发才能维持正常运转，就一定带来本币贬值和通货膨胀。实行固定汇率制度或者将增发的货币引入资产价格领域，实际上都是将通货膨胀的压力暂时掩盖，若不采取其他有效措施，最终都会一次性爆发恶性通货膨胀。

第六章

世界货币体系两极化

无论中外,纸币最早都是由私人机构开始发行的,主要目的是为了补充或完善经济生活中的信用,中国宋朝的交子和英格兰的英镑都是如此,政府主要处于监管的地位。

但是,基于各国文化的不同,发钞行的性质不断变化。有些国家认为,货币发行主要是为经济生活提供完善的信用,政府依旧主要处于监管的地位,私人股权的发钞行一直延续到今天,保持自身的独立性,这有利于保持货币的信用。还有一些国家认为,发钞行为是权力的象征,是盈利的手段,应当将发钞行为收归国有。此时,发钞行失去独立性,也失去了监管,这不利于保持货币的信用。

在信息时代和互联网的冲击之下,不能保持信用的货币将遭到猛烈的冲击。

政府与中央银行的关系

今天,很多人想当然地认为世界主要国家的中央银行无论股权性质如何,都与政府的经济政策保持绝对的一致,或者说唯政府马首是瞻。实际情形并不完全如此。

传统的中央银行是什么样?

耶伦在2014年9月17日的议息会议上透露出:美联储一直希望能重回更传统的模式。这具有深刻的含义,传统的中央银行代表的是什么含义?

在1776年7月4日美国《独立宣言》发表以前,美国就已经使用纸币,美国独立后,宣布美元作为法定货币。1775年5月10日,美国13个殖民地的联合政权大陆会议(美国大陆国会)为了筹集资金,在马萨诸塞州举行了会谈,并于6月22日批准发行了总价值为两百万美元的一种可兑换西班牙银元的纸币,称为大陆币。大陆币于1781年被银行券(即为由银行发行的,可在该银行自由兑换贵金属的纸币)取代。1781年12月31日,费城的北美银行成为首先获得发钞特许权的银行。1789年美国宪法公布后,纽约银行和普罗维登斯银行也获得发钞特许权。这时及以后的很长时间,发钞特许权并不是垄断的,每家拥有发钞特许权的银行均需要为自己发行的产品信用——货币的信用——负责,而政府处于监管的地位。

1791年,美国国会特许美国银行作为美国财政部国库代理人,美国银行就成了为政府履行中央银行职能的银行。因为这时期的美国银行在1811年未能继续获取特许经营权,所以在历史上被称为美国第一银行,其后又出现美国第二银行。

1861—1928年间,美国发行了很多种货币,有些是政府发行,有些是州立银行或私人商业银行发行,谁发行美元并不重要,重要的是保持信用,政府履行管理职责。在金本位时期,衡量是否可以保持信用的方式也比较简单,那就是随时应纸币持有者的需求兑换黄金。

1913年12月23日,美国国会通过了《联邦储备法》,建立了联邦储备制度。按照该法律,全国划分了12个联邦储备区,每一个区在一个指定的中心城市(联邦储备市)设立一个联邦储备银行,在全国有12家联邦储备银行,行使中央银行的职能。在首都华盛顿设立了联邦储备委员会,作为最高领导机构。联邦储备银行于1914年11月16日开始发行作为法定货币的联邦储备银行券用于旧币回收,同时发行一种联邦储备券作为日常大量使用的通用货币。按规定,联邦储备券应有充足的担保,其担保物是黄金或政府债券、高级或短期商业证券。我们现在接触的美元中,99%均为联邦储备券,其他的还有少量的政府券和银币券。

英格兰银行于1694年根据英王特许成立,股本120万镑,向社会募集。成立之初即取得不超过资本总额(注意这个限定词)的发钞特许权。1833年,英格兰银行取得货币无限法偿[①]的资格,至1928年成为英国唯一的发钞银行。英格兰银行享有在英格兰、威尔士发钞的特许权,苏格兰和北爱尔兰由一般商业银行发钞,但以英格兰银行发行的钞票作准备金。英格兰银行作为银行的最后贷款人,

---

① 就是具有无限的法定支付能力。不论支付的数额大小,也不论是购买商品、支付服务、结清债务、缴纳税款等,收款人都不得拒绝接收。一般来说,本位币都具有无限法偿能力,而辅币则可能是有限法偿的。

保管商业银行的存款准备金,并作为票据的结算银行,对英国的商业银行及其他金融机构进行监管,代理国库进行收支管理,稳定英镑币值。

1848年,瑞士联邦宪法出台后,规定只有瑞士联邦才有发钞权,但货币仍继续由私有银行和州立银行发行。到1891年,发钞权由州立银行和私有银行转到联邦政府。1905年,瑞士国会通过了有限公司可以建立发钞银行的议案。1907年6月20日,瑞士国家银行成立。瑞士国家银行犹如一家很特别的股份制公司,约55%的股份是由公共机构掌握,例如州政府或州银行,剩下的股份则在交易所上市交易,主要为个体投资者拥有。瑞士联邦并没有其股份,并将发钞权垄断地转授给瑞士国家银行。瑞士联邦处于监管的地位。

不仅仅是美联储、英格兰银行和瑞士国家银行,绝大多数欧美体系的中央银行都非常接近于社会机构,具有独立性。即便最晚成立的欧洲央行一样具有独立的法人资格,可在各成员国以独立的法人资格处理其动产和不动产,并参与有关的法律事务活动,欧元区各国无权干涉欧洲央行的货币政策。加拿大银行(加拿大的中央银行)与其他主要欧美国家的中央银行略有不同。1858年开始,加拿大开始使用加拿大元,没有中央银行。1934年7月3日,加拿大出台《加拿大银行法》并得到英王的御准。1935年3月,加拿大银行正式成立,作为一家民营机构向社会出售股份。但不久,加拿大出台新法案,1938年,加拿大银行实现国有化,一直持续到今天。但加拿大银行并不是政府的下属部门,其运作过程中保持较强的独立性。

有此可见,从欧美主要国家的历史上看,发钞权是国家拥有的权力,由国家特许给社会机构(公司、银行或其他社会机构)执行发钞的职能,有些时候获得发钞特许权的银行不止一家,每家发钞行都需要为自己所发行的"产品"——货币的信用——负责,监管的责任在国家的最高权力机构。当发钞行代理国库进行收支管理以后，就成为政府的中央银行。所以，耶伦嘴中"重回更传统的模式"所代表的含义是：作为一家发钞行，首先为自己的"产品"——货币的信用——负责，稳定货币的价值。如何促进美国经济平稳增长，那是政府的职责，和美联储没有直接的关系。但是，发钞行发行的产品——货币，对于经济活动具有显著的影响，往往成为政府解决一系列社会问题的手段，这一特征在凯恩斯主义经济理论盛行的时期更为明显，致使发钞行为与政府经济政策的联系越来越紧密。绝大多数时候，会与发钞行的主要职责（保持货币的信用）出现矛盾。

即便欧美国家执行凯恩斯主义经济理论，大多数时候也不能要求中央银行无节制发钞，因为中央银行有自身的独立性。更主要的方式是政府通过增加自身债务，将募集的资金投入到特定的领域推动经济增长，即便如此，也会受到制约，源于中央银行进入加息周期以后，政府债务如果过度扩张，就会破产。所以，政府的举债行为就受到了制约。

这种货币发行权的历史演变不仅仅发生在欧美，也一样发生在其他地区。北宋初期，四川开始使用交子（纸币），由私人机构发行，许多商人联合成立专营发行交子的交子铺，并在各地设分铺。由于铺户恪守信用，随到随取，交子逐渐赢得了很高的信誉。图6.1所示为北宋交子铺用成都楮纸印制交子。北宋景德年间（1004—1007年），益州知州张泳对交子铺户进行整顿，剔除不法之徒，专由16户富商经营。从此，完成了纸币发行过程中法律程序的建立，政府拥有发钞权，但特许民间机构（16户富商）经营。宋仁宗天圣元年（1023年），政府设益州交子务，以本钱36万贯为准备金，首届发行"官交子"126万贯，准备金率为28%。此时，相当于北宋政府自己行使发钞权，也特许民间机构发钞。因此，在中国历史上，传统的发钞行所代表的含义与欧美并没有本质的差异，其首要职责是发行货币并保持货币的信用。

图 6.1　北宋交子铺用成都楮纸印制交子

（图片来源：成都日报）

宋朝的交子铺可以视为传统的发钞行，是接受政府监管的私营机构。后来，政府特许发钞成为固定的管理模式。发钞行的职责就是保证自己所发行货币的信用，如果不能保持信用是有罪的，将遭受惩罚，源于政府特许发钞的本质是为商品市场提供信用，当货币不能保持信用的时候，代表的是发钞行违约，需要接受法律的制裁。传统的发钞行并不对经济增长负责，那是政府的责任。

如果将历史继续向前追溯，春秋战国时期以前，并没有只准许官方铸钱的记载，汉初时期一样准许民间铸钱，只要遵守政府的法令要求即可。因为铸钱只是为市场提供信用，谁铸钱并不重要。汉武帝时期，发钞权收归汉廷，并基本延续了下来。

如果政府自己发钞并承担监管以及促进经济增长和稳定社会的职责，发钞行为就成为了政府稳定社会和促进经济增长的工具，丧失了独立性，货币的信用就难以保持。

从中央银行的运作来说，耶伦嘴中的"重回更传统的模式"亦有鲜明的含义。当一国的中央银行以经济增长为重点时，在凯恩斯主义经济理论主导下，中央银行必定加大货币发行准备金中国债和其他债券的比例，增大货币的发行力度，为政府推动经济增长提供更多的选择。而在传统的含义上，中央银行的关注焦点就不再是经济增长，而是所发行货币的信用，就需要调整货币发行准备金的构成，更多地以确实、稳妥的资产（如金银等）作为准备金发行货币。

所以，美联储未来的管理风格会发生转变：更侧重于美元的信用管理。

美联储与美国政府的政策分裂

美联储与美国政府的主要政策并不完全相符的情形，在历史上曾经出现过，最典型的是20世纪70年代末期和80年代初期，当时里根继卡特之后当选美国总统，保罗·沃尔克为美联储主席。

在这一时期，美国经济陷入滞胀，这一时期的部分经济数据见表6.1。

表6.1 1973—1985年美国部分经济数据

年份	经济增长率	年通货膨胀率	年份	经济增长率	年通货膨胀率
1973年	5.79%	6.21%	1980年	−0.27%	13.52%
1974年	−0.55%	10.98%	1981年	2.54%	10.38%
1975年	−0.21%	9.14%	1982年	−1.94%	6.31%
1977年	4.60%	6.45%	1983年	4.52%	3.21%
1978年	5.58%	7.61%	1984年	7.19%	4.32%
1979年	3.12%	11.27%	1985年	4.14%	3.56%

1979年，美国年通货膨胀率高达11.27%时，卡特总统提名保罗·沃尔克为美联储主席。此时，美国经济增速处于回落时期，按今天人们的思维，货币政策应该与政府的意愿一致，帮助政府扭转经济增长的颓势，按凯恩斯主义经济理论，就意味着加大货币的发行力度，实行宽松的货币政策。可是，保罗·沃尔克决心首先终止长期的高通货膨胀率。在他的领导下，美联储放慢了货币供应的增长，允许利率

走高。这些政策导致自大萧条以后美国最严重的经济衰退。1982年，美国经济极度紧缩，汽车销售额降到20年来的最低点，制造商和农场主们怨声载道，然而，通货膨胀的"脊梁"被打断，从此保持低速。而政府内部，如财政部长唐纳德·里甘等人，强烈反对保罗·沃尔克的货币政策。但保罗·沃尔克强硬地捍卫美联储货币政策的独立性，不受政治因素的左右，有一次，他甚至拒绝到白宫去见里根总统。图6.2所示为美联储大楼。

图6.2　美联储大楼

（图片来源：维基百科）

任何一家独立的发钞行，与政府的经济政策之间发生冲突是很正常的事情。政府的首要职责是维护社会稳定，促进经济增长和降低失业率，否则政府就有可能倒台。发钞行的最主要职责是维持所发行货币信用的稳定，两者之间的最终目标并不一致。如果按政府的需要无限扩大货币的发行量，发钞行就会破产。所以，独立的发钞行意味着独立的货币政策，这种独立性政府无权干涉，是法律赋予的。因此，独立的发钞行往往意味着货币政策引领着政府的一系列经济政策，在政府无法通过货币手段提振经济的情形下，只能采取提高管理效率、促进科技进步等手段发展经济。这种特定的政府与发钞行之间的关系，就会诞生特定的经济增长模式，这种模式是以经济效率的提升促进经济增长为主。

美联储与当时美国政府的政策或愿望显然是不符的。实际的背景是持续的恶性通货膨胀使得美元面临严重的生存危机，如果以1971年美元脱离布雷顿森林体系时的购买力为基准，至1980年，美元的购买力下降了一半以上，美元的快速贬值，最终只能让美联储走向破产，而美联储的股权是私人持有，这显然是不被准许的。

恰恰美联储通过严厉的货币政策，打断了通货膨胀的"脊梁"，再辅以里根政府减税、压缩财政赤字的措施，让美国经济恢复了活力。1983年，保罗·沃尔克被重新任命为美联储主席，任期4年，继续他那被广泛推崇的货币供应理论和控制通货膨胀的业绩。由于上述功绩，里根在1984年竞选连任时，才有底气面对选民提问时非常有力地回答："你觉得你现在的生活比四年前要好吗？"1989年他离任时的支持率高达63％，是继富兰克林·罗斯福1945年去世以来创下的最高纪录。2005年，他被美国在线探索频道评为"最伟大的美国人"，这是一个美国公民至高无上的荣誉。

里根任总统期间，美联储的政策与美国政府的政策并不完全一致，因为美国政府的首要"敌人"是经济增长速度的下降和失业率的上升，而美联储的首要"敌人"是通货膨胀，当两者的目标出现差异时，恰恰是美联储的政策引领了美国政府的政策，换句话说，美联储进行货币收缩时，美国政府必须采取压缩财政赤字、减税等一系列经济政策提振经济增长。此时的美国政府难以通过发债的手段增加投资，进而推动经济增长，源于美联储处于收缩期，利率走高，美国政府如果增加负债，就将背上沉重的债务包袱。

维护美联储这家公司的价值和它的产品——美元的生存，永远是美联储的第一职责。

非独立性中央银行

当代表国家的机构将发钞权授予政府之后，发钞行往往成为政府的一个部门,在政府比较强势的情况下,如果监管力度不足,就容易形成非独立性中央银行。这时,中央银行既要代表政府对自己所发行的货币信用负责,同时,作为政府的职能部门,还要对经济增长和一些社会问题(比如失业率)负责,某些时期,保持货币的信用和促进经济增长之间是相互冲突的,货币就难以拥有独立的信用。

对于非独立性中央银行,如果处于特定的机遇期,也可以发挥更大的作用。比如,当一个国家处于人口红利释放期,压制了工资的上涨,或者国家处于经济发展初期,投资机会众多,等等,此时通货膨胀受到抑制,货币的加速释放可以快速地促进经济增长而通货膨胀上升的速度比较温和,使得非独立的中央银行效率更高。

社会结构决定货币的职能

在不同的国家或地区,货币的职能是有显著差别的,决定货币职能差异的主要是社会结构。

社会结构与货币信用

无论东方还是西方,通过铸币求取利润的方式都是普遍存在的。在西方,公元前6世纪,古希腊就广泛开始铸造和使用银币,告别了称重的时代,雅典和科林斯是希腊最早铸造货币的城邦。著名哲学家亚里士多德在《政治论》中提出,使用带有印记的硬币代替称量的银块极为方便,避免了每次交易都要称重的麻烦[①]。本人认为,仅仅是使用铸币更加方便了交易,并不足以解释铸币代替称重货币的必然性。

---

① 凯瑟琳·伊格尔顿,乔纳森·威廉姆斯. 钱的历史. 徐剑译. 北京:中央编译出版社,2011.

希腊城邦发行了大量的货币，将货币用于各种支付，比如雅典用银币为陪审团的成员发放酬金，而不是用称重的银块。

铸造并推行面值高的货币可以为城邦带来可观的收入，但必须满足两个条件：

第一，这种估值高的银币必须由合法的政权规范化，所以，只有城邦的出现才能推动这种货币的铸造和流通。

第二，不管经营的是白银贸易还是其他商品贸易，城邦推广的货币应该对商人的盈利有利，显然，只有铸造面值高于实际价值的硬币才能实现这一点[①]，否则，无论是生产商还是贸易商，都不会给银币铸造部门供应白银。

这种外表有图案和面值的货币，具有了主权的特征，当然，这时显示的是城邦的主权属性。

在遥远的东方，中国在西周时期就开始铸币，但似乎西周和东周时期，都难以找到通过铸币实现利润的证据，但如果没有利润的存在，就难以实现大量的铸币流通。之后，秦朝使用秦半两作为主要流通货币，重量是十二铢（约合 8 克），到汉朝初期，铸造汉半两与秦半两一起等值流通。汉初时期的汉半两重量低于秦半两，似榆树之荚，故而又称榆荚钱，其重量约三铢（相当于 2 克左右）。到吕雉实际统治西汉的时期（公元前 195—公元前 180 年），先是将货币铸造权收回西汉朝廷，铸造八铢钱，但出现财政亏损，难以为继，后改为铸造三铢的榆荚钱，面值不变，实现财政丰盈。

通过铸币实现盈利的行为，在东方和西方，几乎同时出现。但是，东西方的货币历史随后出现了显著的差异。从汉武帝开始，中国的铸币权基本集中在政府手中（准许私人铸钱的时间很少），在不同的封建社会朝代，均曾出现过货币大幅贬值的行为。这些货币贬值行为不会

[①] 凯瑟琳·伊格尔顿，乔纳森·威廉姆斯. 钱的历史. 徐剑译. 北京：中央编译出版社，2011.

受到惩罚，缘于政府本身既是发钞机构也是监管机构，这不利于保持货币的信用。西方社会也多次出现在铸币过程中盈利幅度不断加大的情形（货币贬值），主要的方式是降低银币的含银量或者纸币贬值。但是，当货币发行者是社会机构时，就会受到惩罚。1656年成立斯德哥尔摩银行的约翰·帕姆斯特鲁奇和1716年在法国建立通用银行的约翰·罗都因为不能保持所发行纸币的信用，遭受了政府严厉的惩罚，这有利于树立货币的信用。

古希腊哲学是任何历史都绕不过去的坎。古希腊哲学家柏拉图就认为在他的理想城邦中使用信用作为货币，这深深影响了欧洲的货币历史。古罗马即便在王政时期，王的权力也受到来自元老院和公民大会的遏制，这种情形延续到了共和时期，直到帝国时期，权力才开始集中；威尼斯共和国的大部分时期，真正的权力掌握在威尼斯大议会；英国君主立宪制建立以后，权力主要掌握在上院与下院。

古希腊的哲学思想和国家权力的下沉，有助于欧洲的货币主要执行信用的职责，因为这时期的货币更接近按群体普遍性原则确立它的信用。当权力高度集中时（比如君主专制时期），主要依靠君主个人的意志决定货币的信用水平，货币不容易保持自身的信用。

中国古代文化中，亦有很多诚信为本的思想，比如老子、孔子的思想中多有论述，"徙木为信"（图6.3）成为经典的典故。隋朝的置祥五铢、唐朝的开元通宝和宋朝的铜钱，都是信用稳定的钱币，造就了隋唐盛世和宋朝的高度文明。这些时期，君主认为只有信用才能代表国家主权的强盛，而货币展现信用是体现皇权具有信用的重要方式。但是，另外一些时期，君主认为用更多的财富武装更强大的国家机器，才体现皇权的强大，这是某些时候出现虚钱和小钱的原因，实际上，这代表了国家开始衰落。

图 6.3　徙木为信

（图片来源：明代冯梦龙《新列国志》插图）

春秋战国时期，商鞅去魏就秦主持变法。变法首先需要树立信用，让老百姓相信才行。为了树立政府的诚信，商鞅想了一个办法，下令在都城南门外立一根三丈长的木头，并当众承诺：谁能把这根木头搬到北门，可得 10 金。围观的人根本不相信，因为将这根木头扛到北门是比较容易的事情，10 金的报酬太高了，因此，没人出手。于是，商鞅将报酬提高到 50 金。重赏之下终于有人抱着试一试的想法，将木头扛到了北门，商鞅立即给了他 50 金。商鞅这一举动，意味着政府是有信用的，变法的举措很快在秦国推广开来，从此，秦国逐渐走向强大。

几乎在同样的地方，在大约早 400 年前的西周时期，却发生了"烽火戏诸侯"的闹剧。周幽王的宠妃褒姒，终日不笑，周幽王为博取宠妃一笑，下令在都城附近 20 多座烽火台上点起烽火——烽火本是报警的信号，只有在周王室遇到外敌入侵、需要召集诸侯勤王时才能点燃。看到烽火，诸侯们立即日夜兼程率兵赶来勤王救驾，结果却是周幽王为博宠妃一笑的闹剧，只能离去。褒姒看到诸侯们率领大军被骗的情形，终于开心一笑。5 年后，西域犬戎再次入侵，周幽王赶紧点燃烽火召集诸侯救驾，可诸侯们没有来，最终，周幽王被逼自刎，褒姒也做了俘虏。

无论任何时期，东方还是西方，货币的信用如果寄托于少数人身上，这种信用就很难明确；当社会的权力下移，货币就会代表大多数人的利益，体现人权属性，促进社会的稳定与发展，也更容易保持货币的信用，此时的货币是为社会服务，属于人民的货币。

通货的空间与经济边界

今天，全球已经进入了经济一体化的时代，经济的竞争已经不仅仅体现在国家内部的企业与企业之间，也体现在国家与国家之间。哪国的社会管理水平高，企业的实际税赋水平就低，企业的竞争力就强大，就会有效支撑本国货币的币值，否则就会相反，所以货币的竞争是国家之间经济竞争的外在表现形式。

在以美元为代表的世界主流货币处于贬值的周期，各种通货都存在比较宽广的生存空间，用现在一句比较流行的语言来说，这是货币"比烂"的时代，更多的通货可以在国际市场上流通，通货的空间很宽广。

我们知道，货币必须具备稀缺性，在通货"丰盈"的时代，稀缺性下降，更多的货币可以充当国际通货而用于国际清算。在2008年以前的数年，甚至阿根廷比索和巴西雷亚尔都可以充当国际硬通货的职责，因为前者大部分时间与美元的汇率基本稳定，后者甚至很长时间兑美元升值。

货币的稀缺性下降，意味着货币的信用水平下降，人权属性的缺失。

可是，现实的"比烂"过程违背了货币的基本属性，不断的货币"比烂"，惊醒了"沉睡"中的黄金的货币属性，也诞生了新的信用载体承担信用职能，那就是数字货币。虽然很多国家的中央银行或明或暗地封杀数字货币展现它们的信用特征，但是，有两点因素决定中央银行的封杀最终是无意义的：

第一，如果现在的货币继续贬值，市场就会强制地运行新的交易方式，即便可以封杀黄金、限制数字货币，但无法避免出现以物易物，这是历史多次证明了的。

第二，终归有些国家基于本国的立国之本，会准许甚至鼓励它们的生存与发展，因为具有充分信用的货币，可以推动这些国家经济生活中的管理进步和技术创新。

黄金展现货币属性和数字货币逐步进入商品交易市场，意味着货币"比烂"的时代结束了，如果继续"比烂"下去，意味着现有的很多信用货币将终结自己的使命。最典型的是南京国民政府的法币末期，上海的很多公司以银元和大米支付员工的工资，法币不再拥有支付手段职能。

基于美联储和瑞士央行是私人股权的性质，信用货币遭到淘汰，意味着这些银行的破产，股权价值丧失，对于股权持有者来说，这是绝对不准许的，因此，在此信用货币的转折关口，他们一定最先做出反应。美元和瑞郎都是世界上的主要储备货币，当它们开启升值周期以后，其他的信用货币只有两种选择：

第一，加速巩固自己的货币信用基础。严格基础货币的发行机制，开放自由兑换，紧跟货币的人权属性所决定的历史潮流，在未来的国际硬通货逐步从"丰盈"到正常再到"紧缺"的过程中，才可以维持强大的国际支付能力，占领世界未来经济的制高点——信用。

第二，继续坚持货币发行过程中的利润最大化原则。继续追求货币发行过程中的利润最大化，在世界主要货币的升值周期，意味着加速贬值，基于国际硬通货不再廉价易得，这些国家会逐步丧失国际支付能力，国门开放的程度只能被动地越来越窄，直到关闭，同时伴随主权债务的危机。

坚守货币的信用，货币的流通边界将不断扩张；不断追逐货币发行过程中的利润最大化，货币的流通边界将被压缩。这很重要吗？是的，非常重要，这是经济的命运问题。

就以美元举例，当1美元流通到了美国之外的A国，会出现三种情形：第一种是不断在A国境内流通，这种情形在津巴布韦和很多拉美国家已经实现；第二种情形是进口非美国家的商品，这种情形在当今的国际贸易中经常出现；第三种情形是从美国进口商品。在第一、二种情形下，这张1美元的银行券，本来是美联储发行的，但使用非美国家的商品财富进行交割，交割地在哪里，就相当于美国经济的边界延伸到了哪里，因为这张美元最终靠美国提供的商品做支撑（这是信用的表现形式）；第三种情形是直接增加美国商品出口，直接推动了经济的增长。因此，随着货币信用的扩张，经济边界就扩张，奠定信用扩张基础的是货币的人权属性，只有具备人权属性的货币才能不断被世界上不同民族的人们逐渐接受，最终实现经济边界的扩张。相反，当Ａ国货币不断贬值的时候，流通的边界就会不断压缩，先被国际市场抛弃，这相当于Ａ国经济的边界被压缩在国门之内，然后还会逐渐被Ａ国国内市场抛弃，从而导致大量流通美元（当然也可以是其他货币）。当Ａ国货币在国内市场的份额完全丧失以后，一代货币就结束了自身的使命。此时，Ａ国商品市场中大量流通的是美元，Ａ国的经济就不是完全独立的经济体系，商品生产和消费均在本国进行，而信用媒介由美联储提供，美联储就间接地控制了这个国家的经济，或许可以说，Ａ国就成为美联储的经济殖民地。

所以，**具有人权属性的货币不断扩张的过程，就是经济边界不断延伸的过程。**

任何一国的货币，代表的利益越广泛，信用越明确，这种货币"成长"的空间越宽广，在得到本国民众充分信任的同时，可以跨出国门走向世界，享受信用红利。随着货币流通边界不断扩张，经济边界就会同时扩张，国家经济蓬勃发展。

信用代表的是货币的人权属性，这是任何一个经济社会的基石。

信用扩张的喜悦与收缩的痛苦

一种货币支撑一国经济不断扩张，这是非常愉快的事情，当代人喜欢用"爽"这个字来形容，最典型的莫过于二战之后的联邦德国。

二战之后的联邦德国可以快速崛起与三个主要因素有关。一是，美国和英国的援助。据美国商务部公布的数字，1945年7月到1955年9月30日，美国给联邦德国政府的补助金和信用贷款为38.68亿美元。

1945—1947年，英国给予联邦德国政府的补助金和信用贷款为9亿美元。二是，在二战中，虽然德国的军事设施和军工企业大部分被摧毁，但工业基础基本得以保留。三是，教育系统得到了比较好的保护，拥有高素质的人力资源。

可是，不可忽视的是市场经济的建设和币制改革。当时，联邦德国的经济政策负责人路德维希·艾哈德对联邦德国经济的发展起到了重要的作用。他极力推崇自由的市场经济。他认为，真正的货币只有在真正的市场上才能发挥作用，而真正的市场不应该有价格控制和配给制。在联邦德国，取消了物价规定，取消了产品配给制，实行真正的市场经济，相对于整个德国的经济史而言，这是一次成功的战役。而物价管理则通过货币的信用来完成，当货币具有完善的信用时，虽然短期或许会造成物价的波动，但长期来看，具有充分信用的货币会平稳物价。所以，在美国的支持下，联邦德国在进行市场经济改革的同时，采取了货币紧缩的措施。

二战前，旧帝国马克约为170亿，二战之后却变为了700亿。因此，在二战的后期，旧帝国马克几乎一文不值，在市场上充当货币作用的是美国的幸福牌香烟。1948年6月20日，联邦德国进行了货币改革，用10个旧帝国马克换1个新马克。新马克由美国印制并发行。虽然都是纸币，新旧马克的兑换关系也简单明了，但发行人的不同带来了令人意想不到的变化。

币制改革的戏剧性首先在外汇黑市上显现出来。6月20日当天上午，黑市的兑换价是45马克兑换1美元，但仅仅到了黄昏，价格就变成了10马克兑换1美元，然后价格在10～15马克之间波动。到了1949年2月，6马克可兑换1美元。

经济改革和币制改革对联邦德国经济的发展起到了巨大的作用。原本空空如也的商店竟然一夜间再一次充满了各种商品。此时，公众的感觉是喜怒交加，喜的是终于可以买到食品了，怒的是原来有人大量囤积食品使得大家挨饿。仅仅在币制改革的第二天，一位农妇挎着两篮鲜鸡蛋来到了法兰克福火车站,她不幸地成为了城市饥民的出气筒,被一群充满敌意的妇女围住了。一个满脸气得通红的家庭主妇厉声质问:"上星期你把这些鸡蛋弄到哪里去了?上上个星期呢?"说完,她抓起几个鸡蛋朝那个农妇打去。其他人幸灾乐祸地过去帮忙,一直打到那个农妇浑身上下一片黄为止。

可怜的农妇是冤枉的,上个星期或上上个星期她不愿意出售她的鸡蛋,因为她知道,出售鸡蛋换取的旧帝国马克会飞速贬值,甚至连饲养她家母鸡的饲料都买不回,她不愿意也绝对不能出售她的鸡蛋。而现在的新马克给了她信心,现在,她只想挣到钱(新马克),她要将她的鸡蛋卖出去,而且还要饲养更多的母鸡。

除了食品以外,其他的商品——鞋子、衣服、药品、家具等——也都开始在市场中大量出现,联邦德国经济开始明显复苏。但是,初期的商品依旧不够,源于商品供给量的提升需要一个生产周期,就像卖鸡蛋的农妇,她需要增加小鸡和母鸡的饲养量,然后才能增加鸡蛋的供给量。所以,开放物价的初期造成了物价猛涨(虽然物价猛涨,但新马克的信用水平远远高于旧帝国马克,因为使用旧帝国马克买不到商品,其信用水平是零),但这只是价格"猛虎"的黄昏时光,随着人们对钱开始信任,挣钱的意愿开始觉醒,商品的供给量就会不断加大,价格很快就会被降服。此时的人们,没工夫去质问那些投机商的囤货行为,马上从事劳动是唯一要做的事情。

外汇黑市开始瓦解,幸福牌香烟被抽掉(从货币属性回归商品属性),联邦德国人开始努力工作,经济开始走上正轨。或许正是从币制改革的那一天开始,联邦德国经济奇迹开始启动。

不是人们不愿意劳动,也不是彻底没有商品可以出售,而是旧帝国马克的信用太低,阻断了商品的交换,使得联邦德国的城市充满大量的饥民。美国人发行的新马克给了人们信心,人们愿意用新马克(以下称为马克)交换商品,商品经济开始走向正轨。到1949年夏天,也就是币制改革一年以后,联邦德国经济不断复苏,人们生活不断改善，甚至比英国人生活得更好，当这些消息被媒体披露到英国以后，伦敦各大报刊纷纷怒气冲冲地发表社论："究竟是谁赢得了战争？"

或许就是卖鸡蛋农妇的故事教育了德国的银行家们，自此他们精心管理马克的信用，使马克兑美元连续升值。

1949年9月19日，1美元兑换4.20马克。1953年1月30日，联邦德国中央银行初次规定马克含金量为0.211588克。随着联邦德国经济的复苏，对外贸易顺差扩大，1959年1月1日，德意志银行决定马克实行自由兑换。1961年3月4日马克升值4.76%，含金量提高到0.222168克，1美元兑换4.00马克。1969年9月29日，德意志银行停止干预市场，不再维持1美元兑换4.00马克的官方汇率，马克汇率自由浮动；同年10月26日，马克升值9.3%，含金量也提高到0.242806克，官方汇率为1美元兑换3.66马克。1971年12月20日，马克升值为1美元兑换3.2225马克。1973年2月14日，美元贬值后，1美元兑换2.9003马克，同年3月19日，马克再次升值3%。20世纪70年代，是联邦德国经济飞速发展的时期，到1979年，1美元已兑换不了2马克。

在整个联邦德国经济飞速发展的时期，不断升值的联邦德国马克和不断扩张的联邦德国经济相伴而行，联邦德国马克也成为重要的国际储备货币。经济繁荣的同时，不断升值的马克守护着联邦德国经济不断前行，也守护着联邦德国国家和人民的财富。

可是，二战之后，有联邦德国这样的幸运者，也有长期信奉凯恩斯主义的倒霉蛋。美国在20世纪70年代遭遇严重的滞胀，而很多新兴经济体国家遭遇的滞胀更为严重，巴西就是典型的示例。

1964年3月31日，巴西爆发军事政变，从此开始进入军政府执政时期，并一直持续到1985年。

在巴西军政府执政期间，亦创造了举世瞩目的"巴西经济奇迹"，在1968—1973年，国民生产总值年均增长率高达11%，70年代以前的经济高增长并未导致国内剧烈的通货膨胀。

从1973年开始，巴西开始出现通货膨胀恶化和汇率贬值（这一时间点与美国通货膨胀开始恶化的时间基本接近）。1970年，巴西克鲁塞罗与美元的汇率是4.594∶1；1975年，达到8.127∶1；1980年，跌至52.714∶1；1991年12月31日，克鲁塞罗兑美元的汇率为1068.80∶1。1994年7月1日巴西采用新货币——雷亚尔，新旧货币之间的换算关系是：1美元等于1雷亚尔，1雷亚尔等于2750000克鲁塞罗。1970—1994年的24年间，以美元作为基准，巴西克鲁塞罗贬值为原来的约1/600000。

进入20世纪80年代后，巴西的通货膨胀率节节攀升，经济增长速度不断下滑，难以控制。1980—1985年的年均通货膨胀率为343%；1986—1989年的年均通货膨胀率是586%；1990年，巴西通货膨胀率达到2937%的高水平。在整个20世纪80年代，有五年出现经济负增长。

1985年，巴西文人政府上台。为了抗击通货膨胀，不断抛出经济计划。相继出台的反通货膨胀计划有：克鲁扎多计划、克鲁扎多计划Ⅱ、布雷赛尔计划、夏季计划、科洛尔计划、科洛尔计划Ⅱ。这些计划各具特色，但都遭遇了一样的结果，那就是屡屡受挫。

1993年12月7日，佛朗哥政府的新任财政部长卡多佐又主持制订了一个新的反通货膨胀计划，称为雷亚尔计划。正是凭借着雷亚尔计划的成果，卡多佐在巴西1994年10月3日的大选中取得成功，并于1995年1月1日就任巴西新总统。卡多佐认为巴西通货膨胀的症结在于公共部门的支出失控。因此，雷亚尔计划首先从减少公共部门的财政支出入手，设立了一项紧急社会救济基金，避免造成财政预算外支出；其次是稳定货币，为避免货币的一再贬值，采用了新经济指数——实际价值单位（URV），以此作为货币价值的参照指数，以人为的方式用它对国民经济进行货币调整，将其作为工资、物价、服务费用变化的依据，经分步过渡，实际价值单位最终变为巴西正式货币——雷亚尔。

雷亚尔计划作为一个完整的体系，关键点在于严控公共部门的财政支出，用经济和物价指数指导货币的发行量。此外，雷亚尔计划彻底放弃了以往以冻结物价作为抑制通货膨胀的主要手段,转向削减政府开支,减少财政赤字,防止固定资产投资过猛,最终实现控制通胀的长期目标。雷亚尔计划实行以后,巴西经济呈现良好的势头,通货膨胀得到遏制并明显下降,由1994年6月的50.75%降至9月的不足1%,为1970年以来的最低点[1]。

从此,巴西经济走上十几年的繁荣轨道,美丽富饶的巴西再次展现勃勃生机。

图6.4描绘了巴西第一次弥撒时的情形。

图6.4 巴西的第一次弥撒(1500年)
(图片来源:维基百科)

在葡萄牙航海家佩德罗·卡布拉尔发现巴西以前,印第安人居住在这片土地上。印第安人中分成许多种族,使用的语言多达一千多种,并且各自有着不同的风俗习惯,他们大多住在小部落中,可分成两类部族,一类是住在亚马逊的热带森林中的部族,另一类是住在大草原地区的部族,不过他们最后并没有发展成统一的国家。有文字记载的历史,是从1500年4月22日佩德罗·卡布拉尔发现巴西后才开始的,从此,巴西沦为葡萄牙

---

[1] 富博. 巴西近十年来治理通货膨胀的做法与启迪[EB/OL]. [2010-11-17][2015-01-28]. http://www.cfen.com.cn/web/meyw/2010-11/17/content_683703.htm.

的殖民地。1822年9月7日，巴西独立，成立了巴西帝国。1889年，巴西爆发了军事政变，巴西帝国被推翻，巴西由君主立宪政体转为共和政体。

巴西是上天最为眷顾的国家之一，拥有丰富的自然资源。亚马逊河滋润着南美洲的广袤土地，亚马逊河流域的热带雨林聚集了250万种昆虫、大约2千种鸟类和哺乳动物，生活着全世界20%的鸟类，使这一片地域成为世界上公认的、最神秘的"生命王国"。亚马逊流域适合植物生长，有浩瀚无际的原始森林，各种植物2万余种，盛产优质木材，并被誉为"地球之肺"。亚马逊河的大部分河段都在巴西境内，巴西人自豪地称亚马逊河为"河海"。

巴西是世界上资源最丰富的国家之一，林木资源、矿产资源、耕地资源、淡水资源极为丰富，但错误的货币政策和财政政策依旧可以导致严重的货币贬值和通货膨胀，这生动地说明任何时期的通货膨胀都和货币发行紧密相关。不断扩大财政开支，执行赤字财政和过度投资会导致严重的结果，而治理通货膨胀的根本手段是严控财政开支、压缩财政赤字并规范货币发行。

美国经济在20世纪70年代遭遇滞胀，美元贬值，国际储备货币份额不断丧失，这是一种经济边界被压缩带来的痛苦。巴西在20世纪70年代至90年代也遭遇严重的滞胀，上一代货币克鲁塞罗在1993—1994年终结了自身的使命。这样的货币不仅被国际市场抛弃，也被国内商品市场驱逐，也是一种经济边界的收缩过程。

一国货币的扩张与收缩就代表了一国经济边界的延伸与收缩。

从混战到清明

1997年东南亚经济危机之后到2011年前后，大宗商品和黄金都走出大牛市，这意味着全球主要货币处于贬值的趋势。在这样的趋势下，各个国家的货币都可以在国际市场上鱼目混珠，希望在国际商品交易市场中占有一定的份额。从2014年7月开始，美元开启升值，将再次开始压缩全球货币的生存空间。未来，世界上的大部分货币，将出现严重的两极化。

第一极将是信用的代表。无论这些货币兑美元是相对升值还是贬值，都严格体现自身信用的水平，今天看来，瑞郎等货币将是这一类货币的代表。这些货币或许在未来兑美元出现贬值，但因为拥有比较规范的发行机制、可自由兑换，所以相关国家不存在根本意义上的硬通货短缺问题，也就不容易发生硬通货紧缺带来的危机。当然，各国有可能发生主权债务危机，压低本币的币值，比如：希腊等国发生的债务危机打压了欧元的汇率。这类货币既包括美元也包括其他发行机制明确的货币。

第二极的货币是那些为了特定的利益，不断追求铸币过程中的利润最大化、超发严重的货币。这些货币并不能实现真正的自由兑换，它们的流通范围将逐渐被压缩，最终会被压缩到本国国境范围以内，甚至在国境以内都会逐渐被本币持有人所抛弃。从经济的含义来说，国门被动关闭，原因在于国际支付能力下降，缺乏参与国际经济大循环所必备的要素——信用。相关国家也容易爆发国际支付能力不足带来的危机，也就是主权债务危机。

国际货币市场最终会实现清明，那些信用机制不健全、严重丧失人权属性的货币将被国际市场所驱逐，甚至在国内商品交易市场也会爆发深刻的危机，本币持有者不断地换取外币，商品交易市场产生新的交易方式。

2014—2015年，世界各国利用货币贬值来促进出口，提升出口商品的竞争力，进而提高本国的经济增长，短期或许是有效的，但中长期来看，是个伪命题。因为长期的本币贬值将推升本国的通货膨胀水平，生产要素价格上升，抵消掉本币贬值带来的商品价格优势。同时，本币不断贬值将损害本国经济的创新能力，导致本国国际竞争力下降。再有，本币贬值将降低本国企业偿付非本币债务的能力，很容易引发主权债务危机。因此，通过货币贬值手段提振经济注定是临时性的措施，而且有严重的后患。

2009年开始，美国开启三轮量化宽松措施。随后，日本和欧元区都开始效仿2009年美国开启的量化宽松措施，力争使本国或本地区经济摆脱低迷。可是，量化宽松是有条件的，美元可以开启量化宽松措施，源于美元的国际储备货币地位，可以将量化宽松所带来的副作用引入国际市场。日本从20世纪90年代资产泡沫破裂以后，生产要素价格和通胀水平长期在低位，日元兑美元连续升值，有长时间的信用积累。欧元区经受2010—2011年的欧债危机打击后，资产价格和生产要素价格也在相对低位，再加上欧元具有比较规范的管理、发行机制，使欧元区的通货膨胀长期都在低位，货币信用度比较高。同时，德国制造和日本制造都在国际上有强劲的竞争力，美国在高端产品上也具有强大的竞争力，货币贬值以后，产品的价格下降，国际竞争力提升，可以快速地扩大本国商品在国际市场上的占有率，提振本国经济。这使得美国、欧元区、日本具备了实行量化宽松的基础性条件。

然而，很多新兴经济体国家并不能通过同样的手段迎战。主要的新兴市场国家在过去很多年都在经历比较严重的通货膨胀（和货币不断超发直接相关），货币信用降低，如果继续贬值，就会带来本币持有人的信心崩溃，给本币带来灾难性的打击。新兴经济体国家商品的国际竞争力的症结不在于价格，而在于信誉、质量和技术，压低本币汇率进而压低价格对本国商品在国际上的竞争力助益有限，相反，却可以立即推动本国的通货膨胀水平。同时，本币贬值将带来资本外流，进而导致资产泡沫破裂。所以，新兴经济体国家面对日本和欧元区的量化宽松，并没有以同样的手段迎战的本钱。

没有过往的货币信用积累，没有制造业的独到竞争力（质量、信誉和技术），就没有参与这场货币战争的资格。

国际货币市场会有从混乱到清明的过程，最终会显示谁才是国际货币市场上恒久的硬通货，谁才是货币之"王"，那些具有严重发行缺陷的货币最终将被淘汰，唯一的差别是时间长短而已。

契机

美国从缩减贸易逆差和压缩军费支出两方面完成美元转强的布局，从中长期来看，美元转强的信号是公开的、明确的。但是，美元启动升值的时机还是值得斟酌的。

一国货币开始升值，从长期来看，对出口没有什么影响，因为产品的国际竞争力取决于社会的管理成本、企业的管理成本和创新能力，本币升值将不断激发企业的创新能力并提高企业的管理水品，然而从短期来说是有影响的，这将影响经济的增长。

从2014年下半年开始，美元指数突破盘局，开启上涨的趋势。对美元升值趋势影响最大的是美联储，美联储为何选取这个时机突破盘局开启升值？

在2015年，全世界最主要的经济体是美国、日本、中国和欧元区，其他三个经济体在此时都无法冲击美国经济，原因如下：

（1）日本已经深受老龄化的压力，人口持续下降，贸易逆差在2011—2013年持续扩大。2014年4月，日本全国消费者物价指数年率大幅上升到3.4%，随后两个月分别为3.7%和3.6%；而日本全国核心消费者物价指数年率在4月、5月、6月分别达到3.2%、3.4%、3.3%。通货膨胀率上行标志着日本产品的国际竞争力会受到一定的制约，对美国产品的冲击有限。

（2）1994年之后，人民币的生成方式主要依靠外汇占款。而2014年，人民币的基础货币生成方式发生了明显的变化。无论是中国人民银行对国家开发银行的1万亿再贷款，还是对四大国有银行的5000亿SLF（常设借贷便利），均已脱离之前的基础货币生成方式。对中国这样大的经济体来说，长期使用外汇占款发行基础货币是不可能的，终归需要转换基础货币的生成方式。但是，基础货币生成机制的转变意味着货币信用出现了不确定性。从2013年开始，人民币基础货币的生成有两种形式：一部分是自主发行，一部分是外汇占款。相当于外汇储备是人民币发行的准备金，如果准备金的比例很高，中国人民银行就很容易调控汇率，升值与贬值会非常自如，可以按照经济的需求而自行调整，如果准备金的比例下降，汇率调控的能力就会僵化。2015年，人民币基础货币数次比较大规模地自主发行，标志着使用外汇占款生成基础货币的发行方式已经无法满足中国经济增长和维持资产价格的要求。发行准备金比例的下降，意味着中国人民银行对汇率的干预能力下降。所以，在2014年7月20日，市场传出国家开发银行获得中国人民银行1万亿再贷款之后的一周时间，美元指数突破了从2013年9月到2014年7月的盘局，开启向上突破之旅。

（3）总体来说，东亚国家的经济增长对出口的依赖比较严重，过剩产能需要出口，对出口采取主动出击的欲望比较强。而对欧盟和欧元区来说，则更加偏重用质量和效率提升自身产品的国际竞争力。虽然自2015年开始，欧元区短期采取量化宽松、通过货币贬值提振经济，但基于欧元区各个国家的经济发展不平衡，长期使用货币贬值手段就会在德国、荷兰等核心国家形成通货膨胀，制约欧元区通过货币手段抢占国际市场的能力。

所以，美元从2014年7月下旬开始进入升值趋势，是一个非常合适的契机，特别和中国的货币政策相吻合，这种时间管理的能力充分地展现了美联储的水平。

美元升值的目的是为了在国际储备货币体系中占有更大的份额，这是战略利益；在考虑战略利益的同时，兼顾短期利益，防止美国商品的国际竞争力受到比较大的冲击，进而影响美国经济的复苏，选择合适的时机是必要的。

货币是文化的外延

在世界货币史上，不断演绎精彩纷呈的剧情，既有英镑、美元这样长期的角色，也有津巴布韦元、法国指券里佛尔这样短期的过客，决定这些的是文化，货币不过是文化的外延。

世界历史上一共出现过六大文化体系：中国文化体系、印度文化体系、巴比伦文化体系、埃及文化体系、希腊文化体系和伊斯兰文化体系。到今天，已经演化成三种主要的文化类型：大陆文化、海洋文化、岛国文化。

大陆文化的生成空间是陆地，具有厚重、典雅、精致的特征，但也有很强的局限性。陆地因受山岭江河阻隔而容易造成狭隘性与封闭性，因对土地的私人占有而容易产生封疆与世袭观念，又因土地占有的面积大小与山岳的高低容易形成等级制度。陆地是稳定的，农业社会要求稳定，祈祷风调雨顺。由此而产生的货币就往往为等级制度、封疆与世袭观念服务，依托大陆文化背景产生的货币就不容易存在独立的信用。在这样的文化背景之下，只有土地才真正执行的是货币的职能，本人将其称为"土地货币"。

海洋文化是基于海洋而生成的文化，具有因海洋而创造出来的精神的、行为的、社会的、物质的文明内涵。又因海洋的广阔与一望无际而表现出大气与开放的姿态；还因海洋无法私人占有而形成平等的观念。海洋文化不仅具有地域性与民族性，更具有开放性与世界性。人类天生对大海有一种敬畏与尊重，而不是占有。庄子说："北冥有鱼，其名为鲲。鲲之大，不知其几千里也。化而为鸟，其名为鹏。鹏之背，不知其几千里也，怒而飞，其翼若垂天之云。是鸟也，海运则将徙于南冥。南冥者，天池也。"本人理解的意思是：北海这个地方有一条鱼，它的名字叫鲲。这鲲很大，大得不知道有几千里。鲲化为鸟，名叫鹏，这鹏的背，不知有几千里长，它飞起来时，翅膀大得就像天边的云。这种鸟，当海风吹起时，就往南冥（南海）这地方迁，这南冥，就是天池。本人理解的引申含义是：大海孕育着无穷的奥妙和力量，更拥有博大的胸怀，人们在大海面前，只有敬畏。在这样的背景下诞生的货币是开放性的、平等的，是一种对货币信用的敬重，具备独立的信用。货币只有具备独立的信用，才能在无边无际的大海航行过程中被所有人所接受，体现大海所形成的平等概念。

岛国文化集海洋文化与大陆文化之特点，对内有很强的凝聚力，对外又有很强的开放性，时刻充满危机意识。作为岛国，英国（英镑）可以称霸世界200多年；美国作为英国文化的继承者，美元作为英镑在北美大陆的延伸，继续称霸世界。日元今天在世界上的地位是很多陆地大国的货币所无法比拟的。在日本国债上可以深刻地反映岛国文化的凝聚力，以2014年日本国债与GDP的比率为例，在一般的国家早已爆发债务危机，而岛国文化的凝聚力却继续支撑着日本国债。

图6.5所示为葛饰北斋所画的《神奈川冲浪里》，此画表现了人们对大海的敬畏。

图6.5　葛饰北斋所画的《神奈川冲浪里》

（图片来源：维基百科）

任何一个国家的货币本质上都是自身文化的反映。从南北朝时期开始，伴随佛教传入日本，日本受到中国文化的影响。明治维新之后，日本又主动接受了西方的思想，加上日本本身就是岛国，充满竞争意识，使得日本的制造业在世界上的地位不断上升，支撑着日元走向世界。

俄罗斯、巴西这些拥有广阔内陆国土国家的货币都无法在国际上占有重要的地位，是因为这些国家的货币信用不断降低甚至破产。巴西从1970年至1994年，克鲁塞罗贬值到约原值的1/600000；俄罗斯卢布在20世纪短短100年间即经历数次信用破产（换币）。这些货币不断出现信用破产，无法保持信用，出现这些现象的根源是自身的文化，因为在特定的文化体系之下，只有土地才是能够保持信用的货币，而其他货币并不存在独立的信用。

从人类社会的本质来说，**货币是文化的外延。**

信息时代的资本流动

信息共享改变了传统的经济形态

在当今的互联网时代，如果我们在麦当劳休息，可以使用麦当劳提供的网络信号；未来，如果我们到达一个城市，可以使用这个城市提供的网络信号，如果达到某个国家，可以使用这个国家提供的网络信号，最终，我们可以使用这个地球提供的网络信号。在这个网络平台上，信息是完全开放的。互联网和移动终端的不断进步，使任何人都可以随时掌握世界上每时每刻发生的事件，实现了信息共享。

传统经济中，一家从事生产的企业，因为信息的不畅通和物流的限制，服务的覆盖面会比较窄，可能是一个乡镇或者一个城市，这是一种封闭的、分散的经济体系；随着信息共享时代的到来，物流业的快速发展，它服务的范围就可能飞速地扩展到一个国家或地球上的所有国家。过去，消费者的选择范围仅仅限于周边的市场，信息共享之后，电商的崛起让消费者的选择范围扩展到地球上的所有商家。当一个国家具有独到的经济竞争力以后，在信息时代，这种竞争力的优势会放大，以全世界为平台展现自己的经济竞争力，因为企业会集中将生产基地迁至生产要素水平低、经济效率高的国家，产业集中化成为显著的特征，生产出来的商品可以覆盖全世界。这是一种全球生产要素高度集中的经济体系。改革开放以后，国际资本持续流入中国，中国成为世界工厂，就是全球资本快速流动、生产要素趋于集中的体现。这种产业集中化可以让一个国家实现快速发展，所以，中国的经济奇迹不是偶然的。如果中国以后丧失了这些优势，而其他经济容量足够大的国家或地区建立新的优势以后，资本又会快速流出。这种产业集中化和产业资本的集体流动，在信息时代将成为最显著的特征。

19世纪末期和20世纪初期，美国发生的农业机械化革命陆续打破了各国农业的小农经济形态，让农业成为一种产业；20世纪后期互联网的出现，标志着信息时代的到来，拆除了地区之间或国家之间的经济壁垒，让全球经济成为开放的形态。如果一些经济体抱残守缺，不参与国际经济的大循环或变相封闭自己的经济，就无法紧跟世界最先进的管理水平和技术进步，就会被信息时代的潮流所淘汰。

在这样的情况下，经济的竞争就成为国家与国家之间的竞争，建立并维持经济竞争力的优势，取决于国家的管理效率、货币管理水平和全社会的价值观。一个国家的管理效率越低，企业的赋税水平就越高；货币信用水平不明确，参与国际经济大循环的能力就低（国际交往必须以信用明确的货币为媒介）；全社会没有先进的价值观，社会就缺乏进步的动力。以上这些都将削弱一个国家的竞争力，使其经济难以实现持续稳定的增长。

在信息时代，一个国家拥有强大的内需，具有先进的科技发展水平，在国家之间的竞争力比拼中就会处于优势地位。

在传统经济学中，一直有需求理论和有效供给理论之争。需求理论认为：需求是推动经济增长的动力，需求是指消费者（家庭）在某一特定时期内，在每一价格水平时愿意而且能够购买的某种商品量。需求是购买欲望与购买能力的统一。表示某种商品的价格与需求量之间关系的表格就是需求表。在其他条件不变的情况下，一种商品的需求量与其本身价格之间成反方向变动，即需求量随着商品本身价格的上升而减少，随商品本身价格的下降而增加。

当价格上涨时，需求下降，经济增长就会减速。一些国家为了特定的需要，就会使用凯恩斯主义平滑这种经济波动。**凯恩斯主义本质上是创造货币需求，当政府采取赤字财政的时候，向市场释放货币，带动货币的需求，美化了经济增长的数字。很显然，货币流量增加，**

不会带来社会财富的增长，创造货币需求与提高人民的生活水平并没有直接的关系。 货币流量的不断增长必定带来商品价格的上涨，进一步削弱了消费者的购买力。所以，任何一个以投资为主的经济体（伴随的自然是货币增发或者财政赤字不断放大），都会带来资产价格泡沫和商品价格持续上涨，而消费在经济增长中的作用不断下降。

很显然，凯恩斯主义有两点优势：

第一，经济危机发生时，市场自身失去了自我调节功能，政府通过财政的手段可以恢复市场的自我调节功能。

第二，有利于政府掌控经济增长，货币可以带动价格，政府就掌握了财富的流向。

长期采用凯恩斯主义对经济是有害的，因为不断释放货币造成的价格上涨会抑制需求，资产泡沫的形成也抑制了创新，无法给消费者提供更有效的、高水平的供给。

自 20 世纪末开始，全球很多国家都在使用凯恩斯主义经济理论推动经济增长，随着通胀不断累积，这些国家将逐步陷入滞胀的泥潭。此时，需求理论将会衰落，有效供给理论将会受到重视。

有效供给理论与国家利用财政赤字、创造货币需求不同，认为只有不断地向消费者提供更高水平的服务，实现消费者生活水平的提高，才能有效地带动需求的增长，最终实现经济增长。这里还有一个关键之处是：企业在生产更多的商品和为社会提供更高水平服务的同时，经济得到发展，就业实现增长，人们的收入水平提高，消费能力得到提升，从而实现经济增长和消费能力提高的良性循环。

在这样的情形下，只有那些内需强大、创新能力卓越的国家，经济才有持续增长的动力。内需强大，就会吸引国际企业在本国投资，进而更方便占领消费市场；科技创新能力强，意味着可以不断地在更高水平上增加供给，既提高人民生活水平又可以实现经济的持续增长。要建立强大的内需和实现科技创新，根本措施之一是建立坚固的货币信用。**稳定的货币购买力是实现消费能力不断增长的前提，也是实现创新型经济的基础。**

信息共享决定了资本的快速流动

信息共享已经打破了传统的经济形态，产业资本的快速流动也会带动金融资本的快速流动，这将成为现代经济的常态，自然就提升了对于国家金融体系的要求。

最明显的事实是，当一个国家体现经济竞争力优势以后，就会出现国际资本的快速流入，流入的资本分为两种：一种是产业资本，源于本国生产要素价格低，生产效率高，资本投资回报率高，产业资本集中流入；另外一种是金融资本，这些资本投资于资产类别，押注资产价格上涨。当一国经济的竞争优势消失以后，就会带来反向流动。2012—2014年，俄罗斯私人资本净流动直接引发了2014年下半年的卢布危机(图6.6)①。

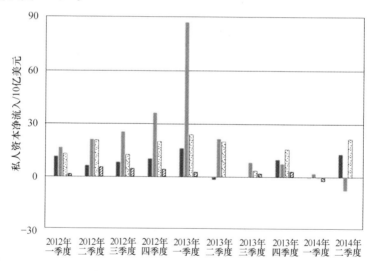

图6.6　2012年一季度至2014年二季度俄罗斯私人资本净流动数据图

注：横轴代表时间，纵轴代表资本进出情况。俄罗斯2013年一季度私人资本净流入近900亿美元，2014年二季度净流出约80亿美元。

---

① 王懿君. 两张图看清俄罗斯资本外流有多严重 [EB/OL]. [2014-10-04][2015-01-28]. http://wallstreetcn.com/node/209004.

一个国家在资本净流入的时期，说明资本投资回报率高，经济繁荣，资产价格高涨，资本流入会带来本币的升值，掩盖实际的通胀水平。可是，当资本反向流动时，带来货币贬值，通胀恶化，让一个国家陷入巨大的危机。

2013年一季度以前，由于原油价格在高位，原油开采的资本投资回报率高，私人资本净流入俄罗斯的速度不断加快，到2014年一季度，虽然资本净流入的速度下降，但依旧还是净流入。2012年，随着资本净流入的速度不断加快，俄罗斯卢布兑美元是升值的；2013年是小幅贬值，但卢布兑美元全年基本在30∶1至34∶1之间波动。从2014年年中开始，随着私人资本持续净流出，俄罗斯卢布加速贬值，四季度酿成卢布危机。2013年12月31日，卢布兑美元汇率为32.73∶1，到2014年12月31日，暴跌至56.2584∶1。伴随卢布贬值的是俄罗斯通货膨胀立即恶化，2013年，俄罗斯的通货膨胀率为6.5%，2014年，俄罗斯通货膨胀率为11.4%。更加严峻的是：通货膨胀主要是受到食品价格上涨拉动，鱼、牛肉价格在2014年上涨40%以上，严重影响了俄罗斯的社会稳定。2014年，俄罗斯经济增长了0.6%，但如果以美元计算，俄罗斯的GDP相当于倒退了4~5年。世界银行等组织均预计俄罗斯在2015年将陷入经济衰退。

造成俄罗斯卢布危机的主要根源是国际原油在2013—2014年度开始的供过于求及2014年下半年的价格暴跌。俄罗斯以石油开采为支柱产业，由于原油价格暴跌，资本投资回报率下降，投资环境严重恶化，国际资本快速流出，最终引发了卢布危机。

现代经济体系中，金融资本越来越庞大，集中的流入和流出往往可以对一国正常的金融秩序带来猛烈的冲击。这带来的现象是本币对外连续升值或贬值。在本币升值周期，压制了本国的通货膨胀水平，经济增速比较高，资产价格上涨；当本币贬值时，通货膨胀恶化，经济长期萎靡不振甚至萎缩，资产价格泡沫破裂。这种周期性的波动对一国经济形成沉重的打击。

任何国家的竞争优势都是随时转换的，特别是对于信奉凯恩斯主义经济理论的国家，货币增发加速推动生产要素价格上涨，削弱本国的经济竞争优势，如果再没有强大的内需市场和科技进步能力，这个国家对国际资本的吸引力就会快速下降，进而造成资本持续流出。如果再伴随其他因素（比如战争或社会基本矛盾激化），就会带来产业资本和金融资本的快速出逃，出现本币连续贬值，通货膨胀恶化，最终陷入长期的滞胀。

因此，在互联网时代，由于国际产业资本和金融资本的集中流入或流出，对本国的金融冲击特别猛烈，强大到可以冲垮一国的货币体系，这就对国家的经济管理和货币管理提出了更高的要求。这种情况下，建立本币牢固的信用根基和科学的金融管理体制，就显得更为重要，只有如此，才能承受产业资本和金融资本流动带来的冲击。

阿根廷的"闹剧"

在传统的、比较封闭的经济体系之下，很多国家都近似于是自给自足的经济模式，一国经济竞争力下降，落后于世界水平，虽然也会带来落后和贫困，但这是一个比较长时间的过程。可是，在信息社会，全球处于一个开放的体系，当一国的竞争力下降以后，产业资本和金融资本就会快速、集中流出，本国货币立即贬值（甚至是大幅度贬值），这直接让本国以美元计价的 GDP 和人均收入快速下降，人们的生活水平快速降低，落后与贫困就会快速来临。

2013—2014 年，随着大宗商品需求和价格的走低，资本投资回报率下降，以生产大宗商品为主的国家普遍受到冲击，阿根廷位列其中。阿根廷比索的发行一直是不规范的，此时，如果不能规范基础货币的发行，经济局势就会快速恶化。

2014年5月28日，阿根廷《号角报》报道说，阿根廷央行行长法布列加当天在泛美生产和贸易理事会企业和银行午餐会上承认，当年1月阿根廷政府操控本币大幅贬值，目的是减少比索汇率的波动和增强出口行业竞争力。法布列加说，1月份比索累计贬值21%，1月至3月间阿根廷出口部门竞争力同比提高了15.1%，证明贬值决定对推动出口是有效的。报道说，这也是阿根廷政府首度承认1月比索大幅贬值系政府主动行为。

2008年后，阿根廷比索不断贬值，经济不振，阿根廷政府希望通过货币加速贬值来提升本国经济活力的意愿能够实现吗？

需要注意的是，2014年的阿根廷政府是一个很"特别"的政府，经济数据造假不仅被民间和经济学家批评，也受到国际货币基金组织的谴责。从2014年开始，阿根廷政府开始对通货膨胀、经济增长率等经济数据采用新的统计方法。

按阿根廷政府新的统计方法，2013年经济增长率修正为3%，而此前阿根廷国家统计局公布的这一数据为4.9%（水分比较大）。阿根廷国家统计局在2015年3月20日发布的数据显示，该国2014年经济增长率为0.5%。2014年的四个季度，阿根廷经济增速持续减速，一季度同比增长2.8%，二季度为1.6%，三季度为0.8%，四季度跌至0.4%，远远低于2013年3%的经济增长率。需要注意的是，阿根廷可能又在犯"传统的毛病"，四个季度的经济增长数字与全年的统计数字并不完整相符，各季度的经济增长数据更与经济学家的数据不符，政府公布的上半年经济增速是2.2%（算术平均值），而独立经济学家认为是萎缩1%。

阿根廷官方公布的2013年通货膨胀率是10.9%，但根据阿根廷国会部分党团联合发布的数据，2013年通货膨胀率为28.4%。2014年，阿根廷失业率从2013年的6.4%升至6.9%，政府统计的年通货膨胀率为23.9%，但按照更为可靠的民间研究机构统计，2014年的通货膨胀率高达 30%～35% 之间。

无论按政府公告的数字还是按独立经济学家的数字，阿根廷比索在 2014 年初的大贬值，并没有给阿根廷经济带来丝毫的提振作用。

阿根廷比索大贬值的影响依旧在发酵。阿根廷是全球主要农产品出口国，是全球玉米第三大供应国。阿根廷布宜诺斯艾利斯 2014 年 9 月 10 日消息：据阿根廷罗萨里奥谷物交易所周二称，2014 年度至 2015 年度阿根廷玉米播种面积可能减少 16%，因为通货膨胀率高企导致玉米种植成本上涨。预计 2014 年度至 2015 年度阿根廷玉米播种面积为 370 万公顷，比上年减少 70 万公顷，阿根廷农业也开始出现萎缩的迹象。

2014 年 4 月 10 日，阿根廷举行全国大罢工，据巴西《圣保罗页报》报道，这次大罢工由阿根廷三大工会组织发动，超过 100 万人参加。示威者对日益恶化的社会治安和高涨的物价表达不满，要求增加工资，保障生活水平。

2011—2014 年，因为国际大宗商品需求不振，价格总体显现跌势，阿根廷经济失去了活力，产业资本和金融资本不断外流，阿根廷比索不断贬值，通货膨胀上升。此时，阿根廷的政治家们在 2014 年初制造比索的加速贬值，希望通过本币过度贬值来增加出口，提振经济增长，可是，这会带来通货膨胀加速恶化，最终会导致企业的生产成本进一步上升，出口商品的价格优势就会丧失甚至进一步恶化，损害出口和经济增长，资本进一步外流，恶化国家的经济基础。阿根廷政府并没有解决造成资本外流的根本原因，那就是整个国家的经济效率问题，其中的核心内容就是行政效率，当行政效率提升以后，企业的负担就会下降，生产成本就会降低，国际竞争力就会提升。阿根廷使用货币加速贬值的手段提振经济，自然无法得到他们期望的结局。因此，阿根廷中央银行的做法名义上是提振经济，本质上是政治手段，为增发基础货币寻找借口（只有增加市场中的基础货币才能快速打压汇率），使用印钞的手段增加财政收入。最终的结果就带来更严重的通货膨胀，资本进一步外流，工农业萎缩，使社会进一步走向动荡。

全球经济一体化背后的"大谋略"

这个世界上从没有免费的午餐。

全球经济一体化会是免费的午餐吗？当然也不是。

全球经济一体化有很多好处，经济学家们已经充分地进行了挖掘。按20国集团财政部长和中央银行行长2002年底新德里会议的说法："全球经济一体化的好处正在日益显现。"会议公报指出："各国经济的相互依赖和金融市场的日益一体化给许多国家的经济发展带来了巨大的好处和广阔机会，但许多国家也因此而变得更易受到外部的冲击。各国必须增强预防金融危机的能力，并在金融危机发生时迅速作出在社会和经济方面切实有效的反应……有效和负责任的国际金融机构以及世界性的监督机制对健康的金融体系的形成是必不可少的。同时，可持续的汇率机制、审慎的债务管理和国际标准与准则的实施等，也是有效的危机防范战略的重要组成部分。"在谈到经济全球化问题时，与会财政部长和央行行长们认为："通过实施适当的国内政策和创造有利的外部环境，全球化能够提高发展中国家发展经济的能力，可以使许多国家的生活水平提高，在减少风险的情况下得到最大的收益。"

可本人认为，全球经济一体化在带来发展中国家经济发展的同时，也给部分国家带来了根本无法应对的金融危机，任何救助机构和手段都无济于事。

今天的世界，最重要的是什么？是国家主权。主权的内容包括领土、领海和领空，更包括金融主权。美国在今天握有世界经济发展的两项主动权：第一，是全球最主要的消费终端；第二，占据全球经济产业链的顶端，大部分世界五百强的企业集中在美国。美国的本位币是美元。在两个顶端的带领下，全球经济一体化的结果是全球经济美国化和美元化。如果将一体化的全球经济比喻为一条龙，那么，美国企业就是"龙头"，其他国家的企业就是"龙身"和"龙尾"，随"龙头"摆动，为"龙头"服务，所以，全球经济一体化意味着全球经济美国化。因为"龙头"使用的是美元，"龙身"和"龙尾"与"龙头"发生往来结算的时候也需要使用美元，所以，出现了全球经济美元化。

这就形成一个现实，当任何一个国家参与全球经济一体化的时候，自身的外汇防火墙就消失了。源于本国企业的大部分采购需要美元，出售的产品得到的是美元，基本上与本币隔离（所谓的两头在外的企业模式）。即便本国那些中小企业，没有与美国企业发生直接业务往来，但也会通过那些与美国企业直接发生业务往来的企业，间接地发生关系。这意味着美元进入各国的经济领域，这些国家的金融防火墙形同虚设。

所以，**经济全球化的结局是全球经济美元化，美元深入到每个国家的经济领域，每个国家的人民也就进一步熟悉了美元，有些人持有美元，相当于在这些国家中形成了双货币制。**

全球经济一体化的过程，就是美元攻破其他国家金融防火墙的过程。

2008年美国金融危机之后，美联储进行了三次量化宽松，在救助本国经济的同时，也得到了以下的结果：

第一，助推全球经济一体化的进一步深入。这是很显然的事情，美元宽松，有益于全球贸易，使"龙尾""龙身"与"龙头"的关系更紧密。

第二，为了对抗2008年美国金融危机造成的经济波动，很多国家效仿美国进行经济刺激，这飞速地推升了各国的债务水平。国际清算银行在 2014 年初的报告显示，2007 年中期、美国金融危机之前，全球债务市场规模仅为 70 万亿美元，但截至 2013 年 12 月 31 日，这一规模已攀升至 100 万亿美元，涨幅逾 42%。摩根士丹利印度和东南亚经济学家 Chetan Ahya 指出，2008 年金融危机后，（除日本外）亚洲地区债务与 GDP 的比率上升 62 个百分点，已从 2007 年的 149% 上升到 2013 年的 211%，而美国、欧洲以及日本的升幅分别为 23%、36% 和 57%。各国债务率的上升，使得本币汇率承受的压力加大。

全球经济一体化的进一步深入，提升了对各国国际结算能力的要求，而债务的上升使本币汇率承压，限制了各国的国际结算能力，使各国对美元的依赖性增强。于是，那些本币不是国际硬通货的国家处于巨大的危机之下，很容易形成主权债务危机。

从美联储的资产负债表上也可以看出问题所在。金融危机之前，美联储的资产负债表仅仅是 8200～8300 亿美元，通过三次量化宽松，2014 年 7 月，美联储的资产负债表达到 4.377 万亿美元。但如此庞大的美元数量并未在美国本土形成通胀，缘于这些美元进入了各国央行的外汇储备以及国际贸易的结算系统，也进入了各国企业的经营过程和部分居民的手中。

这意味着美联储三次量化宽松以后，美元已经更加深入地进入到许多国家央行的资产负债表和经济生活中，这些国家的经济对美元的依赖性愈发严重。这种双货币制与历史上曾经出现过的金银复本位制（图 6.7）具有一定的相似性，在金银复本位制下，金银各自的价值和相互之间的比价是市场决定的，在美元—本币双货币制下，美元和本币的价值以及它们之间的兑换率也由市场决定，差别在于金银的数量取决于矿业开采的进程，而美元与本币的数量只取决于各国央行，具有更大的不确定性。

图 6.7 美国 1840—1873 年发行的 1 美元银币与
1854—1889 年发行的 3 美元金币

（图片来源：维基百科）

世界货币史上的不同时期，均曾经出现过复本位制，最典型的是金银、金铜、银铜复本位制，两种贵金属均可以承担货币的职责。当两种贵金属有法定的价格比例时，如果它们的市场价格出现波动就会出现劣币驱逐良币的现象（格雷欣法则）。

今天的国际市场上，主要的货币都是可自由兑换的，货币之间没有法定的兑换比例，执行的是反格雷欣法则。

当全球经济一体化深入之后，就在很多国家内部形成美元与本币双货币并行的事实，两者之间的价格也没有法定的价格比例，执行反格雷欣法则。无疑，当一种货币开启升值周期以后，另一种货币必须强行跟随，如果不能跟随，就会遭受持有者的抛弃。

美国目前依旧是全球经济、科技、军事实力最强大的国家，也因为美元的管理机制在世界范围内相对更加完善，其他的货币在与美元的竞争中处于相对劣势，这就为这些国家埋下了巨大的金融隐患，各国传统的外汇防火墙完全失去了作用，这或许才是美国推进全球经济一体化的最终目的。

那些本币信用管理水平不完善的国家在货币战争中受到的威胁更大。

当美联储收缩资产负债表的时候，世界各国特别是新兴市场国家的国际结算能力将立即面临困境，已经一体化的全球经济面临剧烈的紧缩，就会形成新的"美元荒"。这仅仅是一方面因素，另一方面，因为美元升值，各国的本币持有者就会将本币兑换成美元，进一步加剧"美元荒"。两方面的"美元荒"共同冲击国家的对外结算能力，而且内部冲击更严重，因为过去很多年大部分国家都在奉行凯恩斯主义经济理论，货币存量非常高，当需要避险时，对本币汇率的冲击力量非常强大，这种冲击能力，无论是否进行外汇管制都会释放出来。此时，这些国家的货币如果不能跟随美元同时升值（这种升值能力取决于制度的先进性，经济、科技、军事发展水平和货币的管理水平），就会出现被动贬值，快速推升本国的通胀水平。所以，2014年发生的卢布危机不过是俄罗斯中了"头彩"，因为原油开采是俄罗斯的支柱产业，处于全球经济产业链的前端。

全球经济一体化是一个国家经济发展的机遇，但必须完善本国货币的信用，使本币成为国际上可自由兑换的硬通货，这是投入全球经济一体化浪潮的前提所在，也是参与这场全球"游泳大赛"的本钱。如果本币没有完善的信用，参与了全球经济一体化，就给美元提供了收割世界特别是新兴经济体国家的巨大机会，现在全球绝大多数国家都已经入了这个"局"，因为在今天，除了美元之外，只有几种货币可以执行国际硬通货的职能，包括瑞郎、港币、欧元、英镑等。

全球经济一体化，给世界各国带来经济发展机遇的同时，也必定带来严重的后患，世界上从没有免费的午餐。2014年7月开始，美元已经开启升值之旅，当美元收缩到一定程度的时候，很可能会爆发全球性的债务危机，许多国家的货币会快速贬值。有些国家的货币会被摧毁，美元成为这些国家的本位货币。危机的程度和规模会超过20世纪80年代的拉美危机，源于全球经济一体化已经深入、各国的金融防火墙已经形同虚设。

今天的世界已经形成这样的局面：在美国国内的商品经济市场中，

数字货币开始攻城掠地，抢占商品交易市场的份额，黄金的货币职能加速回归，美元所占据的商品交易市场份额受到冲击，美元面临巨大的生存压力，只有升值才能对抗数字货币和黄金的冲击；而在世界的其他地方，基于全球经济一体化的推动，大部分国家已经形成事实上的双货币制度，这些国家的本币和美元共同存在于经济生活中，美元实际上已经成为这些国家本币的价值标尺，一旦这些国家的本币出现贬值，本币持有者就会冲向美元，极大地放大了这些国家出现货币危机的可能性。

世界货币体系面临巨变。

第七章

信用归来

　　历史上的很多时期,均有货币信用丧失的阶段,但信用终会归来,不会早也不会晚。信用回归的时间不受任何人左右,当商品交易市场开始诞生新的交易方式以后,就意味信用加速回归。

　　信用"先生"会"请假""旷工",但也会及时回来,因为以信用为标志的人权属性是货币的根本属性。

　　信用是社会根基,是经济之"王",信用回归自然会给世界带来翻天覆地的变化。

　　让我们看看信用"先生"如何演绎这些变化。

信用革命的黎明

美联储的银行家们在想什么

美元指数从2014年7月下旬以来,开始了一轮轰轰烈烈的上涨,表面看起来是日本和欧元区开启量化宽松和美国经济的持续好转共同推动美元指数的上涨,但这些只是表面现象,深层次的原因是美元的信用水平远远低于黄金并且面临数字货币的挑战。

自从布雷顿森林体系解体以来,美元相对黄金已经出现巨幅贬值。2008年美国次贷危机以后,美联储长期执行0~0.25%的低利率政策,三次量化宽松的时期,黄金走出大牛市,就是美元信用下降之后的必然结局。2014年8月,美国核心生产者物价指数年率是1.8%,核心消费者物价指数年率是1.7%,而美元的利率依旧维持在0~0.25%,这意味着美元的信用是不完善的,低于黄金的信用水平。何况,未来在数字黄金货币和数字货币方面也会出现存贷款商业运营模式,也会出现利息收入,美元信用不完善的影响会被进一步放大。

在2014年9月17日的议息会议上,美联储将2015年GDP增速由之前的3.0%~3.2%下调至2.6%~3.0%,一般情形下这会影响美元指数的涨势,但这样的利空丝毫不能影响美元指数的上涨,因此,从某种角度上说,美元这次上涨可以看作是在黄金和数字货币的胁迫之下进行的。美元需要弥补自己的信用缺口,预计这种信用缺口会以比较快速的形式弥补。

一个非常值得注意的地方是美联储关于债券到期以后再投资的选择。到2014年8月，美联储的资产负债表达到4.42万亿美元，除了美国国债之外，尚有资产支持证券（ABS）等。过去，这些债券到期后，美联储则会继续投资。美联储在2014年9月17日的声明中说到：逐步并以可预见的方式缩减所持资产；美联储在开始升息后，将结束或逐步停止这些到期债券的再投资（这相当于回收基础货币），停止的时机依据经济金融形势而定。

美联储在2015年12月开始升息，意味着收缩周期已经起步，未来还会逐步停止到期债券的再投资，相当于加息与减少市场中的基础货币同时进行，这是剧烈的货币收缩措施。

美联储给出如此强烈的紧缩信息，最根本的原因是在美国商品交易市场中其他交易方式有蔓延趋势。美联储的官员们最基本的职责是对美联储这家发钞行的市值负责，美元在商品交易市场中的份额不断下降，美联储的市值就会下降，这才是美联储官员做出所有决定的基础。

另外，传统的货币理论中，当一种货币不断丧失信用后，在没有产生新的交易方式以前，市场只能被动地容纳这种信用不断丧失的货币，间接地延缓了这种货币价值下跌的速度。可是，当市场中产生新的交易方式以后，这种货币就面临剧烈的贬值，甚至被商品交易市场快速抛弃。现在，无论在美国本土还是在国际上，商品交易市场都已经产生了新的交易方式，那就是黄金和数字货币开始成为经济生活中的一般等价物，此时，美联储必须让美元快速地恢复信用水平，否则，美联储将面临灭顶之灾。这才是美联储希望同归更传统的方式，在调低2015年经济增长预期的情况下希望尽快提升利率的根本原因。

信用革命与美元无关

信用革命是美元升值的结果吗？不是！

恰恰是布雷顿森林体系解体之后信用货币不断贬值，加速了"信用先生"的回归。

基于美联储的私人股权性质，美元会最先顺从信用大潮的趋势，顺势而为，在黄金与数字货币的驱动之下，不断恢复美元的信用水平。

如果美元不进行信用恢复又当如何？

美国本土与世界商品交易市场已经诞生新的交易方式。黄金和数字货币正在蚕食过去完全由美元独占的商品市场交易份额，如果美元不能实现信用回归，那么，黄金与数字货币在商品交易市场中所占据的份额就会以更快的速度扩张，美元在商品交易市场中的份额被不断压缩，美元将结束自己的使命。

信用不断丧失的货币被商品市场彻底驱逐的情形，在历史上曾经多次上演。

中国元朝时期，元世祖忽必烈（图7.1）于1260年发行中统钞，中统钞发行初期的10年价值非常稳定。此后开始贬值，在中统钞到至元钞、至大钞的信用破产过程中，商品交易市场并没有大量产生新的交易方式，商品交易市场持续地、被动地容纳不断贬值的纸币。到元惠宗开始发行至正钞以后，因为至正钞贬值严重，商品市场开始产生新的交易方式，很多地方开启以物易物，民间交易和标价也开始使用银或铜钱，也有餐馆自制钞票，至正钞的数量快速增长而商品交易市场中至正钞所占的份额不断被压缩，至正钞快速灭亡。南京国民政府时期，法币不断贬值，在法币诞生以后的中前期，商品交易市场并没有诞生新的交易方式，而是不断被动地接受和容纳不断贬值的法币，可是，到了解放战争的阶段，法币贬值过于严重，市场产生了新的交易方式，上海很多场合开始使用银元和大米作为交易手段，法币数量不断膨胀而商品市场所占份额不断被压缩，法币快速灭亡。

今天，商品交易市场中已经产生新的交易方式，如果美元不希望被淘汰，就只有走向信用恢复之路。信用革命的发生与美元无关。

图 7.1 元朝画家刘贯道绘制的《元世祖出猎图》
（骑黑马、身穿白裘的男子是元世祖忽必烈）
（图片来源：维基百科）

元朝虽然也铸铜钱，但数量很少，质量也比较差，主要流通纸钞。在中统钞初期（主要是 1270 年以前），因为财政严格执行量入为出的原则，纸钞的印制和发行数量得到严格控制，曾经出现钞贵银贱的现象，这时期的纸钞非常成功，可以随时兑换金银。在元惠宗发行至正钞（1350 年）以前，市场中未产生新的交易方式，可以不断被动容纳纸钞。元惠宗发行至正钞后，由于贬值非常迅速，通胀恶化，商品交易市场开始产生新的交易方式：民间的日常交易、借贷、商品标价等多使用白银；也有很多地方开始使用铜钱，比如江西吉安铸行过一种"至正之宝"铜钱，用来代表纸币流通，称为"权钞钱"；还有一些地方开始以物易物或自制纸钞。这些行为加速推动至正钞走向灭亡。

美国政府给出的答案

前文说到，在美国货币管理体制下，美联储的政策会引领美国政府的政策，如今美联储希望回归更传统的发钞行模式，以管理美元的信用水平为中心。这必定带来美国政府的一系列变化，美国政府的一系列作为就是最终的答案。

从奥巴马上任以来的国策上，可以看到美元未来的走势，也可以看到美联储的目的。

美国政府做出的第一项战略选择是压缩贸易赤字。长期的贸易逆差是美元贬值的主要推动力之一。2008年的经济危机充分暴露了美国经济的结构性矛盾，美国重新意识到实体经济尤其是制造业的重要性。2009年6月，奥巴马政府正式提出重振制造业战略，明确表示重振美国制造业成为美国经济长远发展的重大战略。由此，美国一系列"制造业回归"政策出台：

第一，优化政府服务职能，完善制造业发展的行政环境，设置专门职能机构。

第二，加大税收扶持力度，减少企业的行政成本。

第三，强化对外贸易政策，提高产品的国际竞争力。为保障在未来全球制造业分工体系中的核心利益，美国正千方百计推进以"跨太平洋伙伴关系协定""跨大西洋贸易与投资伙伴协议"，为新的国际贸易和投资秩序制定基础。

第四，推动产业升级，鼓励创新，抢占先进制造业话语权。通过一系列政策和资金扶持，提升新材料、高端信息技术、新能源、生物科技、机器人、智能高效生产流程、智能电网、医疗信息化等高新技术产业的研发和技术应用。

第五，优化能源结构，降低制造业的能源成本，加速发展风能、太阳能、水电、生物能、核能和清洁煤，开发页岩气、页岩油和石油，努力实现能源独立。

追求能源独立是美国政府2005年以来的一项基本国策，随着页岩气、页岩油和近海石油开采的逐渐推进，美国能源自给率快速提升。根据彭博社的数据，美国能源自给率自2005年创下70%的低值后一直稳步提升。按美国能源署的数据，2013年上半年，美国的能源自给率达到87%，美国正快速行进在能源自给的道路上。

如今，美国、加拿大和巴西已经是世界上原油增产最快的国家，这对于美国具有重大的战略意义，意味着用不了多长时间，美国就可以摆脱对亚非原油的依赖。

能源自给的不断推进和制造业的回迁，将削减从 20 世纪 70 年代以来美国就在不断扩大的贸易赤字，这已经是非常明显的事实。2013 年全年，美国产品出口同比增长 2.8%，进口下降 0.1%，贸易逆差是 4715 亿美元，而 2007 年，美国的贸易逆差是 8154 亿美元，2013 年的贸易逆差与 2007 年相比已经缩减了 42%。

美国政府做出的第二项战略选择是压缩军费支出。军费开支过于庞大一直是推动美元贬值的动力。东西方冷战时期，在德国的大量驻军、朝鲜战争和越南战争直接导致了 20 世纪 50 年代至 60 年代的数次美元危机，也是 1971 年布雷顿森林体系解体的直接原因。此后，美国还主导了科索沃战争、两次海湾战争和阿富汗战争，特别是"9·11"事件之后，基于对恐怖主义的打击，军事行动更加密集，军费支出不断加重。根据斯德哥尔摩国际和平研究所、国际货币基金组织等研究机构给出的数字，美国 2001 年的军费支出为 2001 亿美元，而 2003 年猛增至 4050 亿美元，说明一系列反恐战争使军费支出大幅增长；到 2006 年，军费支出进一步增长至 5287 亿美元，与 GDP 的比率为 4%；2009 年的军费支出是 6610 亿美元，与 GDP 的比率已经增长到 4.7%；2010 年的军费支出是 6980 亿美元，与 GDP 的比率继续上涨到 4.8%。而全球军费与全球 GDP 的比率在 2013 年是 2.4%，美国远高于全球的平均数。说明一系列的反恐战争，让美国付出了巨大的财政代价，是美元贬值的主要推动力之一。

从 2011 年以后，这种趋势开始逆转。2011 年，美国军费支出 7110 亿美元，与 GDP 的比率为 4.71%；2012 年，美国军费支出为 6820 亿美元，与 GDP 的比率为 4.35%；2013 年，美国军费支出为 6400 亿美元，与 GDP 的比率为 3.81%。

随着美国军事战略的持续调整，驻阿富汗美军的陆续撤出，军费预算特别是陆军的支出会进一步削减，这会有助于实现美国财政平衡。

美国政府之所以极力推动财政平衡，削减财政赤字，缘于美联储进入货币收缩期之后，市场利率将步入上行轨道，如果美国政府保持很大的财政赤字，就需要发行大量的国债弥补财政缺口，在利率走高的情况下，美国政府难以承受这样的高成本。所以，美国政府压缩财政赤字是必须进行的，是美联储货币收缩时期的必然选择。

外贸逆差不断缩减，军费开支受到控制并恢复到正常水平，这是美元进入收缩准备期和收缩进行期时美国政府必然的选择（美联储也必须给美国政府留出政策调整周期）。虽然美联储对外会布下"迷局"，但美国政府的一系列政策会提前给出这一"迷局"的答案。

美联储在干什么

在过去的几年中，部分财经评论家将美联储的资产购买计划描述成美国国家债务货币化，这种误导性的言论会引起人们对通货膨胀的担忧。虽然美联储的确在二级市场购买了大量的政府债务，但由此就假设没有美联储的干预这类市场不会如此活跃，很可能是站不住脚的。

澳大利亚的宏观经济学家，现代货币理论创始人之一 Bill Mitchell，发布了《谁在真正持有大量的美国国债》的文章，结果多少有些令人吃惊。

自 2008 年金融危机后，随着美国政府债务率快速上升，美联储持有的美国国债数量占美国国债总量的比例是下降的。美联储单独所持有的美国政府债务比例如图 7.2 所示[①]。

由图 7.2 可以看出，美联储在 2007 年以前，持有美国政府债务的比例比较高，基本维持在一半以上，2007 年到 2009 年年中，持有比例持续下降，2010 年下半年到 2011 年上半年，持有美国国债的比例再次上升，此后继续下降，到 2012 年 12 月，持有比例只有 39.7%。

---

① 王秉淳. 到底谁在大量持有美国政府债务 [EB/OL]．[2013－09－01]［2015－01－28］. http://wallstreetcn.com/node/54910.

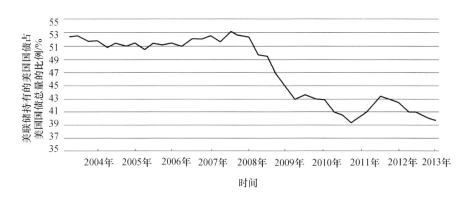

图 7.2　美联储持有的美国国债比例的变化示意图

美联储持有美国国债的比例下降，意味着各类机构和私人投资者持有的美国国债比例上升。

Bill Mitchell 提供了几个有趣的观点：

(1) 当美国的公共债务比率超越主流观点认为的 80% 红线后，美国政府债务的私人需求上升。因为私人市场知道，持有美国国债没有什么实质性的违约风险。

(2) 外国持有者的比例上升。对此，不能得出外国政府（中国、日本等）"资助"美国政府的结论。

(3) 外国持有者的比例上升是国家之间贸易模式的直接结果。例如，由于对美国经常账户盈余，中国将自动累积美元计价的债权。这些债权存在于美国银行体系内，表现为美元存款或附息债券。

对此，本人却有完全不同的理解。20 世纪 80 年代初期之后，美国政府的负债率一直在增长，特别是 2008—2009 年，美国政府的负债率越过了经济学家公认的警戒线 80%（2009 年美国国债与 GDP 之比为 84.4%）。美元的发行是以金银、美债以及其他商业债券为准备金的，随着美国债务率的上涨，风险度就在提升。此时，发钞行和私人投资者之间的风险偏好是不同的，换句话说，随着美国国债与 GDP 比例的上升，2008—2009 年越过 80%，而美联储从 2007 年就已经开始降低持有国债的比例，目的是保证货币发行准备金的信用水平，进而保证所发行货币的信用。这是任何一个发钞行必须做出的选择。

因为美联储终归是一家私有股权的发钞行，它必须为自己的价值负责，美国国债的风险度上升时，就需要降低货币发行准备金中的国债比例。这样的情形在中国也曾经出现，南京国民政府时期，当时的"中国银行"是发钞行，"九一八"事变之后，全国人心震撼，公债价格下跌，风险加大，"中国银行"担忧发行准备金中含有国内公债，有损自身所发行钞票的信用，决定将南京国民政府发行的公债、库券一律从货币发行准备金中抽出，换成确实稳妥的资产，并于1932年1月14日在"中国银行上海分行"（图7.3）发布公告。

图7.3 "中国银行上海分行"照片

（图片来源：维基百科）

1931年"九一八"事变爆发，东北很快沦陷。1931年12月，蒋介石被迫下野，改由林森出任南京国民政府主席，孙科出任行政院长。孙科上任之时，南京国民政府财政状况已经到了山穷水尽的地步，每月军费开支1800万元，党政费用400万元，共需2200万元，而当时有保证的收入只有来自上海的税收每月700万元，根本无法维持政府的正常运转。情急之下,孙科召集国民党中央委员在上海开会,主张停付公债、库券本息,挪用国债基金3400万元作为政府开支,期限6个月,并准备回到南京后召开会议通过施行。

消息不胫而走,于是舆论大哗,社会恐慌。自"九一八"事变后一直低迷的上海证券市场更受打击,发生公债风潮。1932年1月5日,上海的华商证券交易所开市,公债、库券价格直接跌停。1月12日,上海市商会、银行业同业公会、钱业同业公会等,向南京国民政府提出强烈抗议,认为停付公债、库券本息是"自害害民、自杀杀人之举"。自1月15日起,上海的证券交易所已不敢开市。

1932年1月14日,"中国银行上海分行"发布公告,将南京国民政府发行的公债、库券一律从钞票发行准备金中抽出,换成确实稳妥的资产,以确保中国银行所发钞票的信用。

南京国民政府在各方一片反对声中终于意识到了事态的严重性,被迫作出让步,于1月17日明确表示:"现政府决定维持公债、库券信用,并无停付本息之事……"至此,公债风潮方才平息[①]。

虽然从2010年下半年开始,为了对抗金融危机所造成的影响,美联储在第二次量化宽松期间短期加大了持有美国国债的比例,但之后,美联储持有美国国债的比例再次下降,这是美联储这间发钞行维护自身价值的手段。在美国现有的体制之下,国债货币化不符合美联储的利益。

美联储削减持有美国国债的比例,必定对美国政府不断扩大的财政赤字形成压力,是美联储的选择决定了美国必须走向削减财政赤字之路。所以,美国政府从2009年以后致力于缩减贸易赤字和军费开支,压缩财政赤字,向实现财政收支平衡的方向努力。

美联储和美国政府不是完全意义的"一家人",是信用这个纽带在引领美联储的行为,也在影响着美国政府的财政政策。

美联储和美国政府给出的共同答案是:美元将开始进入信用恢复周期。

---

① 何品. 1932年公债风潮. 新民晚报,2011—01—15.

信用革命改变什么

铸币税与政府行为

在货币增发过程中,中央银行都会实现巨大的收益,这些收益主要成为了政府的财政收入。虽然美联储是私人股权的银行,但美联储的盈利中的大部分也进入了美国财政的账户,何况其他直接隶属于政府的中央银行,所得收益完全进入政府财政。通货膨胀的水平越高,政府的收益就越高。

同时,货币增发形成资产泡沫,在很多领域政府可以实现隐性赋税,进一步放大了政府的收益。

铸币税和隐性赋税极大地提高了政府的财政收入,政府掌握着巨大的财力,形成强势政府,这是最近几十年比较普遍的现象。如果一个政府再大量举债,就会更加强势。因此就可以看到,一些国家的经济增长几乎完全由政府掌控,民众对于政府也形成了很大的依赖性,政府几乎是无所不能。可是,当信用革命发生以后,货币的信用提升,铸币税和隐性赋税下降,维持强势政府的基础消失。

这时,就会出现两种情形。第一种是政府可以适时压缩财政开支,通过减税、增加对贫困人口的生活补助、激发社会的创新活力进行经济结构的调整,通过经济增长方式的转型实现经济的再次繁荣。这种情况下,货币信用的提升有助于科技进步和管理进步,缘于货币信用提升的周期,资本无法通过资产价格炒作牟利,即无法实现货币套利。第二种是一些刚性的社会,政府无法逆转财政支出的惯性,也就无法实现经济结构的调整,只能继续释放货币维持原来的经济增长模式。无论上述那种情形,政府掌控经济增长的能力将下降。前者主要依靠经济市场自身激发新的经济增长动力,创新经济增长模式;后者虽然政府可以继续释放货币,但因为资本投资回报率逐渐下降到低位,经济增长一样会下降,但通胀会在本币开启贬值周期以后快速上涨,酿成货币危机和社会动荡,这种危机往往会使一些国家前一个经济繁荣周期的成果丧失殆尽。

这是社会运转的基本规律。所以,我们可以看到,美联储开始减持美国国债之后,美国政府只能采取压缩财政支出的一系列措施,努力实现财政收支的可持续性,努力实现财政收支的平衡,这是经济周期调整的必然要求,是美联储在引领美国政府的财政政策。而有些国家在原有的经济增长模式已经不可持续之后,继续通过财政、货币等手段维持原来模式的经济增长,未来将陷入经济滞胀的泥潭。

典型的就是苏联。美联储在 20 世纪 80 年代开启紧缩的货币政策,自然导致国际大宗商品价格的下跌,使得苏联的原油收入下降,而且苏联长期以投资拉动经济增长,通胀不断累积(物价管控措施并不能解决这一问题),经济活力下降,此时需要进行经济结构调整,可是苏联使用扩张性的货币政策拒绝进行必要的调整,国际收支平衡被打破,酿成卢布大贬值。这是导致苏联解体的重要原因之一。图 7.4 所示为苏联"八一九"事件时,莫斯科街头的坦克。

图 7.4 苏联"八一九"事件时,莫斯科街头的坦克
(图片来源:维基百科)

如果是独立的央行,往往是货币政策引领财政政策。因为现代信用货币的保证金中基本上都含有国债,如果政府的债务与 GDP 的比率过高,意味着国债的信用等级下降,会威胁货币的信用进而威胁央行的市值甚至

生存，央行就会在货币发行准备金中减少国债的数量，这会进一步影响国债的信用评级，进而推高政府的融资成本，此时，政府的财政政策就只能走向收缩之路。如果央行进入货币收缩期，意味着市场利率走高，政府债券的风险度上升，货币发行准备金中也需要减少国债的数量，也将推动政府走向财政收缩之路。

虽然任何一家央行都是特许发钞，央行和政府具有紧密的联系，但是，央行是否具有独立性以及央行的股权性质，决定了不同央行和政府之间的关系有很大的区别。

有些国家认为经济增长更重要，宁愿牺牲货币的信用保证经济增长（本质是保财政收入），可是，经济需要进行结构性调整时，一般是长期积累的负面因素导致经济生活中的资本投资回报率下降，扩张性的货币政策在此时对经济增长的推动作用非常有限，相反却可以极大地推动通货膨胀进而造成社会的混乱。

货币信用的变化曲线决定了铸币税和隐性赋税的增减，很大程度上决定了政府收入，也就决定了政府的行为，同时决定了经济增长方式的转变。不同性质的政府会采取不同的选择，也就决定了这个国家经济的前途。未来，只有小政府大社会，依靠管理创新、科技创新发展经济的社会，才是发展方向。

大宗商品预示的经济危机

2000年以来，全球大宗商品价格都经历了波澜壮阔的上涨行情。

以纽约原油计算，从2000年1月的开盘价每桶25.2美元涨至2008年的最高点147.25美元，涨幅达到484%；伦敦铜从2000年1月的开盘价每吨1882美元涨至2011年2月的最高价10184美元，涨幅达到441%；芝加哥玉米从2000年1月的开盘价每蒲式耳（1蒲式耳约等于25.401千克）204.4美分涨至2012年8月的最高点848.75美分，涨幅达到315%，其他大宗商品也都出现了巨大的涨幅。

自20世纪80年代、特别是2000年以后的全球经济增长中，中国和印度两个人口最多的国家是耀眼的明星，随着人们生活的改善，食物消费升级，人均谷物的需求不断增长。可以说，农产品是基本面最好的大宗商品品种，农产品价格也基本以 60 月均线为支撑持续上涨。可是，在 2014 年 6 月份前后，主要的农产品价格都出现了破位下跌，跌破了 60 月均线。到 2014 年 9 月 30 日，芝加哥大豆从 2012 年 9 月最高点的每蒲式耳 1789 美分跌到 911.75 美分，跌幅达到 49%；芝加哥玉米从 2012 年 8 月的最高点每蒲式耳 848.75 美分跌到 320 美分，跌幅达到 62%；小麦、豆油、棕榈油、棉花等也都经历了惨烈的下跌。

在美国芝加哥农产品价格惨烈下跌的过程中，国内大连商品交易所和郑州商品交易所的粮食价格并没有同步下跌，国内外粮食价格的落差加大。在国内农产品市场中，进口产品所占份额就会增长，国产产品所占份额就会下降，这对于中国经济有严重的影响：

第一，为了保护中国国内的价格体系，需要收储更多的农产品。这增加了财政支出，对财政的压力越来越大。如果对农产品取消补助，基于国内外的巨大价格差距，必定导致国内农产品价格暴跌。棉花就是明显的例子，2014 年，中国取消棉花临时收储政策，在棉花主产区之一的山东、河北一些地区，皮棉生产出现亏损的报道[1]。这将导致两种情形之一：①土地抛荒；②转种其他经济作物。适宜种植棉花的土地可以转种玉米，必将造成玉米供给的增加，基于国内外玉米有很大的价差，意味着玉米收储压力进一步增长，财政压力继续加大。

第二，农产品价格决定生活必需品的价格，是最主要的生产要素价格之一。国内外农产品价格的巨大差距形成生产要素价格的差距。这是因为劳动者的生活成本越高，雇佣者就必须支付更高的工资，直接带动企业生产成本的上升，削弱中国商品在国际市场的竞争力，

---

[1] 世界服装鞋帽网. 2014 国内产棉主产区：皮棉出现亏损　企业被迫停收 [EB/OL]. [2014－11－19] [2015－01－28]. http://www.sjfzxm.com/news/hangye/201411/19/417987.html.

危及外贸出口和中国的国际收支平衡。如果中国为了保持国际收支平衡，对出口产品进行更大幅度的补贴，将进一步加剧财政的压力。无论国际收支平衡恶化，还是国家财政承受更大的压力，都将使汇率承压。

第三，基于国内外农产品价格的巨大差距，中国就很可能采取政策手段对农业进行保护，保持一定价格水平。国内外价格差距也容易产生农产品走私市场。农产品走私活动需要非法外汇，给外汇黑市的产生奠定了基础。这些都将使中国正常的经济秩序和金融秩序陷入混乱。

中国的问题就是新兴经济体国家的普遍问题。这些国家的经济增长主要依靠价格推动。比如，原油价格的上涨推动俄罗斯的经济增长，铁矿石和农产品价格的上涨推动了巴西、阿根廷等国的经济增长，房地产的繁荣推动了中国经济的快速增长，等等。当这些价格上涨的动力终止后，意味着原来的经济增长模式已经无法持续。

国际农产品价格的下跌还有更深刻的含义。源于新兴经济体的经济起点比较低，人们的消费水平也比较低，食物消费的升级与本轮经济增长相伴而行。食物消费升级意味着消费更多的肉食，也就意味着需要消费更多的谷物，这是本轮农产品牛市的原因所在。农产品长期上升趋势的终止，并不意味着新兴经济体食物消费的升级已经完成，因为新兴经济体还有大量的贫困人口，只能意味着新兴经济体消费增长潜力的耗尽，间接地意味着经济增长潜力的耗尽。虽然很多新兴经济体国家还在以货币刺激（制造货币需求）延缓经济增长潜力的耗尽过程，但这种增长已经不可持续。

因此，从以上大宗商品价格方面分析，新兴经济体很可能都将面临严重的经济危机（或货币危机），这种危机将以货币贬值为起点，消费需求下降之后，各国政府用货币需求继续支撑经济增长，必定带来本币贬值，酿成货币危机。

2014年年初，新兴市场国家的汇率普遍经历了一轮暴跌，据彭博社汇编的资料，2014年1月上中旬，全球最主要的24个新兴经济体国家的货币中，仅人民币对美元升值，其余全线贬值，其中有3种货币跌幅在5%以上，依次是阿根廷比索（-18%）、土耳其里拉（-8%）和南非兰特（-5.4%）。虽然2014年下半年部分新兴经济体国家的货币汇率有所趋稳或恢复，但是，2015年新兴经济体国家货币贬值的浪潮愈演愈烈。随着美国经济的持续复苏，美联储不断采取货币收缩政策，资本回流美国，汇率贬值的压力更大。

大宗商品价格的下跌，意味着新兴经济体国家原来的经济增长模式不可持续，转换经济增长模式已经迫在眉睫，此时，必须严格控制货币的发行，增强货币的内在信用，用货币的人权属性捍卫本币的汇率，促进经济向管理创新和科技创新的方向转化。

因为美元掌握着大宗商品价格的定价权，随着美元的信用开始上升，大宗商品价格下跌，大部分新兴经济体国家的货币汇率会下跌，这是信用革命的必然反应。

外汇防火墙

传统的外汇防火墙主要由本币发行权和外汇储备组成。货币发行权是国家主权的一部分，而外汇储备用于平稳本币的汇率并保证本国的国际支付能力。

一般来说，如果本币是低估的，就不需要外汇储备。缘于本国经济在国际市场上拥有很大的竞争优势（这种优势体现在价格、质量、科技创新能力、管理效率的提升等方面），无需担心本币剧烈贬值带来的通货膨胀快速上升和社会动荡，也不会担心国际支付能力的短缺。如果本币汇率是高估的，高估的程度越高，越需要规模更大的外汇储备，缘于高估的本币时刻可能出现汇率爆贬的情形，需要外汇储备平滑这种本币贬值的过程，延缓通货膨胀上升的速度，保证自己的国际支付能力。

今天，全球经济一体化已经非常深入，各国经济生活中我中有你、你中有我，但是基于美国是全球最主要的消费市场，也居于科技研发顶点位置，美国经济在全球经济中具有火车头的作用，所以，世界五百强企业许多来自美国。换个方式来说，全球经济一体化的结局是全球经济美元化。很多国家的企业日常收支中有一部分已经是美元，各国的人民也更加熟悉美元，美元就进入了世界每个国家企业的日常经营过程和个人的日常生活，相当于每个国家有了两种被人们所接受的、可以日常流通的货币，那就是本币和美元。这些国家的人们在危机来临的时候，第一个念头就是购买美元进行避险，这相当于什么呢？

相当于各国的传统外汇防火墙已经在无形中被美元攻破。传统的危机中，对本币汇率的冲击主要来自外部，在全球经济一体化之后，对本币汇率的冲击既来自于外部更来自于内部。当危机出现的时候，既有国际资本做空本币的汇率牟利，也有本国企业和本国居民抛售本币购买美元避险，从内外两方面冲击本国的外汇防火墙。在一国的经济生活中，本币的数量一般是最庞大的，意味着对汇率的内部冲击力量更为强大，当国家的外汇防火墙从内部受到冲击之后，就会爆发对外支付能力不足形成的主权债务危机。

未来各国的金融防火墙更主要从内部被攻破，其一是汇率直接下跌，其二是外汇黑市的形成。

俄罗斯卢布（图7.5）是最典型的例子。俄罗斯和美国不能说是友好国家，2014年，卢布危机爆发，俄罗斯企业和居民大肆抢购美元。此时，俄罗斯传统意义的外汇防火墙已经不复存在，俄罗斯庞大的外汇储备对这种来自内部的冲击的缓冲作用微乎其微。事实上，卢布危机也很难见到外部势力恶意做空的蛛丝马迹，因为俄罗斯卢布是不能自由兑换的。是原油价格下跌、国际资本外流导致卢布走软，进而引发卢布持有者的恐慌，两者合力导致了卢布危机。如果危机进一步深入，俄罗斯对外债的偿付能力就会下降，形成主权债务危机。

图 7.5　俄罗斯 2013 年发行的 100 卢布

(图片来源：维基百科)

2014 年国际上最重大的金融事件就是卢布危机。在俄罗斯兼并克里米亚的 2014 年 3 月，私人储户总共从银行提走 70 亿美元现金；俄罗斯最大的贷款银行俄罗斯联邦储蓄银行的个人存款也从 9 月开始下滑，这说明很多居民在将卢布兑换成外币。至 2014 年 11 月 13 日，俄罗斯央行投入约 710 亿美元的外汇储备用于干预卢布汇率，使其外汇储备减少了 14%，但并未能阻挡卢布的跌势。迹象显示，在卢布并不能自由兑换的情况下，投机资本肆意做空的可能性比较低，卢布真正的空头是国际资本流出和居民对卢布贬值的恐慌，作为俄罗斯居民，他们只有两个选择，抢购外汇或者食品，这进一步打击卢布汇率并推升通胀水平。

这说明，在全球经济一体化的背景之下，如果一个国家本币的信用度比较低，国际资本和国内的本币持有者对本国金融安全的冲击力会非常强大，传统的金融防火墙几乎失去抵抗能力。

所以，在这样的时期，各国需要更新自己对外汇防火墙的认识，这是本国经济能否健康发展、本国的汇率和通货膨胀能否可控的根本问题。丧失自己的外汇防火墙就意味着经济无法稳定发展，汇率下跌将会让通货膨胀恶化，导致社会危机。此时只有通过以下方式才能重建自己的外汇防火墙：

第一，精简政府机构，从制度设计上打击贪污腐败，提高社会管理效率，使本国的财政收支保持在可以稳定持续的水平上。任何一个国家的财政状况都是本币价值的根本支撑因素，财政健康的情况下，才有健康的货币。

第二，建立独立的央行。从货币发行方面保证本币的信用水平，提升本币持有者的信心。

第三，健全本国的经济结构，使本国商品在国际上拥有强大的竞争力。任何时期，本国企业和商品在国际上的竞争力都是本币价值的基础。

从汇率管理机制上来说，所有参与全球经济一体化的国家，都需要放开本币的汇率管制，实现自由兑换。同时，从政策上，保证对本币汇率的充分做空机制，保证本币汇率时刻处于正常估值或略低于正常估值。当本币汇率时刻保证不会出现高估时，就不会出现汇率爆贬导致的经济危机和社会危机，这是所有参与经济全球化的国家应该遵循的最基本金融准则，也是保证本国不会爆发严重金融危机的基本条件。

可是，一些国家的政府，管理社会的效率非常低下，严重依赖货币增发直接（央行印钞转移支付给财政）或间接（通过央行印钞扩大财政收入）带来的财政收入，这就让本币汇率时刻处于高估的状态。可政府为了掩盖自己管理效率低下的事实，不希望本币立即贬值，就会采取增加债务的形式掩盖汇率向真实水平的回归。1994年以前的墨西哥政府，是通过吸引外资流入的手段掩盖汇率向真实水平回归，这时，主权债务就会累积，当主权债务不可持续以后，就会出现汇率爆贬和通货膨胀率暴涨。

还有一些国家，相信外汇管制的力量，期望用限制居民购汇的措施保护自己的外汇防火墙。在全球经济一体化的背景下，使用外汇管制的措施是无效的。现在是信息时代，外汇管制的措施将使得本币持有者更加恐慌，社会动荡，而信用货币本质上是信心货币，当本币持有者恐慌以后，就会形成外汇黑市，使得官方汇率失去参考意义。外汇黑市的形成会削弱本国央行对汇率的影响力，往往造成悲剧性的结局。津巴布韦元是最典型的例子，20世纪90年代和21世纪初期，津巴布韦政府实行严厉的外汇管制和价格管制，并不能避免津巴布韦元的崩溃，甚至加速了津元的崩溃速度。

本人预计，如果新兴经济体国家不能在新形势下完善自己的外汇防火墙，保证本币汇率时刻处于正常估值甚至略低于正常估值，在美元升值的过程中，其本币汇率将会遭到摧毁性的打击，导致通货膨胀恶化和社会不稳定，甚至酿成严重的货币危机和社会危机。2014年，阿根廷、俄罗斯所遭遇的情形仅仅是开始。

信用永存

货币的信用魔咒

货币的最高境界是什么？当然是长期保持信用。人类历史发展到今天，"信用"这个词已经包含着极其丰富的内涵。它可能是人类认识中最为复杂、最难以捉摸的概念之一。在伦理、道德、法律、经济学方面都有特定的含义。但本人认为，信用首先体现的是哲学的含义，它是人类社会产生以后的一种客观存在，这种存在不以任何人的意志为转移，也不会随着时间而波动，更不会因为发生气候灾变、战争而改变。

人类社会诞生以后，一直在选择信用的承载物，比如贝壳、金银、食盐等，这就是货币。货币的唯一职责是承载信用，这就是货币的人权属性。因为货币是人类选择的，货币的变化与更替就是自然现象，而信用是永恒的。事实上，在古今中外的历史上，曾经出现成千上万种货币，最终绝大部分都被抛弃，只有少数货币完整地保留了下来，最主要的是金银。

在人类社会的文明史上，古代美索不达米亚和古代埃及使用称重的金银作为货币，中国南北朝的部分时期、明朝部分时期和清朝亦曾经使用称重的金银作为货币。这些货币到今天依旧完整地保留了它们应有的价值，缘于金银可以不受任何自然灾害和战争的干扰、不受人类私欲的干扰，客观地、永久地保持信用。

其他的货币，如果不考虑文物价值，它们的价值都会发生变化。比如：食盐已经回归了本身商品的价值，而纸币基本会回归纸张的价值，等等，它们都不能将原来所代表的信用原封不动地保持下来。

从1717年开始，牛顿将英镑与黄金建立了固定的关连，这一信用水平在近200年的历史中基本不变，1英镑代表7.32238克黄金，成就了英镑的国际储备货币地位。1914年一战爆发，英国废除金本位制，金币停止流通，英国停止用纸币兑换黄金。1925年5月13日，英国执行金块本位制，以后又因1929年开始的经济危机于1931年9月21日被迫放弃，英镑演化成不能兑换黄金的纸币。2014年9月30日，黄金的收盘价是1208.8美元/盎司，美元与英镑的汇率是1.6212：1，每英镑中含有的信用水平是0.03802克黄金，只是金本位时期含金量的0.51923%，随着英镑信用水平的不断下降，英镑衰落了。

虽然英镑衰落了，但黄金依旧完整展现自己的价值，因为英镑是银行券，而黄金才是真正代表信用的货币。

从严格的意义上来说，美元与英镑和其他国家的信用货币一样，都不是货币，而是银行券，其价值也是时刻变化的。1971年，1盎司黄金为35美元，到2014年9月30日，1盎司黄金为1208.8美元，以黄金标价的美元价值已经下降到1971年的2.895%。

虽然美元的信用水平下降了，但黄金的信用水平依旧傲然挺立。

即便贵金属铸币也一样难逃信用不断下降的魔咒。中国东汉时期，公元40年铸造东汉五铢钱，重量在3~3.5克之间，到东汉末期，董卓铸造的五铢钱重量仅1克左右，社会开始回归以物易物，五铢钱被社会所抛弃。

只要是人类所选用的货币，除了称重的贵金属和实物货币之外，信用水平不断下降是一种历史现象，这展示的是人类的贪婪之心，也是少数控制货币发行的人不断谋求自身利益的结局。

随着货币的信用水平不断下降，只能不断走向灭亡，所以，货币是时代的产物。

信用是永恒的，金银永远闪耀，照耀着历史，实物货币也永远保持自己的价值。

今天的社会，人们已经普遍认识到信用就是一个符号，无论是金银还是一张纸或者一个数字符号，只要它具有并能保持信用，就可以承担货币的职责。可是，人类的贪婪之心是永远没有止境的，当这个符号受到人类的影响时，这个符号就难以保持它的信用，这已经被3000多年的历史所证实。

所以，货币如果要保持自己的信用，必须具备客观的、不可动摇的内在因素，可以抵抗任何外在因素的冲击。

信用成为有史以来除了金银之外几乎所有货币的魔咒，承载信用的是货币，而信用不断下降的货币最终也会被信用——也就是货币必须具备的人权属性——驱逐出历史的舞台。

这世界很公平，源于信用可以客观地、永恒地存在。

货币的死亡模式

货币的死亡模式有很大的区别，主要分为两种：一种是扩张性死亡；另一种是窒息性死亡。

在扩张性死亡中，货币是在对外扩张的过程中遇到挫折，导致货币信用的急剧下降，最终崩溃。

最典型的就是德意志帝国的金马克体系。德意志帝国统一之前，工业化就开始推进，逐步形成统一的市场，但日耳曼人（图7.6）使用的货币却极为混乱。1870年，德国议会领袖、金融专家路德维希·班贝格向议会提出的报告称，在一小镇居民的口袋里收集到约合15834南德盾的货币，居然是由不同国家和地区发行的数十种货币组成。如此混乱的货币，除了便宜货币收藏者和货币兑换业者以外，对谁都没有好处，不但阻碍了经济的发展，人们还不得不花费大量的时间、精力忙于各种货币的兑换和计算。1871年，德国进行货币改革，代行中央银行职能的普鲁士银行正式发行金马克，采用金本位制担保系统，手头有多少黄金，就印刷多少纸币，号称永不贬值。当时发行流通的金马克包含20马克、10马克和5马克三种面值，其中5马克金币在1878年退出流通，全部改为银币。

图7.6　菲利普·怀特的壁画中描绘的日耳曼尼亚（德意志人民的化身）形象（图片来源：维基百科）

德国原来的货币马克（Mark）一词，被认为起源于古北欧语。在9世纪，马克就已经成为重量单位，11世纪至12世纪马克逐渐取代了卡尔大帝创立的重量单位"卡尔磅"，成为欧洲通用的记重单位，1卡尔磅为16盎司，1马克为8盎司。但由于当时的度量衡工具并不精确，马克作为重量单位在欧洲并不完全一致，比如"科隆马克"为233.856克，"维也纳马克"为 280.664 克,"巴黎马克"为 244.57 克。

1502 年,马克开始成为实物货币,汉堡就一直在使用这种货币。德国统一之前,以普鲁士为首的北德各邦国主要使用的货币单位是塔勒,以巴伐利亚为首的南德各邦国主要使用的货币单位是古尔登。德国统一后,南北双方先是签署《维也纳货币协定》,创造了一种换算制度:2 塔勒＝3.5 古尔登,同时也诞生了双面值硬币,这也是货币历史上的奇特景观。但是,德国既然已经统一,就需要在货币上实现统一的要求,1871 年 4 月 12 日,德意志帝国《货币法案》开始生效,马克作为塔勒和古尔登的妥协产物,正式成为德国的货币,在帝国的任何领土内流通,兑换关系是 1 古尔登兑换 1.7 马克,1 塔勒兑换 3 马克。从此,马克成为德国的货币,开始在帝国的国土上流通。

但塔勒却在德国境外作为货币单位传承了下来。从词源上,塔勒(Thaler)一词是银币类型"约阿希姆斯塔勒尔"(Joachimsthaler)的缩写,该类银币是以波希米亚(中欧的古地名,位于现捷克中西部地区)城市亚希莫夫(现捷克西北部的一座城镇)的德语名"约阿希姆斯塔尔"(Joachimsthal)命名的,于 1518 年在亚希莫夫开始铸造。托拉尔(Tolar)是塔勒在捷克语中的拼法,所以,斯洛文尼亚原来的货币单位托拉尔及美国、澳大利亚等国使用的货币单位 Dollar 均是由塔勒衍生的。

到 1914 年,德国的金马克发行区域相当之广,最远涉及德属东非。1915 年,最后的金马克——威廉Ⅱ世身穿戎装的 20 马克金币在普鲁士发行。随着一战爆发,德国不再发行金币,直到德意志第二帝国(1871 年 1 月—1918 年 11 月)灭亡。

一战中,德国的战争支出浩大,马克的发行不再受到黄金储备的担保,大量印刷纸马克。一战战败后,德国作为战败国必须赔款,赔偿的数额是天文数字的金马克(不是纸马克),绝大多数的金马克都被送进战胜国的口袋,化作它国的金砖用于储备。战败后的德国既丧失了自己的殖民地,又要支付巨额的战争赔款,金马克货币体系的解体就是自然的。

在货币的窒息性死亡中,总是由于国家的社会管理、财政管理和货币管理不善，最终导致货币体系崩盘，最典型的例子莫过于委内瑞拉的玻利瓦尔。

委内瑞拉的全称是委内瑞拉玻利瓦尔共和国，原为印第安人阿拉瓦族和加勒比族居住地。1498年，哥伦布在寻找新大陆的航行中，发现了委内瑞拉。委内瑞拉（Venezuela）源自意大利文"小威尼斯"，其典故出于意大利探险家亚美利哥·韦斯普奇。当初他在马拉开波湖见到美洲印地安人所居住的水上高脚屋村落，联想到意大利的水城威尼斯，老人家就给命名了委内瑞拉这个名字。至于正式国名里的"玻利瓦尔"，是1999年委内瑞拉重修宪法时才加入，用以纪念被视为开国英雄的西蒙·玻利瓦尔。

委内瑞拉以以下二者而闻名于世：

第一，盛产美女，是环球小姐、世界小姐的最大"制造"国，也是一个狂热崇拜美女的国家，很适合美女居住或移民。

第二，石油储量非常丰富，是世界主要石油输出国之一，也是欧佩克成员国之一，其经济高度依赖石油产业——国民经济的支柱产业。

现在，或许还要加上第三样，那就是委内瑞拉货币玻利瓦尔的贬值在创造了不小的"奇迹"，使委内瑞拉在国际上的名气越来越大。

在20世纪70年代至90年代，拉美国家普遍遭受了严重的经济危机和货币贬值，委内瑞拉也难逃其中。比如，1994年委内瑞拉的通货膨胀率高达70.8%，1995年为56.7%，成为拉美通货膨胀率最高的国家之一。委内瑞拉货币与美元的比价（官方汇率）在1993年底为105.64∶1，1994年底为169.60∶1，1995年底为290∶1[①]。

1999年2月，查韦斯宣誓就任总统。在20世纪初期，查韦斯不仅在国内的支持率很高，在国际上也是风光无限的人物，这既有客观的原因，也有主观努力。

第一是缩小了贫富差距。1999年查韦斯刚上台时，委内瑞拉的基

---

① 石锐元. 对委内瑞拉经济形势的评估和展望. 拉丁美洲研究，1996，(4)：15—18.

尼系数是0.478，而到了2011年，这个数字已经变为0.394，是拉丁美洲收入分配最公平的国家，而巴西、智利、哥伦比亚等南美邻居的基尼系数还在0.5以上。这让查韦斯有很高的国内支持率。

第二是委内瑞拉政府有充足的财政收入。其一是原油价格从2000年以后不断上涨，作为主要产油国的委内瑞拉有大量的美元收入，支撑了委内瑞拉财政；其二是玻利瓦尔不断贬值，在本币贬值的过程中，委内瑞拉政府不断增收。这两方面原因让委内瑞拉政府有能力建立起让其他产油国都为之羡慕的福利水平，这进一步提升了查韦斯在国内的支持率。

1999年1月29日，玻利瓦尔兑美元的汇率为562.6∶1，2000—2001年缓慢贬值，2002年开始加速贬值，2003年初贬值到约1600∶1。如果继续加速贬值下去，玻利瓦尔就得进入博物馆。因此委内瑞拉政府开始进行外汇管制，宣布实行固定汇率制度，买入价为1美元兑换1596玻利瓦尔，卖出价为1美元兑换1600玻利瓦尔。

居民不准许持有外汇再加上实行固定汇率制度，查韦斯觉得自己解决了货币贬值的问题。

2011年以后，很多货币相对美元都出现了贬值，这是一场典型的货币战争。比如，日元兑美元从2011年10月的75.57∶1贬值到2015年6月的最低点125.85∶1，巴西雷亚尔兑美元从2011年年中的1.5∶1~1.6∶1贬值到2015年9月的4∶1以下。如果把以上国家所进行的货币战争和委内瑞拉的货币战争相比，简直处于"冷兵器"时代，完全不是一个档次。

自1999年1月底至2003年，玻利瓦尔兑美元从562.6∶1贬值到1600∶1；2004年，玻利瓦尔兑美元贬值到接近2000∶1；2005年，玻利瓦尔兑美元贬值到2150∶1；2008年1月1日起，委内瑞拉实行了货币改革，发行新货币强势玻利瓦尔，有着让"玻利瓦尔强起来，经济强盛起来，国家富强起来"的寓意（强势玻利瓦尔在委内瑞拉后来的生活中依旧称为玻利瓦尔）。强势玻利瓦尔与玻利瓦尔的兑换率是1∶1000，但强势玻利瓦尔在兑美元的汇率上却并不强势。

2010年1月8日，委内瑞拉政府宣布，从1月11日开始，强势玻利瓦尔兑美元汇率从2.15∶1调整为2.6∶1。调整后的汇率只适用于关乎国计民生的"重要进口商品"，比如食品和医疗用品；对于汽车、牙膏、烟酒、建材等"非基本类进口商品"，汇率调整为4.3∶1。

2013年2月8日，委内瑞拉政府宣布该国强势玻利瓦尔继续贬值46.5%，强势玻利瓦尔兑美元官方汇率贬值至6.3∶1（相当于玻利瓦尔兑美元6300∶1）。据委内瑞拉规划及金融部长吉奥尔达尼称，此政令由当时在古巴接受治疗的总统查韦斯亲自签署。

以玻利瓦尔计算，玻利瓦尔兑美元官方汇率从2003年的1600∶1贬值到2013年的6300∶1，仅仅用了10年的时间，可以说贬值得异常生猛。如果把2014—2015年日元、欧元、俄罗斯卢布、巴西雷亚尔、马来西亚林吉特、土耳其里拉等货币的竞相贬值称作货币战争，那么委内瑞拉玻利瓦尔则是早就已经进入了战争状态。在这场战争中，按贬值幅度来说，委内瑞拉手持的是"导弹"，而其他国家的"武器"只能算大刀和长矛。

"导弹"只是委内瑞拉进行货币战争桌面上的武器，桌下的"武器"更加"先进"。

长期以来，委内瑞拉执行汇率三轨制，第一等级的官方汇率只能用于食品和药品进口，强势玻利瓦尔兑美元为6.3∶1就是这一档次的汇率，这一汇率数字公布于全世界。但后面还有更"先进"的，核心产业必需品的进口使用第二档次的汇率，强势玻利瓦尔兑美元为12∶1；其他优先级别更低的商品进口需要使用第三档次的汇率，强势玻利瓦尔兑美元为51∶1。这三个官方汇率都不能自由浮动。

强势玻利瓦尔官方汇率的贬值虽然很生猛，但和黑市汇率比较起来依旧是"小打小闹"。

由于委内瑞拉实行外汇管制，外汇黑市一直都是"欣欣向荣"。官方汇率属于"正规军"的游戏，普通居民并不能用这些官方汇率换取外汇，而且2015年以前，居民持有外汇还是非法的，所以"街头巷尾"的、属于"游击队"性质的外汇黑市一直存在，并与"正规军"

进行游击战争。2010年1月，强势玻利瓦尔兑美元的黑市汇率约为6∶1；2013年初，攀升至大约20∶1；2014年3月下旬，约为58∶1；2015年2月，约为190∶1；2015年5月，约为300∶1；2015年7月下旬，约为683∶1。相当于"正规军"公布了官方汇率，但"游击队"宣布"无效"，以市场供需为基础另外公布一个汇率。

很多国家在历史上都曾经爆发内战，比如美国的南北战争等。委内瑞拉的外汇黑市不断繁荣，相当于委内瑞拉爆发了金融市场上的"内战"，"正规军"公布一个强势玻利瓦尔汇率，"游击队"不断否决。由此，我们可以知道为何很多国家的政府在特定的一些时期都曾经严厉打击外汇黑市，这是一场实实在在的金融话语权的"战争"。

造成这种现象的根本原因是：由于实行外汇管制措施，贬值很生猛的官方汇率对于普通百姓来说只有看看的份，却不能通过官方渠道换美元，如果一定要换美元就只能去黑市。

在委内瑞拉汇率市场上，"游击队"占据绝对优势，根本原因在于，"游击队"有很强的群众基础，那就是通货膨胀对黑市汇率进行热烈的响应，它作为一个公正的"裁判"，宣布黑市汇率是正确的。如果按官方的固定汇率制度，委内瑞拉国内的通货膨胀就应该是温和的。根本的原因在于通货膨胀本质上是货币现象，当货币价值稳定时，通胀温和，委内瑞拉实行固定汇率制度下，通货膨胀就应该显示温和的状态。可是，委内瑞拉官方在2015年已经不再公告通货膨胀数字，但反对党人士认为，2015年1月至7月，委内瑞拉累积的通货膨胀率为90%，而美洲银行认为委内瑞拉在2015年的通货膨胀率将达到170%，完全是恶性通货膨胀，恶性通货膨胀的不断发展就相当于"宣布"黑市汇率是正确的，官方汇率无效。

这就会造成一个问题：2016年，委内瑞拉政府还能按2015年的工资标准给政府雇员发放薪水吗？肯定不行，通货膨胀如此之高，如果不给他们涨工资，就无法养活老婆孩子，只能按通货膨胀的标准加薪。这意味着基础货币继续飞速膨胀，汇率继续贬值而通货膨胀进一步发展。只要不出现国际原油价格短期暴涨的情形（这种情况下委内瑞拉原油收入暴涨，可以用美元购买市场上的玻利瓦尔用于给公务员加薪），玻利瓦尔就只能加速奔向自己最可能的归宿——纸张的价值。

委内瑞拉这样的国家，本国货币不断换币，相当于不断进行信用破产，完全是由自身管理不善造成的，属于货币的窒息性死亡。委内瑞拉玻利瓦尔的情形在历史上的很多国家都曾经出现过。

信用的魔力

货币超发和政府的财政赤字真能有助于经济增长吗？凯恩斯主义经济理论是这么说的，从短期来看也是有效的。但是，任何一个国家如果要实现长期的繁荣，只能依靠信用稳固的货币。英国的《权利法案》和固定黄金含量的英镑，催生了第一次工业革命；美国的镀金年代也是基于统一大市场的建设和信用明确的美元。现代社会，又给出了两个经典的范例，那就是20世纪80年代以后的美国和本世纪初期的津巴布韦。

20世纪80年代初期，美联储主席保罗·沃尔克对货币政策实行了严厉的紧缩措施，相当于提升了美元的信用水平。1980—1982年，美国经济低迷，年均增速分别为－0.27%、2.54%、－1.94%，但是从1983年开始，经济开始恢复，1983—1985年的经济增长率分别为4.52%、7.19%、4.14%，除了1991年经历了轻微的衰退之外，这种稳定增长的态势一直持续到20世纪90年代。格林斯潘自从1987年接任美联储主席以后，依旧奉行的是保罗·沃尔克的货币政策理论，总是对美国经济过热保持着一种警觉，只要一出现过热的迹象，他就会采取措施把温度降下来。1994年他一次接一次地提高利率，被人们视为"疯狂"；1998年，在全球金融危机中沉着应战，三次削减利率，从而避免了美国被金融危机严重伤害，并且最终遏制住那次危机蔓延的势头。格林斯潘因此积累了巨大的声望。"笨蛋！谁当总统都无所谓，只要让艾伦当美联储主席就成。"这是1996年美国大选前夕《财富》杂志放在封面上的一句口号。所谓艾伦就是指艾伦·格林斯潘。

然而，1998年后，格林斯潘一直使用宽松的货币政策，相当于美元的信用不断丧失，也因此毁掉了自己的名声。2006年，格林斯潘离任美联储主席，2000—2006年，美国经济平均增长率只有2.687%，比20世纪90年代明显下滑。在2008年美国爆发次贷危机后，格林斯潘更受到美国国会严厉的诘问。"你本来能够（阻止），你本来应该（阻止），但你却没有这样。"担任过加利福尼亚州财政厅长的安热利代斯言辞凌厉。这是因为次贷危机的导火索是美国房地产泡沫，而房地产泡沫和次贷危机的根源是美联储过低的利率政策，加上美国金融企业的过度借贷，身为美联储主席并被外界寄予厚望的格林斯潘显然难辞其咎。

坚守货币信用的过程成就了格林斯潘的英名，货币信用的丧失也让格林斯潘毁掉了一世英名。

津巴布韦之所以名声在外，源于大津巴布韦在历史上曾是非洲独一无二的都城（图7.7）。20世纪80年代，津巴布韦是南部非洲最富有的国家之一。但是，在21世纪最初的时期发生超级通货膨胀，发行了100万亿面额的津巴布韦元这一世界上最大面额的货币，从而使津巴布韦更加著名。

图7.7　大津巴布韦遗址的山丘建筑群

（图片来源：维基百科）

津巴布韦是非洲重要的文明发源地，大津巴布韦位于津巴布韦马斯温哥省，是古代南部非洲国家莫诺莫塔帕帝国的首都。大津巴布韦代表的是

11世纪至16世纪绍纳人的文明；在当时，是南部非洲重要的贸易中心。大津巴布韦在地理上处于林波波河和沙舍河汇流处，具有开放的热带大草原地貌。那里的人利用当地生产的黄金、象牙与铜矿等重要物资，与来自印度洋的回教商队贸易，在11世纪时渐渐强盛，15世纪时，已经成为非洲最大的邦国。绍纳文明在19世纪时逐渐衰落，1837年时，绍纳人被属于祖鲁族的恩德贝勒人征服，之后，来自大津巴布韦南边的波尔人（荷裔南非人）开始逐渐蚕食这个地区。

1888年，英国人赛西尔·罗兹从恩德贝勒国王手上取得采矿权，随后，在1889年替英属南非公司取得领土权，并在1895年正式建立"罗德西亚"。1911年，罗德西亚分成北罗德西亚与南罗德西亚，后者在1922年成为英属自治殖民地，就是今日的津巴布韦。津巴布韦拥有让世界羡慕的自然资源，煤、铁、铬、石棉等矿藏以量多质好享誉世界，盛产金、银、锂、铌、铅、锌、锡、铀、铜、镍等，1980年独立前，被称为"英国王冠上的宝石"，有"非洲粮仓"的美誉。

在不断进行货币超发的年代，津巴布韦的经济持续了十年的萎缩，到2009年2月，津巴布韦废除了本国货币，代之以美元、南非兰特、博茨瓦纳普拉等外国货币，津巴布韦的经济随即发生了奇迹般的逆转，见表7.1。

表7.1 津巴布韦2003—2013年的经济增长率

年份	2003年	2004年	2005年	2006年	2007年	2008年
经济增长率	-10.36%	-3.56%	-3.95%	-5.42%	-6.02%	-14.8%
年份	2009年	2010年	2011年	2012年	2013年	2014年
经济增长率	5.7%	8.1%	9.3%	4%	3.4%	约6.1%

在2009年以前，津巴布韦经历了十几年的超级通货膨胀，2007年和2008年居然分别达到66212.3%和231000000%，国民经济连续倒退。但是，废除发行毫无节制的津元之后，通货膨胀明显下降，2009年、2010年通货膨胀率为6%、3.3%，2012年3月，通货膨胀率为3.98%，2014年5月，通货膨胀率为2.5%。津巴布韦实现了经济持续增长且通货膨胀恢复到了稳定、温和的水平。

由此可见，发行毫无节制的津巴布韦元成为津巴布韦的噩梦，而津巴布韦自身无法发行的美元和南非兰特，使得津巴布韦经济恢复了稳定的运行，这就是货币信用的魔力，也是货币人权属性的充分展现。

信用经营可以说是这个世界上一门最大、最重要的生意。

信用无需担保

现代社会中，经常有一个说法，某国政府担保它所发行货币的信用。事实果真如此吗？

首先，货币不等于信用。信用长期存在于历史的长河中，无需任何人、任何组织的担保，独自可以抵抗时间、气候灾变、战争的冲击，长期伴随着人类的生活。

第二，信用完善的货币也不需要担保。比如金银，千百年来完善地执行着信用的职责。

第三，之所以现代的信用货币需要政府担保，缘于它们的信用是不完善的，而且政府对货币信用的担保是非常不确定的。现代社会，政府都有大量的负债，政府对货币的信用进行担保的含义，无非是按时归还这些负债。可是，政府真的有归还的能力吗？答案很可能是否定的，缘于政府不能创造丝毫的财富，只能是加税或者印钞归还这些债务。加税意味着经济的活力下降，人民的收入下降；印钞意味着货币直接贬值。所以，政府以这样的方式担保债务根本是无意义的。只有一种方式的担保才是有效的，那就是通过政府收缩自己的开支（使财政支出的效率更高），形成财政盈余归还债务。可是，世界上又有多少国家的政府真正愿意这样做或者说做得到呢？所以，结局往往就是货币不断贬值，直到退出历史的舞台。最终，绝大部分的货币都仅仅是时代的产物。

那么，国与国之间存在这样的担保关系吗？这是非常复杂的。总的来说，如果一个政府在本国内部不能担保货币的价值，对外的担保行为一样是非常值得商榷的；如果对内可以通过发展经济、压缩财政开支、提升财政支出的效率来担保债务按时归还，进而保证货币的价值，则对外担保才有可能。

现在，中国持有庞大的外汇储备，主要是美元资产，这些美元资产的购买力一样不是美国政府可以担保的。担保来自于美国国会，是美国国会决定美元的发行机制，如果严守美元发行机制，美元的信用就有保证；同时，税收法律、政府预算等都是国会审定的。相信美元，其实是相信美国的货币发行制度，美国政府并不能担保美元的信用。

财富保值

货币信用复苏的程序

2014年下半年，美元指数开始了突破性上涨，标志着一个崭新的周期即将来到，这样的周期会经历一个渐进的过程。

第一阶段，经济理论进行调整。二战后，凯恩斯主义就成为欧美国家主流的经济理论，20世纪70年代，部分欧美国家遭遇严重的滞胀，就是凯恩斯主义带来的苦果。从20世纪80年代开始，以英国、美国为主开始奉行自由经济政策，政府只在经济危机时干涉经济的运行。因为凯恩斯主义更适合政府掌控经济发展的需要，继续被世界上很多国家崇拜，甚至达到顶礼膜拜的地步。但是，凯恩斯主义的恶果会在经济生活中逐渐显示出来，巴西、俄罗斯已经陷入滞胀，未来会有更多的国家陷入滞胀的陷阱，这个过程可能会持续数年到十几年。最后，经济学家就会对过去的理论进行检讨，甚至对凯恩斯主义进行无情的抨击。

第二阶段，各国政府普遍正视凯恩斯主义的局限性和危害性，开始在货币政策上不断进行调整。那时就会出现全球竞相严守货币信用的环境。但是，财政支出的惯性不是短期可以逆转的，一些国家会爆发严重的社会危机。

第三阶段，自由资本主义经济理论登上殿堂，凯恩斯主义被打入"冷宫"。

金银具备完整的信用。信用是货币的核心要素。发行机制完善的信用货币，它的运行轨迹可以看做是以黄金的信用水平为中心点不断进行椭圆形运动的过程。信用货币的信用水平走向远点的过程就是凯恩斯主义盛行的过程，货币的信用水平向近点运动就是自由资本主义经济理论繁荣的过程。货币信用水平的椭圆形运动的轨迹，一般来说与黄金的距离总是越来越远，最终走向灭亡。旧货币灭亡意味着新货币的诞生。 英镑从黄金这个中心点起步（金本位），随着自身信用距离黄金越来越远，被美元取代；如果美元的信用水平也是距离黄金越来越远，最终也会被其他的货币取代，美元唯一的生路是不断提升自己的信用水平，与黄金这一中心点的距离保持基本恒定。

美元无论是收缩基础货币还是加息，都是提升自身信用水平的传统方式。本人认为美元还会竭力借助另外的方式，通过扩大自身的流通边界来提升自己的信用水平。过去大家所说的"石油美元"就是这个原理，在国际原油领域使用美元结算，相当于扩张了美元的流通边界。而一些国家的主权货币被摧毁之后，也有可能选择美元作为经济生活中的流通货币，就像津巴布韦那样。事实上，在南美的很多国家，因为持续的通货膨胀，农场主和商人拒收本国货币，只接受美元，美元的流通边界进一步扩张。这些现象都意味着美元的价值在提升。

全球经济一体化的过程就是全球经济美元化的过程，也是美元流通边界的扩张过程，通过流通边界的扩张，美元的信用水平得到了提升。

货币升值周期的财富保值与升值

在这样的周期，如果不考虑特定的事件，比如大规模的战争或气候骤变，所有的商品都难以保值。

第一个可以实现保值和升值的措施是买入升值过程中的龙头货币。2014年，日本还在执行货币宽松措施，欧元区也在进行量化宽松，而美元正在结束货币量化宽松，酝酿加息，标志着逐渐开启了货币收缩之旅。未来的货币升值过程中，龙头货币就是美元。任何人都不知道未来本国会采取什么样的货币政策，而美元可以对抗一些不可预知的风险，也可以实现对世界其他货币的普遍升值。**美元贬值周期，瑞士法郎和日元是典型的避险货币，美元升值时期，瑞士法郎和日元的避险地位下降**。以加元和澳元为首的大宗商品货币，在2000年以后的美元贬值周期，随着大宗商品价格的上涨，兑美元都实现了很大幅度的升值。以澳元为例：1966年2月14日，澳大利亚发行了现行流通的货币澳元，当时澳元兑美元的汇率是1∶1.12。1983年后，澳元实行浮动汇率，虽然兑美元汇率有高有低，但基本维持在1∶0.7左右，1999年以后经历了一轮下跌，到2001年4月2日，澳元兑美元跌至1∶0.4773。此后，随着大宗商品价格不断上升，澳元开启了一轮轰轰烈烈的牛市，虽然2008年美国发生次贷危机，澳元经历了一轮剧烈的调整，但此后继续上涨，到2011年7月27日，澳元兑美元创出了1∶1.1079的高点。随着美元的升值，澳元早已开启熊市，所以，大宗商品货币不是保值的标的。如果全球经济进入滞胀状态，大宗商品货币会严重分化。

欧元区因为老龄化的压力，与美国相比，无论创新能力还是经济活力，都将长期处于弱势，会造成欧元兑美元的弱势地位。欧元另一个最大的不确定性是政治因素，因为各个国家之间的经济竞争力的差距，一些经济竞争力比较弱的国家会持续暴露债务和高失业率造成的社会问题，加上欧亚战争的阴影挥之不去，欧元并不是保值的货币。

英国具有全球第二金融中心的地位，这一因素对英国经济和英镑的汇率形成比较显著的支撑，但大量的金融资本聚集英国也是极大的隐患之一。随着美国经济的持续复苏，如果英国出现金融资本的集中外流，将对英镑的汇率形成极大的考验。英镑的汇率如果形成跌势，往往是快速的，因为这是金融资本快速转移带来的冲击。

第二个可以实现保值和升值的措施是购买股票：

（1）因为美元升值，在未来很长的时间，全球股指很难有持续的、连续的上涨行情，缘于大部分传统行业和商品行业的股票很难有好的表现，相反，暴跌倒是可以期待的。具有投资价值的是一些核心竞争力明确、进入壁垒很高、自我创新能力很强的科技股，一些军工属性的科技股值得重点关注。

（2）从资产类别来看，应该选择美元资产。2008年美国次贷危机后，美国经济去杠杆的进程已经基本完成，创新能力依然强劲，军工水平世界领先，经济持续复苏，美元升值，等等，都成为选择美元资产的依据。但是，美股已经上涨多年，美联储正式开启收缩的货币政策后，期望道琼斯指数继续单边上涨是不现实的，很可能出现一个比较长期的震荡局势，有时甚至会出现非常剧烈的震荡，趋势性机会或许只能出现在个股之中。

第三个可以实现保值或升值的措施是投资土地。到2014年下半年，芝加哥农产品价格已经大幅下跌，未来一些年很可能是自然灾害越来越加重的时期，芝加哥农产品价格在底部徘徊之后，就会形成上涨的趋势。这种价格的涨势和美元升值无关，完全是由供需关系推动的，投资土地可以取得好的经营收益。再有，从更长的周期来说，土地可以抵抗货币的内在信用出现突发性骤变，这种骤变一般由社会问题的暴露或激化而引发。

第四个可以实现保值或升值的措施是投资知识产权，这是未来的"金矿"，完全可以比拟2000年投资黄金股票，甚至有过之而无不及。

在美元贬值周期，所有的商品和投资品价格都是涨势，全球资本逐利资产价格，很多国家的政府也将经济增长寄托在资产价格的持续上涨之上。近十几年来，国际大宗商品价格都走出了轰轰烈烈的牛市，2008年以前的美国房地产价格和2004—2013年的中国房地产价格都是牛气冲天，这些现象都依赖于货币贬值和良好的供需关系。当美元开启升值周期以后，趋势就会逆转，虽然这种逆转是逐步完成的。当资产价格不再支撑经济增长以后，人们的收入增长速度下降。如果一个经济体发生滞胀，人们的实际购买力甚至会出现负增长，那时社会基本矛盾会逐渐激化，每个国家的政府都将面临生存的威胁，政府的选择无非是两个：

一是对外发动战争，转移内部矛盾，大部分战争狂人都是在这样的环境下产生的。可是，今天已经是信息时代，战争是要依靠高技术的，比如：一个国家拥有核武器、无人机、战略导弹等非常先进的武器，如果卫星导航系统和无线通信系统被摧毁，将形成什么样的局面？所有的高科技武器都将成为废铜烂铁，航母将成为靶子。所以，现代战争打的是科技水平，只有占据科技的最高端，才能有效地打击敌人保护自己。

二是用创新发展经济。本人相信这是绝大多数国家的必然选择。这时，政府就会改进国家的教育体系和国家的行政管理体系，将国家的主要力量集中在创新之上，而对于知识产权的保护就会越来越严格，知识产权的价值会提升。这就还原了世界的本来面目，只有知识才是最昂贵的甚至是无价的。我们今天的社会，有各种先进的生活设施和工作环境，均基于牛顿和爱因斯坦等人的伟大发明。未来，哪个国家能尽快地建立培养伟大发明家的思想和管理体系，哪个国家就能脱颖而出，在未来的世界竞争中领跑世界。第一次工业革命，让英国称霸了世界200多年；第二次工业革命，德国和美国崛起，美国从此登上世界的领导地位。两次工业革命都是以大量的科学发明和技术创新为基础的。20世纪90年代，美国发明了互联网，推动了美国的繁荣。未来，创新将成为推动经济增长的支点，知识产权投资才是挖"金矿"。

如何投资知识产权

知识是人类科技文明进步的阶梯。图7.8所示为罗伯特·里德的画作《知识》。知识产权就是以版权、专利权和商标权为主要内容的，反映人们智力创造劳动成果的专有权利的统称。通俗来说，知识产权主要包括著作权、商标、域名、专利等。知识产权投资是一种新型的金融投资理财方式，它利用知识产权的交易获取收益。知识产权投资的实现方式是将闲余资金用于购入或注册申请知识产权，成为知识产权权利人，再通过交易平台进行交易（转让、许可使用），获取更大的收益。国内的市场上已经出现了一些专业的知识产权交易平台，如广东省知识产权交易中心。

图 7.8 罗伯特·里德的画作《知识》

(图片来源：维基百科)

火药、造纸术、地动仪、活字印刷术、电灯、电话、电报、互联网等发明彻底地改变了世界，也改变了人类的生活方式，是蔡伦、牛顿、爱迪生、爱因斯坦等伟大的科学家和发明家改变了世界，推动了人类的科技文明进程。

参与知识产权投资的可以是企业，也可以是个人。例如，域名抢注需要以知识为基础，对未来的社会发展和科技进步趋势进行判断。京东商城收购的域名 jingdong.com 花了近 300 万人民币，以 3000 万人民币购入 jd.com 域名。小米科技以 360 万美元的高价购入 mi.com，创造了域名交易的新纪录，而该域名的注册成本不足 2000 元。

科技创新是任何一个社会文明水平不断提升的动力所在，但是不同的社会对创新的保护力度不同，保护力度越高的国家，创新的价值就更能得到充分的体现。所以，如果投资科技创新，进入美国市场是一个比较好的选择，因为美国有比较浓郁的创新文化，对知识产权有比较规范的法律保护措施，知识产权更能得到合理的估值。

第一，投资在行业创新方面领先的科技公司。

第二，有些风险投资基金也值得关注。终归这些基金有相关行业的专业分析能力，对未来的把握能力也更强。

第三，必须关注一些新技术。很多新技术在诞生的初期，必定有很多缺陷，甚至有些新技术与现有的思维方式不吻合，对于这些新技术要用发展的眼光去观察，必须突破固有的思维模式，观察新技术的核心内容。比如比特币，到今天很多中国人还认为那东西不可靠，一种看不见的东西不可能成为货币，等等，就是对货币理解的偏差。任何一种东西，无论是贵金属、纸片或虚拟的符号，只要可以赋予信用并能长期保持这种信用，就可以成为货币，和是否看得见根本就没关系。

美元已经开始进入新一轮升值周期，从历史上看，世界上的主要货币进入升值周期以后，一般都带来新技术的突飞猛进，注定未来很长时间都会成为新技术方兴未艾的时期。

比如：在第一次工业革命时期伴随的是金本位制度从英国崛起，投资内燃机取得了丰厚的回报，瓦特从一个大学校园的小店主成为富翁；第二次工业革命时期，金本位制度在大西洋沿岸风起云涌，各种新技术、新发明如雨后春笋般地不断诞生，电灯、电话、电报等发明改变了人们的生活，在这些领域诞生了很多当代世界著名的公司，在这些领域进行投资，会改变一个人一生的命运；在20世纪70年代，美国遭遇严重的滞胀，最终，美联储在80年代初期采取严厉的货币政策制服了美国的通胀，美元大幅升值，生物技术、微电子技术、互联网技术在这一时期开始陆续崛起，如果在当时投资强生、辉瑞特别是谷歌、IBM等龙头企业，会让一个人的财富发生翻天覆地的变化。如今，历史又开始迈入这样的阶段，又到了很多人可以改变命运的时刻，下一章，本人将主要阐述这方面的内容，将自己的心得与广大的读者分享。

对于任何人，如果希望抓住这样的历史性机遇，最重要的是需要革命，不是革别人的命，而是革自己思维惯性的命，不断丰富、更新自己的知识，开拓自己的思维视角。人类的智慧可以创造出无穷的奇迹，正确地认识这些奇迹就需要打破自己过往生活、学习中形成的很多思维定势，以全新的视角审视世界，审视很多以传统知识看起来"不靠谱"的发明，洞悉这些发明真正的内涵，只有如此，才能抓住这些机遇。

第八章

创新引领未来

货币信用上升周期,很可能带来科学技术的飞跃,缘于货币的信用水平不断提升,全球资本无法追逐货币贬值的收益,无法实现货币套利。逐利是资本的本性,在这样的时期,资本就会追逐创新领域,很容易带来技术革新甚至技术革命。

美元已经开启收缩周期,科学技术的跨越会发生在哪个方向?

本章的部分内容属于对未来的思考。

思维革命

对任何创新活动而言,最重要的是思维革命。生活中,每个人都有自己的思维定势,过去的科学巨人却在告诉我们,时刻都要突破自己的思维定势。

创新意味着什么?是变革已有的思维定势!

牛顿、爱迪生和爱因斯坦的成就深刻地影响了现代社会,今天,人们的生活方式、工作方式与以前相比已经发生了翻天覆地的变化,主要基于他们的众多伟大发明,而他们首先需要突破的也是已有的思维定势。

中国古代神话故事中,飞上天是神话,现在的人类已经可以在太空旅行;中国古典名著《西游记》的故事中,"千里眼""顺风耳"都是神话,在互联网和无线通信的帮助下,曾经不可思议的事情已经成为了现实。

人类可以更换坏死或发生病变的细胞和随意更换器官吗?

人类可以实现零能源成本的生活方式吗?

现在,人类生存在四维空间中,未来,可以进入四维以上的空间吗?

人类可以摆脱时空的困扰吗?

只有通过思维革命,才会有源源不断的创新。思维进步永远没有极限。

图8.1所示为儒尼奥尔(José Ferraz de Almeida Júnio)的画作《书和一个女孩》。

图 8.1 儒尼奥尔的画作《书和一个女孩》

（图片来源：维基百科）

人类的大脑皮质分 6 层，共包含 300 亿个神经元，它们又组成了 3 亿个模式识别器。思维模式分两种：无目标思维和导向式思维。思维是高级的心理活动形式，是人脑对信息的处理，包括分析、抽象、综合、概括、对比的系统化和具体化的过程。思维的方法包括形象思维法、演绎思维法、归纳思维法、联想思维法、逆向思维法、移植思维法、聚合思维法、目标思维法、发散思维法等。

在今天的社会，发散性思维法更为重要，它是根据已有的某一点信息，运用已知的知识、经验，通过推测、想象，沿着不同的方向去思考，重组记忆中的信息和眼前的信息，产生新的信息。它可分流畅性、变通性、独创性三个层次。在发散性思维模式中，既需要依托过去的知识，又需要突破过去的知识形成的局限性和思维定势，使得对事物的认知提升到新的水平。

比如：中国人自古就懂得用上等蚕茧制取丝绸，剩下的恶茧、病茧则用漂絮法制取丝绵。漂絮完毕，篾席上会遗留一些残絮。当漂絮的次数多了，篾席上的残絮便积成一层纤维薄片，经晾干之后剥离下来，可用于书写。这种漂絮的副产物数量不多，在古书上称它为赫蹏。蔡伦据此原理，专门发明了造纸术，属于典型的目标思维法、移植思维法和发散思维法。

互联网的创造性破坏刚刚开始

过去的世界，通过陆地边界和海洋将世界分割成条条块块，各种封闭的经济形态和社会形态可以独自运行。互联网打破了国家的疆界和海洋对世界的分割作用，使世界更紧密地联系在一起，这是用互联网术语对"全球经济一体化"进行的描述。

经济的运行离不开血液，货币就是经济的血液。互联网必定对世界货币体系带来深刻的影响。货币的本质是信用，即应该具有人权属性。信用如果能公平地存在于每个民族、每个国家、每个人的身边，保护每个人的权益，就突破了国家之间的界限，承载这种信用的货币就是超主权货币。

超主权货币更适合互联网时代，也更适合全球经济一体化的时代。

数字货币和黄金均属于超主权货币，在一系列应用技术完善之后，必定会给世界带来巨大的变化。

移动应用终端

今天，数字货币的相关技术已经越来越成熟，未来，主要的进步将发生在支付领域。

支付领域的进步离不开移动应用终端。移动应用终端是移动应用的搭载平台，具有以下几种能力：

（1）具有数据存储及计算能力。

（2）可进行二次开发。

（3）能与其他设备进行数据通信。

（4）有人机界面，具体而言要有显示和输入功能。

（5）无线网络连接。

未来，移动应用终端的飞速进步将是可以预期的，当实现以下功能时，很可能爆发支付领域的革命：

（1）移动应用终端设备足够小，非常便于携带。比如：出现钱包大小的移动应用终端，或者将移动应用终端的功能植入智能手机、手表中。现在，这一点已经基本实现，智能手机可以完成支付功能。

（2）移动应用终端具有足够的安全功能。比如：只有本人的手纹或语音指示，才可以执行相应的功能，这就可以保证即便终端遗失，所有者也可以随时找回自己的信息或财产，信息不泄露，财产不受损失。

（3）移动应用终端具有足够强大的数据处理功能，不仅可以处理个人账户，而且可以处理跨国公司的账目。

（4）对于病毒等外来攻击，具有足够强的屏蔽能力。

当移动终端具备了便于携带、快捷、安全、智能化等功能以后，数字货币就具备在经济活动和日常生活中普及的条件，也意味着具备了支付手段革命发生的基础。

空中基站

数字货币的加速普及，需要在地球上实现互联网信号的全覆盖。现在，无线互联网信号的传输主要依靠地面基站，对于一些农村和山区，基于成本和施工难度等因素无法做到全覆盖。也有一些国家和地区，对互联网的普及采取抵制的态度。

谷歌 LOON 项目是在空中建设信号传输基站，按原理来说，就可以实现地球上无线互联网信号的全覆盖，使互联网信号深入到地球的任何角落。据科技网站 ReCode 报道，Google X 实验室负责人阿斯特罗·泰勒表示，谷歌希望能实现更多热气球长时间停留在空中，为一到多个国家提供 4G 的 LTE 数据连接。

今天，无人机正在以其独特的形式改变人们的生活，在亚马逊、DHL 等企业里，无人机正在试验用于快递，以提供更快速的服务。而对于 Facebook 这家互联网公司而言，则将无人机部署到偏远地区，给这些地区提供无线互联网服务。为此，Facebook 已经组建了 Connectivity实验室，用来研发无人机技术。这些无人机将携带通信设备到约1.8万米的高度（高于民航飞行高度）。Connectivity实验室主要用来支援Internet.org项目。Internet.org项目负责推动联网计划的部署，使得偏远的地区可以得到互联网接入服务。目前，Internet.org计划已经帮助了在菲律宾、巴拉圭及其他地区的许多人使用上了互联网。

还有一家充满雄心壮志的美国媒体发展投资基金公司，正在运作一个"外联网"（Outernet）计划，准备发射数百个小卫星，向全球提供免费WiFi服务（图8.2）。为此，他们正在与美国国家航空航天局联系将迷你卫星送入指定轨道。按照设想，进入预定轨道后的卫星能够接收来自地面基站释放的网络数据，卫星需要对这些数据进行解析，并转换成无线网络数据释放到地球上。如果顺利，届时可在地球上任何一个角落享用免费无线网。

毫无疑问，空中基站比地面基站具有很大的优势，可以使互联网信号实现在地球上的全覆盖。全覆盖的互联网信号对世界的影响将极其深远，也为数字货币等超主权货币的进一步流通、应用打下基础。

图8.2 免费WiFi服务示意图

互联网已经以经济为纽带将世界紧紧地连接在一起，未来还会以文化为纽带将世界更紧密地连接在一起，也会将世界的货币体系紧紧地连接在一起。

任何一种超主权货币，既需要平等地保护每个民族、每个人的财产权和追求幸福的权利，还需要具有每个人都方便使用的必备条件。当空中基站的建设突破了河流、山川、成本等因素对互联网信号传输造成的制约之后，世界上任何角落的任何人都可以随时使用互联网信号，不仅仅可以极大地促进全球经济和文化的进一步融合，还会促进数字货币的快速普及，很有可能使之成为属于全世界的、超主权的货币，完整地体现货币的人权属性。

支付手段的革命已经开始

今天，随着无线互联网的飞速发展，移动支付已经成为主流的支付手段之一。2015年1月21日，易观智库发布了2014年度中国互联网产业核心数据盘点报告。报告显示，中国网上零售市场在经历了2009年、2010年超过100%以上的增长之后，2014年仍然保持着45%的高增速，交易规模达到28637.2亿元。而网络零售中最引人关注的数据，是移动网购呈现出爆发性增长，2014年，移动网购的交易规模达到了8616.6亿元，增速达229.3%。2014年，第三方移动支付的交易规模达到了77660亿元，环比增长近500%，这也是继2013年环比增长率达800%之后的第二次爆发式增长。

无论是为移动支付服务的"谷歌钱包"（Google Wallet），还是"贝宝"（PayPal），都为我们提供了信用卡支付的全球服务。与此同时，一种新技术"近场通信"也加入市场竞争。

"近场通信"可以在设备之间实现无线连接，将"近场通信"芯片植入手机中，顾客只需将手机对准收款台，即可完成支付过程。在信用卡、借记卡、交通卡中均可植入此类芯片。这种支付手段在日本和德国发展很快，例如：以前，日本地铁站入口处持有交通卡的人在交通高峰期会造成拥挤，引入"近场通信"车票支付系统后，人们可以直接携带植入芯片的交通卡进站，无需接触刷卡，提升了交通效率。

还有一种购物付账方式——"指纹支付"业务——也已经开始。"指纹支付"业务源于美国，2006年10月，美国碰触支付公司在南卡罗来纳州的大型连锁超市推出了指纹支付业务。指纹支付业务有两个优点：

第一，可以给客户和消费者带来支付上的方便。将个人指纹与个人账户绑定，需要付账时，只需将指纹在特定仪器上轻轻一按就完成了付账过程，支付效率大大提高。

第二，能够确保客户和消费者的资金安全。指纹支付业务运用的是生物识别技术，具有唯一性和在一定时期内的稳定性，难以伪造和假冒，这保护了用户信息不受侵犯，也保证了资金安全不会受到威胁。

当互联网基站建设让互联网信号实现对地球的全覆盖以后，移动支付逐渐成为主流。指纹支付等手段确保了个人信息不受侵犯、资金安全不会受到威胁，那时将颠覆传统的支付方式。交易行为中支付的只是个人信用（相当于个人存款），具体这些信用是以传统银行所经营的钞票还是以数字货币来展示，则根本没有区别。

比如，欧美有些公司的商品既使用信用货币标价，也使用数字货币标价（或数字黄金货币），购买方使用移动支付之后，既可以支付传统银行中的信用货币，也可以支付数字钱包中的数字货币，无论信用货币还是数字货币，都代表的是个人拥有的信用。

信心

无论移动应用终端、空中基站还是支付手段等方面的进步，都属于"硬件"设施的完善，但数字货币的普及最终需要社会整体信心的建立。

金银作为货币被人类社会所接受，是因为千百年来建立的信用属性，经受了无数战争、饥荒等灾难的冲击，人们对金银的信任已经根深蒂固，那是一种绝对的信任，这是任何其他货币都无可比拟的。

现代的信用货币，是国家机器强制推广的，基于一个国家的国家机器掌握着国家最主要的资源，这种推广能力是非常强大的，这是现代信用货币可以存续的基础。

虽然数字货币在一些场合和一些人群中被接受，从数字货币的设计理念上，可以看出具有保持信用的职能，但欠缺的是在人类心目中的信用积累，以及未来抵抗战争、饥荒的能力，这种信用的积累过程注定是一个漫长的过程。

黄金千百年来在人类社会形成了牢固的信用，被世界上所有人普遍接受。数字黄金货币将黄金的信用属性和互联网的诸多优势有机地联系在一起，使得支付的行为更加简洁、快速、成本更低，可以为数字货币的普及奠定基础。

货币作为一般等价物，必须建立在全社会所有人的普遍信任基础之上，黄金数字货币具备这样的特点，很可能是前途所在。

信用货币的境界

只要看看历史上被淘汰的货币，就能清楚地看出人权属性才是任何一种货币可以长盛不衰的根本。

在不同国家的很多时期都开展过货币贬值的竞赛，只能意味着这些货币最终是历史上的匆匆过客。

南京国民政府时期的法币寿命只有区区 13 年，而金圆券只有不到 1 年；法国指券里佛尔的寿命也仅仅是十来年；阿根廷比索（Peso argentino）的寿命只有 2 年，阿根廷奥斯特拉尔（Austral）的寿命只有 7 年。2001—2002 年间的阿根廷货币危机居然让这个农业大国形成粮食危机，缘于任何一个农场主都不愿意用农产品交换阿根廷货币（当时叫新比索）。这些事例完全可以褪去环绕在货币身上的光环。为什么会出现这些奇怪的现象？这是由现在的货币本质上是银行券的特点决定的。

现在的信用货币，本质上不是"货币"，仅仅是银行券，代行货币的流通职能，这就形成了很多短命的现象。当这些银行券的发行银行破产之后，这些银行券就等同于纸张（丧失了信用）。当然这些银行的破产有很多形式，有些是经营不善而破产，有些是支撑这些银行的体制破产，最终都可以归结成银行的信用破产。

所以，当银行券具有信用时，是货币，可以用于商品交易市场中的支付行为；当不具有信用的时候，是商品，等同于纸张。

无论美元等信用货币怎么变化，它的本质依旧是一张银行券，美元等信用货币可以追求的最高境界是什么？等同于金银！美国自华盛顿共识（1989年）之后持续推动全球经济一体化的真实目的是让美元成为世界的信用货币，进入世界所有国家的经济领域和人们的日常生活，使美元被全世界更多的人们所接受和信任。

当一种信用货币被全世界的人们所接受并信任以后，如果再拥有稳定的信用水平，就可以无限接近于金银。奠定货币信用的基本原则是群体普遍接受性原则，金银是如今全世界的人们普遍接受的、具有恒定信用的世界货币。只有金银或无限接近于金银的货币才适合互联网时代，因为互联网将世界紧紧地联系在一起，任何信用货币如果要追求自己的"前程"，就必须适应这一历史进程。

站在所有货币顶峰的，就是金银所代表的人权货币，这是超主权货币的核心，也是唯一的核心。

自由能源时代有多远

人类社会的进程，始终伴随的是能源使用的进步。从草木、煤炭、原油、天然气到核能等，人类对能源利用的方式不断进步就代表了人类科技文明的脚步。

上述能源除了核能之外，都来自于太阳的核聚变。在20世纪中期，人类社会开始开发核能，首先，人们利用铀等大原子量的重核裂变成轻核而释放能量（原子弹的反应机理）。但相关核裂变设施具有很高的安全风险和环境污染风险，所依赖的原料——铀，在开采和处理过程中，会有许多困难和危险，地球的储量也极其有限。

此后，人们开始模仿太阳聚变释放能量的原理，利用两个较轻的核发生聚变所释放的能量。这里也有一个很大的问题，就是对技术的要求非常苛刻。太阳中心温度达到 1500 万摄氏度，并伴有巨大的压力，使太阳内部的核聚变可以正常、连续地发生。可是，地球上没办法获得如此巨大的压力，只能通过提高温度来弥补，所以，如果在地球上顺利进行核聚变就需要数千万度以上的高温。只有在如此高的温度下，轻核才能获得足够高的速度，克服两个轻核之间的静电势使它们足够接近，进而进行核聚变反应，释放出巨大的能量。

虽然核聚变的技术要求很高，但相对核裂变拥有很大的优势：

第一，核聚变释放的能量比核裂变更大。

第二，无高端核废料。

第三，对环境不会构成大的污染，反应过程容易控制，核事故风险低。

第四，原料供应充足。仅氢的同位素氘在海水中的储量即多达 40 万亿吨，每 1 升海水中含 30 毫克氘，而 30 毫克氘进行核聚变反应所产生的能量相当于 300 升汽油，如果海水中的氘全部用于核聚变反应，释放出的能量足够人类使用几百亿年，而且反应产物是无放射性污染的氦。由于核聚变需要极高温度，一旦某一环节出现问题，燃料温度下降，核聚变反应就会自动中止，它是安全的。

核聚变反应所要求的高温，成为人类获取这种清洁能源的主要阻力，也提高了能源成本。难道人类不能获取易得、清洁、成本接近于零的理想能源吗？理想能源是否来自天空（图 8.3）呢？科学家早就已经在思考这一问题了。

既然太阳内部发生的核聚变所需要的条件极为苛刻（高温和高压），那么人们能否在低温的情况下实现这一聚变过程呢？近百年来，科学家不断地进行相关的实验研究，今天，已经开始显示一定的成果。

据美国物理学家组织网 2011 年 11 月 8 日报道：意大利博洛尼亚大学物理学家安德烈·罗西（Andrea Rossi）宣称，由他制造的一种名叫

E—CAT 的"镍氢冷核聚变装置"已经成功实现"冷核聚变"。

图 8.3　天空可能是理想能源的来源

（图片来源：维基百科）

人类学会利用火以后，结束了茹毛饮血、以采摘野果为主的生活，他们以草木取暖，吃熟食，靠人力、畜力以及来自风和水的动力从事生产活动。当发明了蒸汽机和发电机以后，主要的能源消费从柴草转变到煤、石油、天然气等化石燃料。草木和化石燃料所蕴含的能量，都来自太阳。当人类开发了核能、氢能、地热能以后，所使用的能量开始多样化。这是人类利用能源的三个阶段。

由于太阳照射到地球的能量密度比较低，使得人类过去所利用的能源成本比较高。既然人类已经开始利用原子内部的能量，这种能量的密度很高，而且对于人类来说几乎是无穷无尽的，终有一天，人类生活中的能源成本会无限接近于零。

这或许是未来的人类社会所面临的革命性变化。

这样的消息自然会导致科学界的大地震。据报道，罗西的 E—CAT 装置于 2011 年 10 月 28 日在意大利博洛尼亚大学公开测试，参与测试的包括罗西的客户、新闻媒体和物理学家。实验结果产生了大约持续 6 个小时的、稳定于 4.69 千瓦的能量输出。输入的能耗大约是 330 瓦，其中 30 瓦用于该设备的电子控制部分，比这个装备输出能量的 1/15 还要小。

E－CAT装置利用普通的非放射性镍和氢为原料，温度升到400～500摄氏度左右，即开始发生核聚变反应，产生大量的热能。通过计算，100克镍粉至少可供10千瓦级镍氢冷核聚变装置使用半年，10千克镍粉可供兆瓦级镍氢冷核聚变装置使用半年。镍的价格非常低，成本是微不足道的，镍氢冷核聚变装置没有核辐射形成的安全隐患。

据罗西称，3千瓦级镍氢冷核聚变装置只有拳头大小，兆瓦级镍氢冷核聚变装置可安装在一个集装箱内，所以，是一种可移动能源。

本人推测，罗西的核聚变装置很可能是一种思维的跨越。过去，人们一直在思考模仿太阳的核聚变机理，使两个轻核发生聚变释放能量，这需要在很高的条件下才能发生。而罗西利用轻核和比较重的核发生聚变，借助电化学的机理，降低了发生核聚变所要求的条件，这依旧是一场思维的革命。据报道，在罗西的装置中，核聚变之后检出了铜和铁，这证明核聚变确实发生了。

无论罗西的装置最终能否成功，都为科学界带来很大的帮助，也是科学的进步。未来，如果冷核聚变进入工业化，必定带来一场新的工业革命。

2003年12月，美国《科学》杂志评出了2003年十大科学成就。该杂志在评价中说："明确宇宙能量分布，找到暗物质和暗能量存在的新证据，是2003年所取得的最重大的科学突破。"来自"威尔金森微波各向异性探测器"和"斯隆数字天宇测量"观测计划的信息，证实了宇宙暗物质存在，同时发现，这些暗物质也一直受到暗能量的作用。"威尔金森微波各向异性探测器"还拍摄到了迄今有关宇宙背景辐射最详细的图像，通过分析这些图像，研究人员最终确认，宇宙由23％的暗物质，73％的暗能量，4％的普通物质组成。

这一发现是划时代的，意味着科学观的重大突变：一个是物质观的改变，另一个就是关于真空概念的改变。所谓物质观的改变，就是宇宙的物质构成由4％的显物质（也称普通物质，我们现在接触的所有物质都是显物质）和 96% 的暗物质与暗能量组成。暗物质和暗能量是什么？怎么提取和利用？将成为 21 世纪具有划时代意义的一个标志。**如果能够提取和利用暗物质、暗能量，人类的科学技术和文明水平就会进入一个崭新的新纪元。**真空概念的转变，是将过去对真空的认识完全推翻。每个人都熟悉传统教科书中关于真空的定义，课本上说真空就是什么都没有，现在已经彻底逆转，有人认为"真空是物质的凝聚态"，真空是能量海，蕴藏着极大的能量。

2014 年 9 月 20 日，中国山东大学召开了程林教授记者见面会，通报了程林教授团队与诺贝尔奖得主、美籍华人物理学家丁肇中合作的阿尔法磁谱仪项目的重大成果。该成果有可能进一步证实暗物质确实存在，将人类对暗物质的探索向前推进一大步。在已完成的观测中，6 个证明暗物质存在的特征中，已有 5 个得到确认。

暗物质和暗能量正在告别幻想，逐渐成为科学的现实。

对于暗能量的利用，中外的科学家都在不断进行深入的研究探索，已经取得很多丰硕的研究成果。这一系列研究成果将很可能彻底颠覆我们今天的知识：重力再也不会成为阻碍人类活动的障碍；航空航天飞行器理论上可以随时利用太空中所蕴含的无限能量实现连续飞行，各种飞行器的速度可以提升无数倍甚至接近光速，飞行过程中的能源成本无限接近于零；借助无人机，货物运输的成本大幅度下降，人类旅行的成本也大幅度下降；用接近零成本的能源直接合成食物，人类生存的成本接近于零；等等。如果相关研究取得突破，对现代社会的推动作用，完全可以与牛顿和爱因斯坦的研究结果对现代社会的影响相提并论。

人类终会进入能源随处可取、成本近似于零的自由能源时代。图 8.4 所示为哈勃望远镜拍摄的高清晰度深场照片，此照片显示了姿态、年龄各异的河外星系[①]，其中可以看到的最古老星系在宇宙年龄约 8 亿

---

① 河外星系是指在银河系以外，由大量恒星组成，但因为距离遥远，在外表上都表现为模糊的光点，因而又被称为河外星云。

年的时候就已经存在了。

图 8.4 哈勃望远镜拍摄的高清晰度深场照片

（图片来源：维基百科）

人类对太空的认识还非常肤浅。我们知道，人类活动的所有动力都源于能量，没有能量，地球将是一片寂静，没有植物，没有生命，是能量使地球生机盎然。这些能量绝大部分来自太阳。

当人类开始利用宇宙中所蕴含的巨大能量以后，就可以摆脱对于来自太阳能量（光辐射）的依赖，人类的科技水平必定再上台阶，太空旅行或许就像到邻居家串门那么简单。当然，这种串门可能是乘坐"暗能量"推动的飞行器，也可能像声音借助电磁波实现传递那样借助特定的介质传输过去。

互联网、自由能源与信用

互联网是人类解决时空问题的技术。暗能量或许是人类跨越时空的动力。跨越时空的货币是什么？只能是具备完全信用的人权货币。

语音的传递意味着什么

语音、信息和图像的传播，在互联网的帮助之下，几乎不需要时间，也几乎不受空间的限制。语音、信息和图像是什么？它们都是能量。

一个人的思想通过语音表现出来，在古代，人们只能在一定的距离内、借助空气作为声音传递的介质，让自己发出的能量（声能）为对方所感受到、接收到，这是一种能量的传递过程。人类发明了电话以后，实现了另外一种能量的传递方式，通过声能与电能相互转换，利用"电"这个媒介来传输语言，实现了空气传递到电传递的进步。今天的互联网时代，语音是通过电磁波来传递的，让传递的过程更加快速，传递的信息量也更大。

语音是声能，声能是能量的一种形式，物质也是能量的一种形式。既然依靠空气振动、电和电磁波可以实现声能的传递，那么，未来可以用特定的介质或载体传递物质吗？当然这些物质是指我们日常接触的普通物质。

互联网和电磁波使得语音的传递（也就是能量的传递）过程摆脱了时间与空间的束缚，也就意味着物质在特定的条件下也可以摆脱时间与空间的束缚，或许某一天，人类自身也可以摆脱时间与空间的束缚，时间与空间再也不能成为阻碍人类活动的障碍。

空间与时间

100多年前诞生了一项伟大的发明，那就是爱因斯坦的狭义相对论。狭义相对论可以引出几个必然的推论：一是运动的物体会在其运动的方向上长度收缩；二是运动的物体会经历时间膨胀，也就是说，一个高速运动的钟表要比静止的同样钟表走得慢；三是能量和质量其实是一回事，可以相互转换，用公式表达出来，就是 $E = mc^2$，其中 E 代表能量，m 代表质量，c 代表光速。

这说明时间与空间都是相对的，这为人类摆脱时间与空间的困扰提供了理论基础。任何物质都是能量的表现，这些物质包括我们日常接触的物质和人类自身。

人类自诞生以来，时间与空间就一直在限制着人类的活动，穿越时空也一直是人类的梦想。中国古代有"悬壶济世"的传说，北魏郦道元《水经注·汝水》说："昔费长房为市吏，见王壶公，悬壶于市，长房从之，因而自远，同入此壶，隐沦仙路。"《后汉书·方术列传·费长房传》说：费长房是汝南（今河南驻马店东部）人，是一个管理市场的管理员。一天，费长房闲坐在楼上，看见闹市中心有一位老人在卖药，一只壶悬挂在药铺旁边，集市散了以后，只见老人一跃跳进了壶中，周围的人都未看见，唯独费长房看得一清二楚。他感到很奇怪，断定老人一定是神仙，于是，带着酒肉前去拜访。老人知道费长房的来意，便对他说：你明天再来。第二天，费长房按时来到，老人带他一起进入壶中，只见壶内宫殿庄严华丽，满桌美酒佳肴，老人和他吃饱喝足了一顿，走了出来。老人对他说：你千万不能把这件事告诉别人，并说：我是神仙，因为有过错而被罚下凡来卖药，如今事已了结，可以离开尘世了，你能跟我一起去吗？费长房应允。费长房跟随老翁十余日，学得方术，临行前老翁送他一根竹杖，骑上如飞。返回故里时，家人都以为他死了，原来已过了十余年。从此，费长房能医百病，驱瘟疫，令人起死回生。

久而久之，老人故事就传开了，被称为"壶公"。"壶公"一词后来也就成为神仙的代名词，也因此有了"悬壶济世"的成语。

在这个故事中，"跳进葫芦"，"葫芦中的宫殿庄严华丽"，"跟随老翁学习十余日，回到家时方知已经过了十年"等，都表明人类渴望摆脱空间与时间对人类活动的束缚。

互联网是改变时间与空间的技术，通过爱因斯坦的质能公式可知，普通物质和人类自身本质上均可视为能量。互联网可以让能量摆脱时空的制约，未来也很可能使物质和人类自身摆脱时空的束缚。暗能量如果可以实现随处可取，人类就能以接近光速进行旅行，当以接近光速的速度运动以后，时间也就接近停止，从而使人类摆脱了时间与空间的束缚。随着互联网技术和暗能量的利用水平不断进步，人类跨越时间与空间的梦想或许可以实现。

世界信用银行

今天，如果人们出国，需要换汇，拿着亚洲的货币，是不能在欧美的小饭馆吃饭的，也无法购买车票和旅游景点的门票。如果网上购物，将本国的货币直接支付给其他国家的商店，是会被拒收的。

不同的国家流通的货币不同，特别是有些国家的货币不是自由兑换的货币，换汇受到不同程度的限制。

互联网和暗能量或许将解决能量（物质、商品）传递过程的时间与空间问题，可是，货币依旧有"时间"与"空间"的限制，对于外汇管制的国家，换取外汇的时间可能是无限长，完成支付的"空间"是无限远。

货币的"时间"与"空间"限制，源于现在信用货币体系下的货币，并不具备完全的信用，各个国家货币的信用水平并不相同。如果各个国家的货币信用水平严格一致，也就不存在换汇和完成支付过程的"时间"与"空间"的限制。

理想的货币，可以完善地执行信用的要求，无论在世界的哪一个角落，都具有相同的信用水平，而且这种信用水平恒久不变，不受到任何人和组织所控制。 比如黄金和数字货币，就不存在这种"时间"与"空间"的限制，可以公正地对待每一个民族的人。它们体现的是人权属性，而不是主权属性，可以让货币摆脱时间与空间的限制，摆脱发行者自身国家或种族的局限性，这就是超主权货币。

在传统的经济模式中，各个国家的市场主要是封闭的市场，以国界划定的区域经济为主要特征，适合流通体现区域特征的主权货币。互联网将人类社会带入了信息时代，全球信息共享、全球经济一体化之后，世界经济紧密地联系在一起，而货币是经济的"血液"，注定体现区域性特征的主权货币无法满足经济一体化的需求。货币的演变必须适应经济的要求，世界货币的超主权化时代即将到来。什么样的货币可以承担这样的职责？让全世界不同国家、不同民族的人民自愿接受？只能是体现人权属性的货币。

未来，可以满足世界经济发展的是具备完全信用的人权货币，这种货币能被全球所有国家的民众普遍接受。银行经营的是信用，新时期的银行将是世界信用银行。

过去与未来

今天的社会，给我们突出的感觉就是科技进步非常迅速。

人类文明达到今天的水平经历了漫长的时间。

人工取火和火的利用，标志着人类逐渐告别茹毛饮血的时代。

3万年前，原始人类开始播种，人类从采摘食物向种植食物转化，也就是主动把从太阳到达地球的能量固定、储存起来，这是人类文明的空前进步。

2000~4000年前，人类进入了青铜器和铁器时代，开始使用金属。

300多年前，牛顿第一次系统地阐述现代科学；1905年，爱因斯坦把狭义相对论呈现在人们面前，1915年11月，广义相对论诞生了；1969年，在土星五号火箭的轰鸣声中，人类展现了自己的能力，为自身而自豪。

可是，人类在开启工业化时代所带来的文明进步的同时，也给自己惹来了大麻烦：

人类历史的早期阶段，迁徙是人类解决生存压力的原始手段，迁徙的动力和目的都是为了获得足够的能源（食物）。所以，人类从游牧民族开始起步，随着人类掌握了种植和放牧的技巧，提高了自身的生产能力，开始定居了下来，农耕文明从此产生。

人类为了提高自身的生活水平，推动了两次工业革命，从农业文明进入工业文明。可是，化石能源的大量使用，严重破坏了人类自身的生存环境，大气污染将威胁人类的健康和未来，更糟糕的是，我们生活的大气空间是一个封闭的空间，谁都无路可逃。

地球上的化石能源是有限的，当化石能源耗尽之后，难道人类要倒回农耕社会？

突破点就在全新的能源开采和利用技术，包括冷核聚变释放的能量和暗能量。

人类解决了信息、语音传递的时间与空间问题，从爱因斯坦的狭义相对论算起，用了不到100年。

人类实现利用冷核聚变的能源，解除地球"有毒"的大气层对人类文明的威胁，从2016年算起或许不需要20年。

人类解决货币的"时间"与"空间"问题，使货币回归货币的人权属性，一定与互联网技术、冷核聚变技术和暗能量利用的发展以及全球经济不断融合相伴而行，从2016年算起或许不需要20年。

人类可以自由地使用暗能量，从2016年算起或许不需要50年。

人类解决时间与空间对自身的桎梏，从2016年算起至少还需要100年。

当人类解决了时间与空间对人类活动的桎梏、解决了能源对人类发展的制约之后，世界将彻底改变，人类科技文明将再上台阶。

附录　如松法则

如松法则 1

当一个社会存在价值尺度或不存在价值尺度时，通货膨胀的程度是有很大差别的。

有价值尺度的市场是有效的市场，自身可以鉴别纸币的价值，并且有另外的选择权（比如金银）作为价值标尺，这就约束了纸币的发行行为，最终，使得通胀受到限制。

无价值尺度的市场不能发挥自动约束机制的作用，无法通过市场对纸币内在价值的辨别来选择使用权（根本就没有别的选择），无法约束发行者的发行行为，也就是说，这时的市场是无效的市场。

如松法则 2

无论任何国家，只要陷入滞胀的陷阱，都意味着出现本币标价的黄金牛市。

如松法则 3

经济边界的不断扩张是任何国家经济发展的必由之路，这种扩张过程必须拥有健康的"血液"，只有展现人权货币特征的货币才能承担这一职责。

如松法则 4

美元深入到每个国家的经济领域，每个国家的人民也就进一步熟悉了美元，有些人持有美元，相当于在这些国家中形成了双货币制。

全球经济一体化的过程，就是美元攻破其他国家金融防火墙的过程。

如松法则 5

国际通货的"丰盈"与"紧缺"是世界经济发展的必然规律。

如松法则 6

一个国家的富强是财富不断积累的结果，而信用的不断累积则是财富积累的载体。

如松法则 7

信用才是经济发展的战略制高点，也是一个国家真正的金融防火墙。

如松法则 8

债务是通货膨胀的"马甲"。

后　记

金本位时期的欧美主要资本主义国家，发生了两次工业革命，科学技术的发展日新月异，工业化加速推进，直接奠定了今天发达国家的地位，这是为什么？

比尔·盖茨和沃伦·巴菲特为什么产生在美国？

本书希望用信用红利来解释这一现象，阅读本书之后，希望读者可以明了这些原因。

今天，信用货币已经成为主流，布雷顿森林体系解体之后，信用货币不断膨胀，特别是 2008 年美国次贷危机之后，世界各国的债务飞速增长，债务和货币"堰塞湖"已经形成。未来，随着黄金货币职能不断恢复和数字货币的加速普及，商品交易市场中已经产生新的交易方式，这些货币泡沫和债务泡沫只能破裂，很多信用货币都将被淘汰。

布雷顿森林体系解体之后的 40 多年，是美元信用下降的周期，也是资产价格泡沫不断膨胀的周期；从 2015 年开始，美元已经进入加息周期，也会是科学技术飞速发展的时期。在可预见的未来，低温核聚变、暗能量的研究和互联网的不断进步，必定带来第三次工业革命，对世界的影响就像当初牛顿系统阐述科学的意义一样重大。这些技术不仅会改变当今的经济形态，也会改变现在的货币大局，货币去主权化的潮流不可阻挡。

在这样的历史时刻，每个人都要回避货币信用的内在风险，然后才能在投资过程中追求利益最大化。

这是最坏的时代，因为人们还在热衷于货币持续贬值过程中的套利行为；这也是最好的时代，因为科学技术和世界文明水平再次跃升的根基已经确立。本书希望在这样的历史关头让读者保持一分清醒，正确地认识未来经济的演化过程和投资的主线，紧随历史的脉搏而动。

在本书的写作过程中，陈小惠、马施君、陈恩国、张广江、陈腾宙、周江挺、张洋、陈湘云、张哲、陈小霞、何文涛、曾玉媚、冯玉珍、邓忠诚参与了编辑、整理和资料查找等工作，在此衷心地感谢他们的辛勤劳动！

另外，本书参考了很多文献资料，基本上已经在页末注中列出，但不免会有遗漏，在此向这些作者致以感谢！